**Nebenläufige Programmierung mit Java**

**Jörg Hettel** studierte Theoretische Physik und promovierte am Institut für Informationsverarbeitung und Kybernetik an der Universität Tübingen. Nach seiner Promotion war er als Berater bei nationalen und internationalen Unternehmen tätig. Er begleitete zahlreiche Firmen bei der Einführung von objektorientierten Technologien und übernahm als Softwarearchitekt Projektverantwortung. Seit 2003 ist er Professor an der Hochschule Kaiserslautern am Standort Zweibrücken. Seine aktuellen Arbeitsgebiete sind u.a. verteilte internetbasierte Transaktionssysteme und die Multicore-Programmierung.

**Manh Tien Tran** studierte Informatik an der TU Braunschweig. Von 1987 bis 1995 war er wissenschaftlicher Mitarbeiter am Institut für Mathematik der Universität Hildesheim, wo er 1995 promovierte. Von 1995 bis 1998 war er als Softwareentwickler bei BOSCH Blaupunkt beschäftigt. 1999 wechselte er zu Harman Becker und war dort bis 2000 für Softwarearchitekturen zuständig. Seit 2000 ist er Professor an der Hochschule Kaiserslautern am Standort Zweibrücken. Seine aktuellen Arbeitsgebiete sind Frameworks, Embedded-Systeme und die Multicore-Programmierung.

Papier **plus⁺** PDF.

Zu diesem Buch – sowie zu vielen weiteren dpunkt.büchern – können Sie auch das entsprechende E-Book im PDF-Format herunterladen. Werden Sie dazu einfach Mitglied bei dpunkt.plus⁺:

**www.dpunkt.de/plus**

Jörg Hettel · Manh Tien Tran

# Nebenläufige Programmierung mit Java

## Konzepte und Programmiermodelle für Multicore-Systeme

dpunkt.verlag

Prof. Dr. Jörg Hettel
joerg.hettel@hs-kl.de

Prof. Dr. Manh Tien Tran
manhtien.tran@hs-kl.de

Lektorat: Christa Preisendanz
Copy-Editing: Ursula Zimpfer, Herrenberg
Satz: Jörg Hettel, Manh Tien Tran
Herstellung: Frank Heidt
Umschlaggestaltung: Helmut Kraus, www.exclam.de
Druck und Bindung: M.P. Media-Print Informationstechnologie GmbH, 33100 Paderborn

Bibliografische Information der Deutschen Nationalbibliothek
Die Deutsche Nationalbibliothek verzeichnet diese Publikation in der Deutschen Nationalbibliografie;
detaillierte bibliografische Daten sind im Internet über http://dnb.d-nb.de abrufbar.

ISBN:
Print    978-3-86490-369-4
PDF      978-3-96088-012-7
ePub     978-3-96088-013-4
mobi     978-3-96088-014-1

1. Auflage 2016
Copyright © 2016 dpunkt.verlag GmbH
Wieblinger Weg 17
69123 Heidelberg

# Vorwort

Warum ist das Schreiben von nebenläufiger Software so schwer? Zeitgleiche Abläufe beherrschen doch unseren Alltag. Wir arbeiten in Teams, koordinieren unsere Termine und übernehmen oder verteilen Aufgaben. In der Regel kommen wir mit dieser Art der Parallelität ganz gut zurecht.

Die uns vertraute Parallelität erweist sich bei der Entwicklung von Softwaresystemen als schwer zugänglich. Das liegt sicherlich mit daran, dass wir dabei immer das Ganze im Blick haben und Abläufe immer wieder über neue Koordinationsregeln steuern müssen. Darüber hinaus haben wir es technikbedingt mit einer anderen Art der Beschreibung von Parallelität zu tun.

Die Abstraktion der nebenläufigen Programmierung ist bei vielen Konzepten der *Thread*, ein Kontrollfluss bzw. -faden, der unabhängig von anderen agiert und durch einen Programmcode gesteuert wird. Diese Beschreibungsweise hat ihren Ursprung in der sequenziellen Programmierung, bei der es genau einen Ablaufstrang gibt. Leider ist es für uns auch im normalen Leben unmöglich, viele gleichzeitige, obwohl sequenzielle Vorgänge zu bewältigen. Diese Parallelitätsabstraktion ist intuitiv nicht leicht zugänglich; wir denken im Alltag nicht in *Threads*.

Der Umgang mit Threads birgt deshalb zahlreiche Fehlerquellen. Viele Multithreaded-Anwendungen enthalten Anomalien, die erst nach Monaten oder Jahren auftreten (siehe z. B. [36]). Nicht reproduzierbare Programmabstürze oder Verklemmungen, die häufig erst spät im Produktivbetrieb auftreten, sind typische Symptome dafür.

Um einfache, sichere Programmiermodelle zu ermöglichen, versucht man auf den in der Sprache vorhandenen primitiven Mechanismen *Abstraktionskonzepte* und *Frameworks* aufzubauen. Auf diesem Gebiet hat sich in den letzten Jahren sehr viel getan. Insbesondere wurde die Programmiersprache Java um viele solcher Konzepte erweitert.

Die nebenläufige Programmierung ist keine neue Domäne und es existiert auch schon viel Literatur hierzu. Einen guten Überblick über diesen komplexen Themenbereich findet man z. B. in dem Buch *Multicore-Software* von Urs Gleim und Tobias Schüle [15]. Im Bereich der Java-Programmierung gilt nach wie vor das Buch von Doug Lea *Concurrent Programming in Java: Design Principles and Patterns* [34] als Standardwerk. Viele Ideen aus diesem Buch wurden sukzessive in die einzelnen Java-Versionen übernommen. Als Fortsetzung dieses Werks gilt das 2005 erschienene Buch *Java Concurrency in Practice* von Brian Goetz et al. [16], das ausführlich das Java 5 *Concurrency-API* diskutiert. Gute Beiträge zu vielen einzelnen Themen gibt es z. B. von Klaus Kreft und Angelika Langer [30] oder Heinz Kabutz [27].

Mit dem vorliegenden Buch möchten wir an diese Literatur anknüpfen und eine fundierte Einführung in die nebenläufige Programmierung mit Java geben und insbesondere auch die in den letzten Jahren eingeführten Konzepte und Frameworks detailliert beschreiben. Das Buch richtet sich vor allem an erfahrene Softwareentwickler sowie fortgeschrittene Studenten, die nebenläufige Konzepte in Projekten einsetzen möchten.

Wir hoffen, dass Ihnen das Buch *Nebenläufige Programmierung mit Java* gefällt und vor allem, dass es Ihnen ein guter Ratgeber ist.

## Aufbau des Buches

Das Buch besteht aus fünf Teilen. Im ersten Teil werden die für die nebenläufige Programmierung grundlegenden Konzepte besprochen. Es wird der Thread-Mechanismus eingeführt und die Koordinierung nebenläufiger Programmflüsse durch rudimentäre *Low-Level*-Synchronisationsmechanismen erläutert. Im Wesentlichen sind dies die Verfahrensweisen, die seit Einführung von Java im Sprachumfang zur Verfügung stehen. Die Basiskonzepte bilden die Grundlage für die weiteren Teile des Buches.

Mit dem Aufkommen von Multicore-Prozessoren und den damit verbundenen Möglichkeiten ist die nebenläufige Programmierung immer mehr in den Fokus der Anwendungsentwicklung gerückt. Da die rudimentären Konzepte sehr leicht zu fehleranfälligen Implementierungen führen, wurde mit Java 5 ein umfangreiches *Concurrency-API* eingeführt, das mit den folgenden Versionen immer wieder ausgebaut wurde und wird.

Im Teil zwei werden verschiedene weiterführende Konzepte, wie *Threadpools*, *Futures*, *Atomic*-Variablen und *Locks*, vorgestellt.

Im dritten Teil werden ergänzende Synchronisationsmechanismen zur Koordinierung mehrerer Threads eingeführt. Neben dem `Exchanger` sind dies die Klassen `CountDownLatch`, `CyclicBarrier` und `Phaser`.

Teil vier bespricht die Parallelisierungsframeworks, mit denen auf einfache Art und Weise nebenläufige Programme erstellt werden können. Die Frameworks übernehmen hier im Wesentlichen die Thread-Koordination und -Synchronisation. Im Einzelnen werden das *ForkJoin*-Framework, die *Parallel Streams* und die Klasse `CompletableFuture` besprochen. Das ForkJoin-Framework erlaubt die Parallelisierung von *Divide-and-Conquer*-Algorithmen und parallele Streams die zeitgleiche Verarbeitung von Datensammlungen, wie z. B. Collections. Die Klasse `CompletableFuture` entspricht einem Framework zur Erstellung von asynchronen Abläufen und ist eine Erweiterung des *Future*-Mechanismus um sogenannte *push*-Methoden.

Der fünfte Teil widmet sich der Anwendung der vorgestellten Konzepte und Klassen. Hierbei wurden die Beispiele aus verschiedenen Anwendungsgebieten ausgewählt. Des Weiteren gehen wir kurz auf das Thread-Konzept von JavaFX und Android ein. Abschließend stellen wir das Programmiermodell mit Aktoren vor, wobei hier das Akka-Framework benutzt wird, da im Java-Standard selbst (noch) kein solches Framework vorhanden ist.

Im Anhang geben wir der Vollständigkeit halber einen kurzen Ausblick auf Java 9, das bezüglich des *Concurrency*-API kleine Neuerungen bringt.

Vorausgesetzt werden gute Java-Kenntnisse, und erste Erfahrungen im Umgang mit *Lambda*-Ausdrücken wären wünschenswert. Als ergänzende Literatur empfehlen wir das Buch von Michael Inden [25], von dem wir auch einige Praxistipps übernommen haben. Die Streams von Java 8 und die in dem Zusammenhang benötigten funktionalen Interfaces werden in Kapitel 14 eingeführt.

## Bemerkungen zu den Codebeispielen

Wir haben versucht, die Beispiele »so einfach wie möglich und so komplex wie notwendig« zu halten. Insbesondere sind die Fallbeispiele im fünften Teil noch nicht »voll praxistauglich«. Der benutzte *Coding Style* ist zum großen Teil der Buchform angepasst, was z. T. herausfordernd ist, da hier die Zeilenbreite sehr beschränkt ist. Das macht insbesondere die Darstellung von `Stream`- und `CompletableFuture`-Operationen oft schwierig. Wenn möglich, haben wir für das Verständnis nicht relevanten Code weggelassen. Insbesondere wird stets auf die `import`-Anweisungen verzichtet. Alle Codebeispiele findet man auch auf unserer Webseite zum Download. Bei den besprochenen APIs haben wir keinen Wert auf Vollständigkeit gelegt, sondern versucht, das Wesentliche zu extrahieren. Mit dem hier erworbenen Verständnis sollte man keine Probleme haben, die API-Dokumentation zu verstehen. Ein Blick in die Dokumentation ist immer zu empfehlen, da mittlerweile auch Verwendungsbeispiele aufgenommen wurden.

## Danksagungen

Ein herzliches Dankeschön geht an die Mitarbeiter des dpunkt.verlags und insbesondere an Frau Christa Preisendanz, die die Fertigstellung des Buches professionell begleitet haben. Wir möchten uns auch bei unseren Studenten und den Reviewern, insbesondere Prof. Dr. Schiedermeier und Michael Inden, für die kritische Prüfung und kompetenten Hinweise bedanken. Zu guter Letzt geht auch ein Dank an unsere Familien für die Unterstützung und die Geduld.

Trotz sorgfältiger Prüfung wird das Buch wahrscheinlich leider noch Fehler enthalten, für die ausschließlich die Autoren verantwortlich sind. Falls Sie Fehler finden, lassen Sie es uns bitte wissen.

Jörg Hettel und Manh Tien Tran
Zweibrücken, Juni 2016

*http://www.hs-kl.de/java-concurrency*

# Inhaltsverzeichnis

## IV    Parallelisierungsframeworks                                    181

# 1 Einführung

Die meisten Computer können heute verschiedene Anweisungen parallel abarbeiten. Um diese zur Verfügung stehende Ressource auszunutzen, müssen wir sie bei der Softwareentwicklung entsprechend berücksichtigen. Die nebenläufige Programmierung wird deshalb häufiger eingesetzt. Der Umgang und die Koordinierung von *Threads* gehören heute zum Grundhandwerk eines guten Entwicklers.

## 1.1 Dimensionen der Parallelität

Bei Softwaresystemen gibt es verschiedene Ebenen, auf denen Parallelisierung eingesetzt werden kann bzw. bereits eingesetzt wird. Grundlegend kann zwischen Parallelität auf der Prozessorebene und der Systemebene unterschieden werden [26, 15]. Auf der Prozessorebene lassen sich die drei Bereiche *Pipelining* (Fließbandverarbeitung), superskalare Ausführung und Vektorisierung für die Parallelisierung identifizieren.

Auf der Systemebene können je nach Prozessoranordnung und Zugriffsart auf gemeinsam benutzte Daten folgende Varianten unterschieden werden:

- Bei *Multinode-Systemen* wird die Aufgabe über verschiedene Rechner hinweg verteilt. Jeder einzelne Knoten (in der Regel ein eigenständiger Rechner) hat seinen eigenen Speicher und Prozessor. Man spricht in diesem Zusammenhang von verteilten Anwendungen.
- Bei *Multiprocessor-Systemen* ist die Anwendung auf verschiedene Prozessoren verteilt, die sich in der Regel alle auf demselben Rechner (Mainboard) befinden und die alle auf denselben Hauptspeicher zugreifen, wobei die Zugriffszeiten nicht einheitlich sind. Jeder Prozessor hat darüber hinaus auch noch verschiedene Cache-Levels. Solche Systeme besitzen häufig eine sogenannte NUMA-Architektur (*Non-Uniform Memory Access*).
- Bei *Multicore-Systemen* befinden sich verschiedene Rechenkerne in einem Prozessor, die sich den Hauptspeicher und zum Teil auch Caches teilen. Der Zugriff auf den Hauptspeicher ist von allen Kernen

gleich schnell. Man spricht in diesem Zusammenhang von einer UMA-Architektur (*Uniform Memory Access*).

Neben den hier aufgeführten allgemeinen Unterscheidungsmerkmalen gibt es noch weitere, herstellerspezifische Erweiterungsebenen. Genannt sei hier z. B. das von Intel eingeführte Hyper-Threading. Dabei werden Lücken in der Fließbandverarbeitung mit Befehlen von anderen Prozessen möglichst aufgefüllt.

## Hinweis

In dem vorliegenden Buch werden wir uns ausschließlich mit den Konzepten und Programmiermodellen für Multicore- bzw. Multiprocessor-Systeme mit Zugriff auf einen gemeinsam benutzten Hauptspeicher befassen, wobei wir auf die Besonderheiten der NUMA-Architektur nicht eingehen. Bei Java hat man außer der Verwendung der beiden VM-Flags `-XX:+UseNUMA` und `-XX:+UseParallelGC` kaum Einfluss auf das Speichermanagement.

## 1.2   Parallelität und Nebenläufigkeit

Zwei oder mehrere Aktivitäten (*Tasks*) heißen *nebenläufig*, wenn sie zeitgleich bearbeitet werden können. Dabei ist es unwichtig, ob zuerst der eine und dann der andere ausgeführt wird, ob sie in umgekehrter Reihenfolge oder gleichzeitig erledigt werden. Sie haben keine kausale Abhängigkeit, d.h., das Ergebnis einer Aktivität hat keine Wirkung auf das Ergebnis einer anderen und umgekehrt. Das Abstraktionskonzept für Nebenläufigkeit ist bei Java der *Thread*, der einem eigenständigen Kontrollfluss entspricht.

Besitzt ein Rechner mehr als eine CPU bzw. mehrere Rechenkerne, kann die Nebenläufigkeit parallel auf Hardwareebene realisiert werden. Dadurch besteht die Möglichkeit, die Abarbeitung eines Programms zu beschleunigen, wenn der zugehörige Kontrollfluss nebenläufige Tasks (Aktivitäten) beinhaltet. Dabei können moderne Hardware und Übersetzer nur bis zu einem gewissen Grad automatisch ermitteln, ob Anweisungen sequenziell oder parallel (gleichzeitig) ausgeführt werden können. Damit Programme die Möglichkeiten der Multicore-Prozessoren voll ausnutzen können, müssen wir die Parallelität explizit im Code berücksichtigen.

Die nebenläufige bzw. parallele Programmierung beschäftigt sich zum einen mit Techniken, wie ein Programm in einzelne, nebenläufige Abschnitte/Teilaktivitäten zerlegt werden kann, zum anderen mit den verschiedenen Mechanismen, mit denen nebenläufige Abläufe synchronisiert und gesteuert werden können. So schlagen z. B. Mattson et al. in [37] ein »pattern-basiertes« Vorgehen für das Design paralleler Anwendungen vor. Ähnliche Wege werden auch in [7] oder [38] aufgezeigt. Spezielle Design-Patterns für die nebenläufige Programmierung findet man in [15, 38, 42, 45].

## 1.2.1   Die Vorteile von Nebenläufigkeit

Der Einsatz von Nebenläufigkeit ermöglicht die Anwendung verschiedener neuer Programmierkonzepte. Der offensichtlichste Vorteil ist die Steigerung der Performance. Auf Maschinen mit mehreren CPUs kann zum Beispiel das Sortieren eines großen Arrays auf mehrere Threads verteilt werden. Dadurch kann die zur Verfügung stehende Rechenleistung voll ausgenutzt und somit die Leistungsfähigkeit der Anwendung verbessert werden. Ein weiterer Aspekt ist, dass Threads ihre Aktivitäten unterbrechen und wiederaufnehmen können. Durch Auslagerung der blockierenden Tätigkeiten in separate Threads kann die CPU in der Zwischenzeit andere Aufgaben erledigen. Hierdurch ist es möglich, asynchrone Schnittstellen zu implementieren und somit die Anwendung reaktiv zu halten. Dieser Gesichtspunkt gewinnt immer mehr an Bedeutung.

## 1.2.2   Die Nachteile von Nebenläufigkeit

Der Einsatz von Nebenläufigkeit hat aber nicht nur Vorteile. Er kann unter Umständen sogar mehr Probleme verursachen, als damit gelöst werden. Programmcode mit Multithreading-Konzepten ist nämlich oft schwer zu verstehen und mit hohem Aufwand zu warten. Insbesondere wird das Debugging erschwert, da die CPU-Zuteilung an die Threads nicht deterministisch ist und ein Programm somit jedes Mal verschieden verzahnt abläuft.

Parallel ablaufende Threads müssen koordiniert werden, sodass man immer mehrere Programmflüsse im Auge haben muss, insbesondere wenn sie auf gemeinsame Daten zugreifen. Wenn eine Variable von einem Thread geschrieben wird, während der andere sie liest, kann das dazu führen, dass das System in einen falschen Zustand gerät. Für gemeinsam verwendete Objekte müssen gesondert Synchronisationsmechanismen eingesetzt werden, um konsistente Zustände sicherzustellen. Des Weiteren kommen auch Cache-Effekte hinzu. Laufen zwei Threads auf verschiedenen Kernen, so besitzt jeder seine eigene Sicht auf die Variablenwerte. Man muss nun dafür Sorge tragen, dass gemeinsam benutzte Daten, die aus Performance-Gründen in den Caches gehalten werden, immer synchron bleiben. Weiter ist es möglich, dass sich Threads gegenseitig in ihrem Fortkommen behindern oder sogar verklemmen.

### 1.2.3   Sicherer Umgang mit Nebenläufigkeit

Den verschiedenen Nachteilen versucht man durch die Einführung von Parallelisierungs- und Synchronisationskonzepten auf höherer Ebene entgegenzuwirken. Ziel ist es, dass Entwickler möglichst wenig mit *Low-Level*-Synchronisation und Thread-Koordination in Berührung kommen. Hierzu gibt es verschiedene Vorgehensweisen. So wird z. B. bei C/C++ mit OpenMP[1] die Steuerung der Parallelität deklarativ über `#pragma` im Code verankert. Der Compiler erzeugt aufgrund dieser Angaben parallel ablaufenden Code. Die Sprache Cilk erweitert C/C++ um neue Schlüsselworte, wie z. B. `cilk_for`[2].

Java geht hier den Weg über die Bereitstellung einer »*Concurrency-*Bibliothek«, die mit Java 5 eingeführt wurde und sukzessive erweitert wird. Nachdem zuerst Abstraktions- und Synchronisationskonzepte wie *Threadpools*, *Locks*, *Semaphore* und *Barrieren* angeboten wurden, sind mit Java 7 und Java 8 auch Parallelisierungsframeworks hinzugekommen. Nicht vergessen werden darf hier auch die Einführung Thread-sicherer Datenstrukturen, die unverzichtbar bei der Implementierung von Multithreaded-Anwendungen sind. Der Umgang mit diesen *High-Level*-Abstraktionen ist bequem und einfach. Nichtsdestotrotz gibt es auch hier Fallen, die man nur dann erkennt, wenn man die zugrunde liegenden *Low-Level*-Konzepte beherrscht. Deshalb werden im ersten Teil des Buches die Basiskonzepte ausführlich erklärt, auch wenn diese im direkten Praxiseinsatz immer mehr an Bedeutung verlieren.

## 1.3   Maße für die Parallelisierung

Neben der Schwierigkeit, korrekte nebenläufige Programme zu entwickeln, gibt es auch inhärente Grenzen für die Beschleunigung durch Parallelisierung. Eine wichtige Maßzahl für den Performance-Gewinn ist der *Speedup* (Beschleunigung bzw. Leistungssteigerung), der wie folgt definiert ist:

$$S = \frac{T_{seq}}{T_{par}}$$

Hierbei ist $T_{seq}$ die Laufzeit mit einem Kern und $T_{par}$ die Laufzeit mit mehreren.

### 1.3.1   Die Gesetze von Amdahl und Gustafson

Eine erste Näherung für den *Speedup* liefert das Gesetz von Amdahl [2]. Hier fasst man die Programmteile zusammen, die parallel ablaufen können.

---

[1]Siehe `http://www.openmp.org`.
[2]Siehe `http://www.cilkplus.org`.

Wenn $P$ der prozentuale, parallelisierbare Anteil ist, dann entspricht $(1-P)$ dem sequenziellen, nicht parallelisierbaren. Hat man nun $N$ Prozessoren bzw. Rechenkerne zur Verfügung, so ergibt sich der maximale *Speedup*

$$S(N) = \frac{\text{Sequenzielle Laufzeit}}{\text{Parallele Laufzeit}} = \frac{1}{\frac{P}{N} + (1 - P)},$$

wobei hier implizit davon ausgegangen wird, dass die Parallelisierung einen konstanten, vernachlässigbaren, internen Verwaltungsaufwand verursacht. Durch Grenzwertbildung $N \to \infty$ ergibt sich dann der theoretisch maximal erreichbare *Speedup* beim Einsatz von unendlich vielen Kernen bzw. Prozessoren zu

$$\lim_{N \to \infty} S(N) = \lim_{N \to \infty} \frac{1}{\frac{P}{N} + (1 - P)} = \frac{1}{(1 - P)}.$$

An der Formel sieht man, dass der nicht parallelisierbare Anteil den *Speedup* begrenzt. Beträgt der parallelisierbare Anteil z.B. nur 50%, so kann nach dem Amdahl'schen Gesetz maximal nur eine Verdopplung der Ausführungsgeschwindigkeit erreicht werden (vgl. Abb. 1-1).

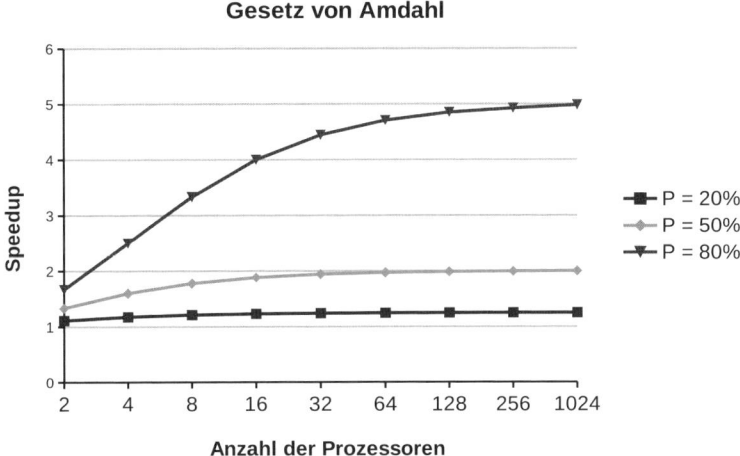

**Abbildung 1-1:** *Speedup* in Abhängigkeit von $P$ und $N$

Man kann die Parallelisierung aber auch unter einem anderen Gesichtspunkt betrachten. Amdahl geht von einem fest vorgegebenen Programm bzw. einer fixen Problemgröße aus. Gustafson betrachtet dagegen eine variable Problemgröße in einem festen Zeitfenster [18]. Er macht die Annahme, dass sich die Vergrößerung des zu berechnenden Problems im Wesentlichen üblicherweise nur auf den parallelisierbaren Programmteil $P$ auswirkt (man sagt, die Anwendung ist skalierbar). Unter diesem Aspekt ergibt sich ein *Speedup* von

$$S(N) = (1 - P) + N \cdot P$$

d.h., der Zuwachs ist hier proportional zu $N$.

Die unterschiedlichen Sichtweisen zwischen Amdahl und Gustafson sind in der Abbildung 1-2 verdeutlicht.

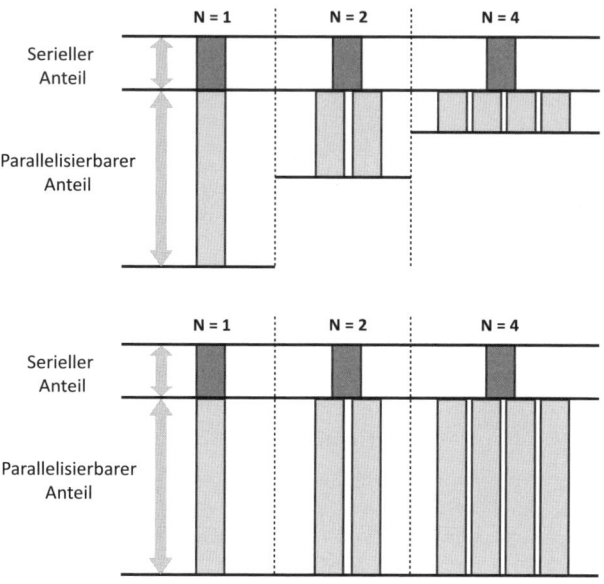

**Abbildung 1-2:** Amdahl (oben) versus Gustafson (unten)

## 1.3.2   Work-Span-Analyse

Eine weitere Methode, den Grad einer Parallelisierung zu beschreiben, ist die *Work-Span*-Analyse [10]. In dem zugrunde liegenden Modell werden die Abhängigkeiten der auszuführenden Aktivitäten in einem azyklischen Graphen dargestellt (vgl. Abb. 1-3). Eine Aktivität kann hier erst dann ausgeführt werden, wenn alle »Vorgänger« abgeschlossen sind.

Die von dem Algorithmus zu leistende Gesamtarbeit ist die Summe der auszuführenden Aktivitäten. Man bezeichnet die benötigte Zeit (*work*) hierfür mit $T_1$. Der sogenannte *span*, der mit $T_\infty$ bezeichnet wird, entspricht dem kritischen Pfad, also dem längsten Weg von Aktivitäten, die nacheinander ausgeführt werden müssen[3].

---

[3]In der Literatur wird der *span* auch manchmal als *step complexity* oder *depth* bezeichnet.

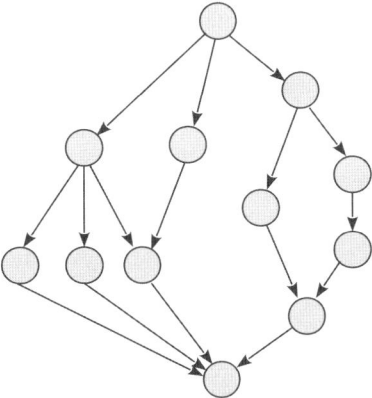

**Abbildung 1-3:** Azyklischer Aktivitätsgraph

Wenn wir uns den Aktivitätsgraphen in Abbildung 1-3 anschauen und annehmen, dass jede Aktivität eine Zeiteinheit dauert, so erhalten wir für den *work* $T_1 = 12$ und den *span* $T_\infty = 6$. Sei $N$ wieder die Anzahl der Rechenkerne bzw. Prozessoren, dann erhält man als Speedup:

$$S(N) = \frac{T_1}{T_N} \leq N.$$

Der Speedup wächst linear mit der Anzahl der Prozessoren, vorausgesetzt dass die CPU immer voll ausgelastet ist (*greedy scheduling*). Der Speedup ist allerdings durch den *span* begrenzt, da der kritische Pfad sequenziell abgearbeitet werden muss:

$$S(N) = \frac{T_1}{T_N} \leq \frac{T_1}{T_\infty} = \frac{work}{span}.$$

In unserem Beispiel beträgt der maximal erreichbare Speedup $T1/T_\infty = 2$.

## 1.4    Parallelitätsmodelle

In der Literatur wird zwischen verschiedenen Modellen für die Parallelisierung unterschieden. Java unterstützt jedes dieser Modelle durch das Bereitstellen verschiedener Konzepte und APIs.

Zur Parallelisierung von Anwendungen gibt es grundsätzlich zwei Ansätze: Daten- und Task-Parallelität[4]. Bei der *Datenparallelität* wird ein Datenbestand geteilt und die Bearbeitung der Teilbereiche verschiedenen Threads zugeordnet. Hierbei führt jeder Thread dieselben Operationen aus.

---

[4]Die beiden Parallelisierungskonzepte werden ausführlich in [15] diskutiert.

Diese Art der Parallelisierung wird durch das Gesetz von Gustafson beschrieben und ist in der Regel gut skalierbar [53]. Mit dem ForkJoin-Framework und dem `Stream`-API stehen bei Java hierfür zwei leistungsfähige Möglichkeiten zur Verfügung (siehe Kapitel 13 und 14). Falls man diese Frameworks nicht einsetzen möchte, kann für eine explizite Umsetzung auf zahlreiche Synchronisationskonzepte zurückgegriffen werden (siehe Kapitel 11 und 12).

Bei der *Task-Parallelität*[5] wird die Anwendung in Funktionseinheiten zerlegt, die dann bezüglich ihrer Abhängigkeiten ausgeführt werden. Diese Art der Parallelisierung wird durch die *Work-Span*-Analyse beschrieben und kann bei Java mithilfe der `CompletableFuture`-Klasse oder je nachdem auch mit dem ForkJoin-Framework realisiert werden (siehe Kapitel 13 und 15).

Neben diesen beiden grundsätzlichen Ansätzen wird auch oft noch zwischen dem *Master-Slave-*, dem *Work-Pool-* und dem *Erzeuger-Verbraucher-* bzw. *Pipeline*-Programmiermuster unterschieden [32]. Das Unterscheidungsmerkmal ist hierbei die Art und Weise, wie die beteiligten Komponenten miteinander kommunizieren. Beim *Master-Slave*-Modell gibt es einen dedizierten Thread, der Aufgaben an andere verteilt und dann die Ergebnisse einsammelt. Bei Java kann dieses Modell mit dem `Future`-Konzept umgesetzt werden (siehe Abschnitt 6.2). Das *Work-Pool*-Modell entspricht dem `ExecutorService`, dem man Aufgaben zur Ausführung delegieren kann (siehe Abschnitt 6.1). Das bewährte *Erzeuger-Verbraucher*-Modell wird typischerweise durch `BlockingQueue`-Datenstrukturen realisiert und existiert in verschiedenen Varianten (siehe Abschnitt 10.3). In der Praxis findet man häufig Kombinationen der verschiedenen Modelle bzw. Muster.

---

[5]Genauer müsste man eigentlich »funktionale Dekomposition« (*functional decomposition*) sagen, da der Begriff Task-Parallelität oft auf alles Mögliche angewendet wird.

# Teil I

## Grundlegende Konzepte

# 2 Das Thread-Konzept von Java

Die Unterstützung der Thread-Programmierung ist ein zentraler Bestandteil der Java-Sprachdefinition. Man erkennt dies sowohl an der Klasse `Thread`, die im Paket `java.lang` zu finden ist, als auch an Schlüsselwörtern, wie z.B. `synchronized` und `volatile`. Durch diese wichtige Sprachverankerung können portable Multithreaded-Anwendungen implementiert werden[1].

Da es mit Java sehr einfach ist, Threads zu erzeugen und zu starten, werden sie auch gerne eingesetzt und mitunter ohne wirklichen Nutzen. Insbesondere möchte man ja die Ressourcen eines Multicore-Rechners ausschöpfen. Dabei machen sich viele Entwickler wenig Gedanken darüber, dass man mit dem Einsatz von Threads den Programmfluss aufspaltet, asynchrone Programmfäden (Nebenflüsse) startet und damit unter Umständen parallel auf gemeinsam genutzte Daten zugreift.

In diesem Kapitel stellen wir das grundlegende Thread-API von Java vor. Es sind nur wenige Konstrukte und Klassen, die speziell für die Unterstützung der nebenläufigen Programmierung entworfen wurden. Dabei spielt die Klasse `java.lang.Thread` eine zentrale Rolle.

## 2.1 Der main-Thread

Eine Java-Anwendung wird in einer *Java Virtual Machine* (JVM) ausgeführt. Die JVM selbst entspricht hierbei einem Prozess des Betriebssystems. Zur Ausführung des Programms startet die JVM unter anderem den sogenannten `main`-Thread [2], der die Befehlszeilen Schritt für Schritt abarbeitet.

---

[1]In anderen Programmiersprachen wie C/C++ war die Thread-Unterstützung lange compiler- und plattformabhängig. Dadurch war die Entwicklung portierbarer Multithreaded-Anwendungen mit C/C++ alles andere als einfach. Erst mit dem C++11-Standard wurde eine portable Bibliothek definiert.

[2]Die JVM startet auch noch weitere Threads. So gibt es z.B. einen für das Garbage-Collecting und einen, der für die Aufräumarbeit am Ende des Lebenszyklus eines Objekts zuständig ist.

Codebeispiel 2.1 zeigt ein einfaches Programm, das neben der Anzahl der zur Verfügung stehenden Rechenkerne (Hardware-Threads) einige Eigenschaften des `main`-Threads ausgibt. Dabei werden Kerne mit Hyperthread-Unterstützung doppelt gezählt, da diese zwei Hardware-Threads bereitstellen.

```java
public class MainThreadEigenschaft
{
  public static void main(String[] args)
  {
    // Anzahl der Prozessoren abfragen
    int nr = Runtime.getRuntime().availableProcessors();
    System.out.println("Anzahl der Prozessoren " + nr);

    // Eigenschaften des main-Threads
    Thread self = Thread.currentThread();
    System.out.println("Name     : " + self.getName());
    System.out.println("Priorität : " + self.getPriority());
    System.out.println("ID       : " + self.getId());
  }
}
```

**Codebeispiel 2.1:** Ausgabe verschiedener Attribute des `main`-Threads

Zugriff auf den ausführenden Thread erhält man über die Klassenmethode `Thread.currentThread`. Im Codebeispiel 2.1 werden der Name, die Priorität und die Kennung des Threads, die ihm von der JVM zugewiesen wurde, auf die Konsole ausgegeben.

Der von der JVM erzeugte Thread, ein sogenannter Java-Thread, ist lediglich ein Abstraktionskonzept. Falls das zugrunde liegende Betriebssystem selbst Threads unterstützt (Betriebssystem- bzw. OS-Threads), kann die JVM die Java-Threads auf sie abbilden. Die Zuordnung der OS- auf die Hardware-Threads übernimmt der Scheduler des Betriebssystems (vgl. Abb. 2-1).

Da moderne Betriebssysteme Threads unterstützen und zeitgemäße Hardware auch mehrere Rechenkerne besitzen, werden wir im Folgenden oft implizit davon ausgehen, dass ein Java-Thread einem Hardware-Thread zugeordnet ist. In vielen Fällen sprechen wir, falls die Unterscheidung unwesentlich ist, deshalb nur noch von Threads, meinen aber streng genommen immer Java-Threads.

## 2.2   Erzeugung und Starten von Threads

Innerhalb eines Java-Programms können mithilfe der Klasse `Thread` zusätzliche Java-Threads gestartet werden. Der von dem erzeugten Thread

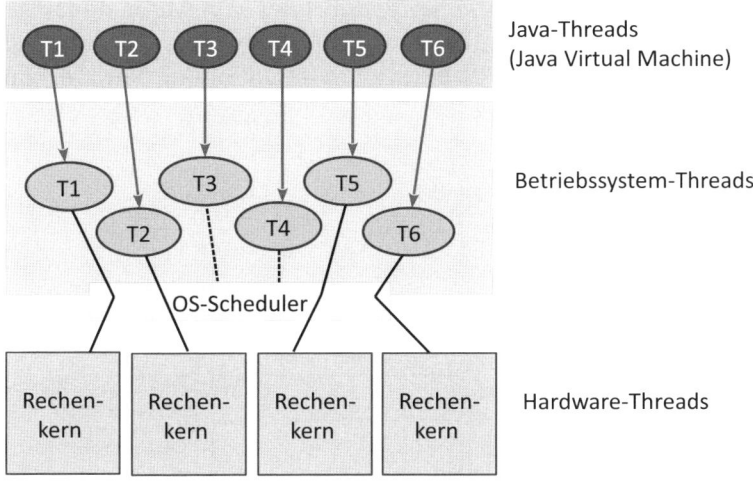

Java-Threads
(Java Virtual Machine)

Betriebssystem-Threads

OS-Scheduler

Hardware-Threads

**Abbildung 2-1:** Zuordnung der Java-Threads zu einzelnen Kernen

auszuführende Code kann hierbei auf zwei Arten zur Verfügung gestellt werden:

1. Man leitet direkt von der Klasse `Thread` ab und überschreibt die `run`-Methode.
2. Man stellt eine Klasse bereit, die das `Runnable`-Interface implementiert. Ein Objekt dieser Klasse wird auch oft als *Task* bezeichnet. Es wird dann einem `Thread` zur Ausführung übergeben.

In der Praxis sollte man die zweite Möglichkeit bevorzugen, da hier konzeptuell klar zwischen dem Programmfluss (Thread) und der nebenläufig durchzuführenden Aufgabe (Task) unterschieden wird.

## 2.2.1 Thread-Erzeugung durch Vererbung

Eine einfache Art, einen nebenläufigen Programmfluss zu definieren, ist die Implementierung einer Unterklasse von `Thread`, bei der die `run`-Methode mit dem auszuführenden Code überschrieben wird. Das eigentliche Starten des Threads erfolgt durch den Aufruf der `start`-Methode.

Abbildung 2-2 zeigt den schematischen Ablauf im Sequenzdiagramm. Nachdem ein `MyThread`-Objekt erzeugt wurde, wird `start` aufgerufen. Dadurch wird der JVM mitgeteilt, dass vom Betriebssystem ein OS-Thread angefordert wird, der den in der `run`-Methode hinterlegten Code abarbeitet. Auf den exakten Startpunkt der Ausführung von `run` hat man keinen Einfluss. Sobald die `run`-Methode ausgeführt wird und der `main`-Thread noch aktiv ist, laufen in der Anwendung zwei nebenläufige Programmfäden

(Programmflüsse) ab. Wenn der Thread mit der `run`-Methode fertig ist, terminiert er. Ein häufig gemachter Anfängerfehler ist der direkte Aufruf von `run`. In dem Fall wird sie nicht parallel in einem neuen Thread, sondern in dem des Aufrufers ausgeführt.

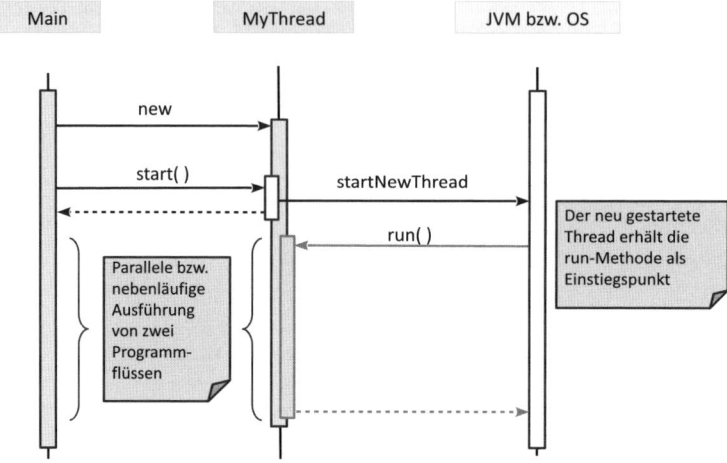

**Abbildung 2-2:** Sequenzdiagramm für das Starten eines neuen Threads

Codebeispiel 2.2 zeigt ein Programm, in dem drei Threads erzeugt und gestartet werden. Danach gibt jeder zwei Meldungen auf die Konsole aus.

```
class MyWorker extends Thread                                      ❶
{
  public MyWorker(String name)                                    ❷
  {
    super(name);
  }

  @Override
  public void run()                                               ❸
  {
    Thread self = Thread.currentThread();                         ❹
    System.out.println("Hallo Welt von "+ self.getName());
    System.out.println("Die ID von " + self.getName()
                 + " ist " + self.getId());
  }
}

public class ThreadDurchVererbung
{
  public static void main(String[] args)
  {
    for (int i = 0; i < 3; i++)
    {
      MyWorker t = new MyWorker("Worker " + i);                   ❺
```

```
        t.start();
    }
  }
}
```

**Codebeispiel 2.2:** Erzeugung von Threads durch Vererbung

Die Klasse `MyWorker` ist hier von `Thread` abgeleitet (❶). Die auszuführenden Aktionen werden in der überschriebenen `run`-Methode implementiert (❸). Über den Konstruktor wird dem Thread ein Name zugewiesen (❷). Erst durch den Aufruf von `start` wird `run` von einem neu gestarteten Thread ausgeführt (❺). Statt `Thread.currentThread` kann auch direkt `this` verwendet werden, da ein `MyWorker`-Objekt einem Java-Thread entspricht (❹).

In dem Beispiel greifen bereits alle drei Threads konkurrierend auf eine Ressource zu, nämlich auf den `OutputStream` von `System.out`. Die `println`-Methode von `System.out` besitzt einen Serialisierungsmechanismus (Lock), sodass immer nur ein Thread sie ausführen kann. Damit ist gewährleistet, dass sich die Ausgaben nicht gegenseitig überschreiben. Sie können aber durchaus vermischt werden, z. B.:

```
Hallo Welt von Worker 0
Hallo Welt von Worker 1
Die ID von Worker 0 ist 1
Hallo Welt von Worker 2
Die ID von Worker 2 ist 3
Die ID von Worker 1 ist 2
```

## Hinweis

**Nie den Thread aus seinem Konstruktor heraus starten!**
Falls man die hier erläuterte Erzeugung von Threads benutzt, sollte man nie die `start`-Methode direkt im Konstruktor aufrufen. Es könnte nämlich passieren, dass der zugehörige Thread sofort gestartet wird, noch bevor der Konstruktor abgearbeitet ist. Die in dem Zusammenhang aufgerufene Methode `run` greift dann unter Umständen auf Variablen zu, die möglicherweise noch gar nicht vollständig initialisiert wurden. Insbesondere betrifft dies dann abgeleitete Klassen, bei denen erst immer die Konstruktoren der Oberklassen abgearbeitet werden.

Darüber hinaus wird hierdurch auch das *Liskov'sche Substitutionsprinzip* verletzt, das besagt: Ein Objekt einer Unterklasse sollte immer so behandelt werden können, wie es die Oberklasse vorsieht. Ein Objekt der abgeleiteten Klasse ist in diesem Fall auch ein `Thread`-Objekt, das normalerweise erzeugt und dann gestartet wird. Würde man z. B. mit der Unterklasse wie mit einem gewöhnlichen `Thread`-Objekt umgehen, würde das erneute Starten eine Ausnahme auslösen.

## 2.2.2  Thread-Erzeugung mit Runnable-Objekten

Die im vorherigen Abschnitt erläuterte Thread-Erzeugung durch Ableitung hat verschiedene Nachteile. Zum einen unterstützt Java keine Mehrfachvererbung und zum anderen entspricht ein Objekt einer abgeleiteten Klasse noch keinem Programmfluss, sodass der Typname etwas irreführend ist. Erst durch den Aufruf von `start` wird ein Thread und somit der Programmfluss gestartet.

In der Praxis sollte deshalb allein schon aus Entwurfsgründen der nebenläufig auszuführende Code von dem Träger des Programmflusses getrennt werden. Java stellt hierfür das funktionale Interface `java.lang.Runnable` zur Verfügung.

```
@FunctionalInterface
public interface Runnable
{
  public abstract void run();
}
```

**Codebeispiel 2.3:** Das funktionale Interface `Runnable`

Man benötigt also ein Objekt einer Klasse mit dem `Runnable`-Interface oder einen entsprechenden Lambda-Ausdruck. In der `run`-Methode werden die Anweisungen implementiert, die von einem Thread abgearbeitet werden sollen.

Instanzen der Klasse können dann Thread-Objekten zugewiesen werden. Hierzu stehen folgende Konstruktoren zur Verfügung:

- ■ `public Thread(Runnable target)`
- ■ `public Thread(Runnable target, String name)`

Über die zweite Möglichkeit kann dem ausführenden Thread explizit ein Name zugeordnet werden.

Abbildung 2-3 zeigt schematisch den Ablauf. Nachdem das `Runnable`-Objekt erzeugt ist, wird dessen Referenz an ein neu angelegtes Thread-Objekt übergeben. Das Starten des eigentlichen Threads erfolgt über die `start`-Methode. Die `run`-Methode des Thread-Objekts delegiert den Kontrollfluss an die des `Runnable`-Objekts.

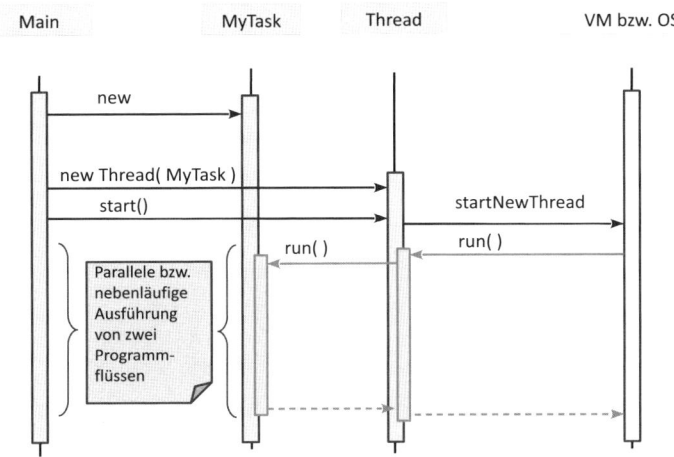

**Abbildung 2-3:** Starten eines neuen Threads mithilfe eines `Runnable`-Objekts

Codebeispiel 2.4 zeigt die Vorgehensweise. In der `main`-Methode werden die `Runnable`- und `Thread`-Objekte erzeugt und gestartet. Dabei erhält jeder Thread einen expliziten Namen.

```
class MyWorker implements Runnable
{
  @Override
  public void run()
  {
    Thread self = Thread.currentThread();
    System.out.println("Hallo Welt von "+ self.getName());
    System.out.println("Die ID von " + self.getName()
                + " ist " + self.getId());
  }
}

public class ThreadDurchInterface
{
  public static void main(String[] args)
  {
    for (int i = 0; i < 3; i++)
    {
      Thread t = new Thread(new MyWorker(), "Worker " + i);
      t.start();
    }
  }
}
```

**Codebeispiel 2.4:** Thread durch Interface

## Erzeugungsvarianten

Möchte man nur einmalig kurze Operationen, die aus wenigen Codezeilen bestehen, nebenläufig ausführen, kann man mit inneren Klassen oder Lambda-Ausdrücken arbeiten. Dadurch werden für solche Aktionen explizite Klassen vermieden. Codebeispiel 2.5 demonstriert den Einsatz einer inneren Klasse.

```
...
Thread t = new Thread(new Runnable() {
            @Override
            public void run()
            {
                ...
            }
        }, "Thread-Name");
t.start();
...
```

**Codebeispiel 2.5:** Eine anonyme Klasse für das `Runnable`-Interface

Diese Lösung hat einen Nachteil: Für jede innere Klasse[3] generiert der Compiler eine separate Klasse im Bytecode. Somit wächst der von der JVM zu verwaltende Code, der Speicherbedarf und die Ladezeit. Zudem ist die Syntax der anonymen Klasse relativ schwerfällig.

Für das funktionale Interface `Runnable` kann der Code auch als Lambda-Ausdruck effizienter gestaltet werden:

```
...
Thread t = new Thread( () -> {...}, "Thread-Name" );
t.start();
...
```

**Codebeispiel 2.6:** Ein Lambda-Ausdruck für das `Runnable`-Interface

# Praxistipp

Es empfiehlt sich, Threads immer einen Namen zuzuordnen. Dies kann durch die Verwendung eines geeigneten Konstruktors oder durch explizite Zuweisung über `setName` erfolgen. Der von der JVM vergebene Name hat die Form `Thread-` gefolgt von einer eindeutigen Nummer, der sogenann-

---

[3]Für jede anonyme Klasse wird vom Compiler eine normale Klasse mit einem definierten Namen erzeugt.

ten Thread-ID. Werden explizit Thread-Namen vergeben, erleichtert dies die Fehlersuche, da im Debugger Threads über Namen leichter zugeordnet werden können. Es findet allerdings von der Seite der VM keine Kontrolle auf die Eindeutigkeit der Namen statt.

## 2.3 Der Lebenszyklus von Threads

Ein Java-Thread durchläuft während der Verwendung verschiedene Zustände. Abbildung 2-4 zeigt ein vereinfachtes Zustandsdiagramm, das weiter unten noch vervollständigt wird. Nachdem ein Thread-Objekt erzeugt wird, befindet es sich in dem Zustand NEW. Durch den start-Aufruf wechselt es in den Zustand RUNNABLE. Nachdem die run-Methode beendet ist und die vom Thread benutzten Ressourcen, wie z.B. sein Stackspeicher, freigegeben sind, kommt es in den Zustand TERMINATED.

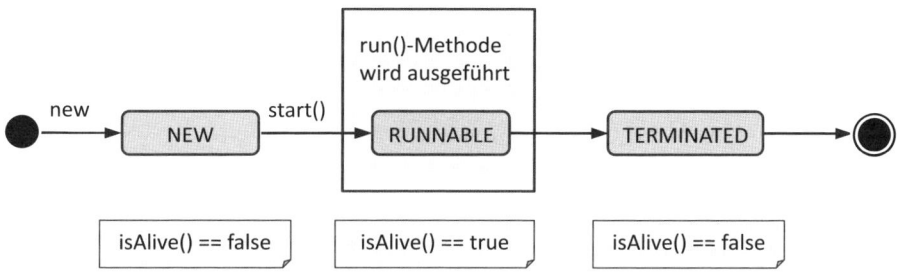

**Abbildung 2-4:** Vereinfachter Lebenszyklus eines Thread-Objekts

Mithilfe der isAlive-Methode kann festgestellt werden, ob sich ein Thread-Objekt im RUNNABLE-Zustand befindet (Rückgabe true) oder nicht (Rückgabe false). Aus dem Zustandsdiagramm sieht man, dass ein Thread nur einmal gestartet werden kann. Ein erneutes Starten ist nicht mehr möglich.

## Praxistipp

Die Methode isAlive verleitet dazu, dass man sie für das aktive Warten auf das Ende eines Threads einsetzt, etwa in der Form:

```
Thread th = ....
```

```
...
while (th.isAlive())
{
    // Warte eine kurze Zeitspanne
}
... // Thread th ist nun fertig
```

Ein solches Warten verbraucht nur unnötig Ressourcen und sollte in der Praxis nicht angewendet werden.

## 2.3.1   Beendigung eines Threads

Ein Thread terminiert:

- Wenn er das Ende der run-Methode auf dem »normalen« Weg erreicht.
- Wenn während der Ausführung ein Exception- oder Error-Objekt geworfen und nicht abgefangen wird.
- Wenn ein anderer Thread die *deprecated*-Methode stop des Thread-Objekts aufruft, die man unter keinen Umständen einsetzen soll.
- Wenn er die Daemon-Eigenschaft besitzt und kein User-Thread mehr existiert (siehe Abschnitt 2.4.2).
- Wenn irgendwo System.exit aufgerufen wird. In dem Fall wird der gesamte Prozess sofort beendet.

Wurden mehrere Threads gestartet, sogenannte User-Threads (siehe Abschnitt 2.4), so terminiert das eigentliche Programm erst dann, wenn alle zum Ende gekommen sind. Zu bemerken ist, dass ein System.exit unabhängig vom Status der einzelnen Threads den Prozess und somit das ganze Programm beendet.

## Hinweis

Die *deprecated*-Methode stop sollte unter keinen Umständen benutzt werden. Weitere *deprecated*-Methoden sind pause und resume. Die stop- und pause-Methode veranlassen den Thread, direkt »anzuhalten«. Dies kann dazu führen, dass Objekte bzw. Daten, mit denen gerade gearbeitet wird, in einem inkonsistenten Zustand zurückgelassen werden. Diese Methoden stehen zwar zurzeit noch zur Verfügung, werden aber in der Zukunft ggf. eliminiert. Sie sollten daher strikt vermieden werden.

## 2.3.2   Auf das Ende eines Threads warten

Um auf das Ende eines Threads zu warten, sind folgende Methoden in der Klasse `Thread` zu finden:

- `void join()`
- `void join(long millis)`
- `void join(long millis, int nanos)`

Sie alle können eine `InterruptedException` werfen. In der ersten Version wartet der aufrufende Thread so lange, bis der andere zum Ende kommt (vgl. Abb. 2-5). Der Aufrufer wird dadurch blockiert. Ist der aufgerufene Thread bereits beendet, kehrt der Aufruf sofort zurück.

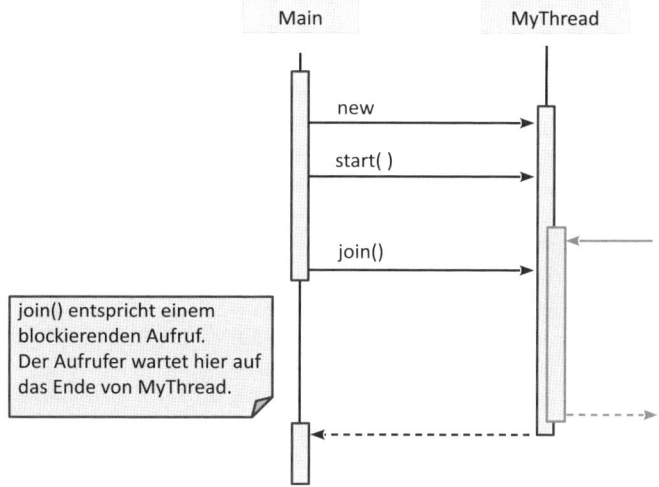

**Abbildung 2-5:** `join` wartet auf die Beendigung des Threads.

Aufrufe von `join` können dazu führen, dass das Programm unnötig blockiert. Deshalb gibt es auch `join`-Varianten, bei denen eine maximale Wartezeit angegeben werden kann. Hier kommt der Aufruf immer spätestens nach Ablauf der angegebenen Zeit zurück, wobei man in diesem Fall aber keine Gewissheit hat, ob der betroffene Thread beendet ist. Hier könnte eine Zustandsabfrage Klarheit schaffen.

## 2.3.3   Aktives Beenden von Threads

Soll ein Thread aktiv, d.h. durch einen Aufrufer, beendet werden, so sollte er ordnungsgemäß seine `run`-Methode verlassen. Hierzu kann z.B. eine boolesche Variable verwendet werden, die in der `run`-Methode innerhalb einer Schleife regelmäßig abgefragt wird. Durch dieses Vorgehen behält der

Thread die Kontrolle über seine Terminierung und kann seine Arbeit regulär beenden. Das Codebeispiel 2.7 skizziert die Implementierungsidee. Es folgt dabei einem gebräuchlichen Code-Idiom für den Aufbau der run-Methode:

1. *Initialisierungsphase*: Mit der run-Methode beginnt der Thread seine Arbeit. Daher ist es üblich, sich am Anfang eine entsprechende Umgebung im eigenen Thread-Kontext einzurichten.
2. *Arbeitsphase*: Viele Threads sind so aufgebaut, dass sie mehrere Aufgaben nacheinander erledigen. Dabei wird die Variable isStopped regelmäßig in der Schleife überprüft. Ist sie true, wird die Schleife verlassen. Diese Überprüfung ist in dem gezeigten Beispiel in eine separate Methode ausgelagert.
3. *Aufräumphase*: Um den Thread korrekt zu beenden, ist es manchmal notwendig, einige Restarbeiten zu erledigen, wie z.B. geöffnete Ressourcen zurückzugeben bzw. zu schließen.

```java
public class StoppableTask implements Runnable
{
  private volatile Thread  runThread;                    ❶
  private volatile boolean isStopped = false;

  public void stopRequest()                              ❷
  {
    isStopped = true;
    if( runThread != null )
    {
      runThread.interrupt();                             ❸
    }
  }

  public boolean isStopped()
  {
    return isStopped;
  }

  public void run()
  {
    runThread = Thread.currentThread();

    // Initialisierungsphase
    while(isStopped() == false)                          ❹
    {
      // Arbeitsphase
    }
    // Aufräumphase
  }
}
```

**Codebeispiel 2.7:** Sicheres Beenden eines Threads mithilfe einer boolean-Variablen

Die Methode `stopRequest` (❷) wird von einem Aufrufer (einem anderen Thread) benutzt, um den Task aktiv von außen zu beenden. Abbildung 2-6 verdeutlicht dies. Hier ruft A die `stopRequest`-Methode auf, während B `run` ausführt. Beide greifen über die Methoden `stopRequest` (❷) bzw. `isStopped` (❹) gemeinsam auf das Attribut `isStopped` zu.

In der `stopRequest`-Methode wird das Attribut `isStopped` auf `true` gesetzt und durch `runThread.interrupt()` noch ein »Signal« an den die `run`-Methode ausführenden Thread gesendet (❸). Der Aufruf von `interrupt` bewirkt dabei, dass eine blockierende Wartemethode, wie z.B. `join` oder `wait` verlassen bzw. erst gar nicht betreten wird. Würde man `interrupt` nicht aufrufen, könnte der Thread blockierend warten und der Stoppaufforderung erst zu einem späteren Zeitpunkt folgen, wenn er wieder die Schleifenbedingung prüft (die interne Funktionsweise von `interrupt` wird noch genauer erläutert).

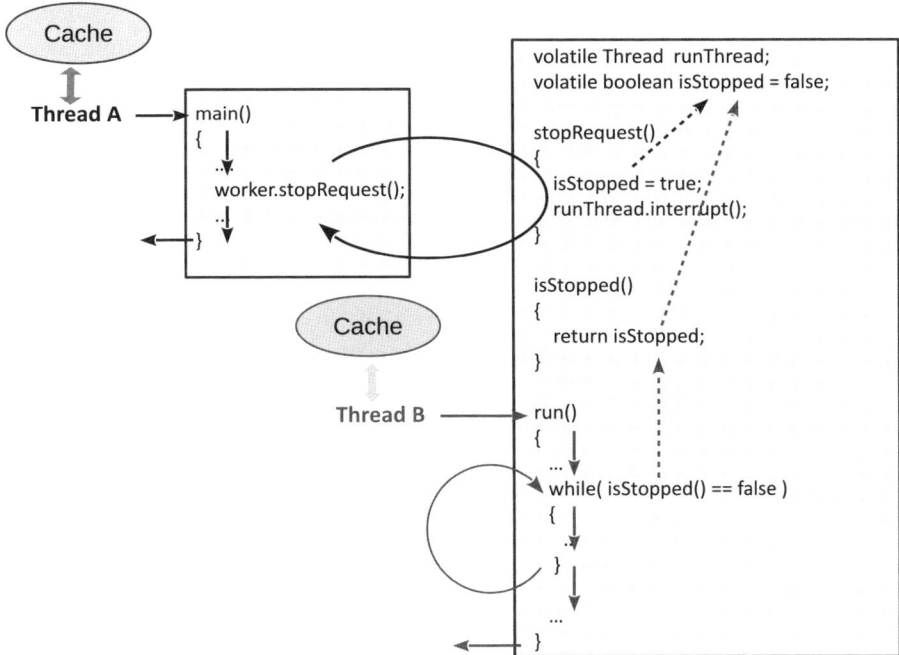

**Abbildung 2-6:** Stoppen eines Tasks

Man beachte, dass die Attribute `isStopped` und `runThread` als `volatile` deklariert sind (❶). Diese Angabe ist deshalb wichtig, da bei Multicore-Rechnern üblicherweise jeder Thread seinen eigenen Cache besitzt. Aus Performance-Gründen werden Variablenwerte darin gehalten und somit oft zuerst lokal geändert bzw. gelesen. Die Synchronisation mit dem Hauptspeicher erfolgt dann zu einem späteren Zeitpunkt. Ein anderer Thread würde aber eine solche Cache-lokale Änderung nicht sofort bemerken. Die `volatile`-Spezifikation (*Java Memory Model, JMM*) zwingt den Compiler, den Code so zu generieren, dass der Wert des Attributs immer direkt vom Hauptspeicher gelesen bzw. immer direkt in den Hauptspeicher geschrieben wird [4]. Als Faustregel gilt: Wird ein `volatile`-Attribut beschrieben, werden alle vorher gemachten Cache-lokalen Änderungen im Hauptspeicher sichtbar. Der Cache wird *geflushed*. Wird ein `volatile`-Attribut gelesen, wird vorher der Cache *refreshed*. Alle Cache-lokalen Werte werden erneuert.

Es bleibt noch zu bemerken, dass man auf die `volatile`-Angabe verzichten kann, wenn auf die Variablen über Methoden zugegriffen wird, die mit `synchronized` gekennzeichnet sind (siehe Kapitel 3).

### 2.3.4   Unterbrechung mit interrupt

Um einen Thread zu beenden, wurde im Codebeispiel 2.7 ein boolesches Attribut benutzt. Dabei wurde vorsorglich `interrupt` aufgerufen. Dieser Aufruf setzt den *Unterbrechungsstatus*, ein eigenes Flag des betreffenden Threads. Es gibt nun zwei Fälle: Befindet sich der Thread in einer blockierten Wartemethode[5], wird er durch `interrupt` geweckt. Ist er nicht im Wartemodus, stößt aber im weiteren Verlauf auf eine Wartemethode, wird diese gleich nach Betreten wieder verlassen. In beiden Fällen wird eine `InterruptedException` geworfen.

Man kann somit das Beenden der Schleife im Codebeispiel 2.7 auch so formulieren, dass lediglich der Unterbrechungsstatus des ausführenden Threads geprüft wird (vgl. Codebeispiel 2.8). Werden Wartemethoden in der `while`-Schleife benutzt, muss die `InterruptedException` behandelt werden. Soll der Thread nach Auftreten einer `InterruptedException` beendet werden, muss die `run`-Methode entsprechend durch ein `try-catch` erweitert werden.

```
public void run()
{
  try
  {
    while (Thread.currentThread().isInterrupted() == false)
```

---

[4]Der Zugriff auf `volatile`-Variablen stellt auch eine sogenannte Speicherbarriere dar. Eine solche Barriere garantiert, dass alle Anweisungen vor dem Zugriff auch tatsächlich ausgeführt werden (*happens-before*-Regel). Auch die Optimierer der Compiler und VM müssen diese Barriere berücksichtigen. Anweisungen dürfen nicht so umgeordnet werden, dass sie über diese Grenze verschoben werden.

[5]Typischerweise sind das Methoden, die eine `InterruptException` werfen. Wir werden im Folgenden noch zahlreiche solche Methoden kennenlernen.

```
        {
          // weitere Arbeiten
        }
      }
      catch (InterruptedException ex)
      {
        // Thread wurde beim Schlafen oder Warten unterbrochen
      }
      finally
      {
        // Aufräumarbeit
      }
    }
```

**Codebeispiel 2.8:** Sicheres Beenden eines Threads mithilfe des Interrupt-Status

## Hinweis

Wird das Exception-Handling innerhalb der Schleife durchgeführt, ist Folgendes zu beachten: **Mit dem Auslösen der Ausnahme wird das Interrupt-Flag wieder auf `false` gesetzt**. Damit die Überprüfung am Anfang der Schleife weiter wie beabsichtigt funktioniert, muss im catch-Block das Interrupt-Flag wieder explizit gesetzt werden:

```
public void run()
{
  while(Thread.currentThread().isInterrupted() == false)
  {
    ...
    try
    {
      // Aktivität mit sleep oder wait
    }
    catch(InterruptedException ex)
    {
      // Aktionen

      // Flag wieder setzen!
      Thread.currentThread().interrupt();
    }
    ...
  }
}
```

Man findet auch Implementierungen, bei denen das Flag in der catch-Klausel nicht wieder auf true gesetzt wird. In diesen Fällen funktioniert die Schleifenüberprüfung nicht korrekt.

Es gibt in der Klasse Thread neben interrupt noch die sehr ähnlich klingende Klassenmethode interrupted, die testet, ob der aktuelle

Thread unterbrochen wurde. **Das Gefährliche an dieser Methode ist, dass sie den Unterbrechungsstatus immer auf `false` zurücksetzt!**

### 2.3.5   Thread-Zustände

Neben den in Abbildung 2-4 gezeigten Zuständen kann ein Thread innerhalb der `run`-Methode weitere durchlaufen. Abbildung 2-7 zeigt den kompletten Lebenszyklus eines Thread-Objekts.

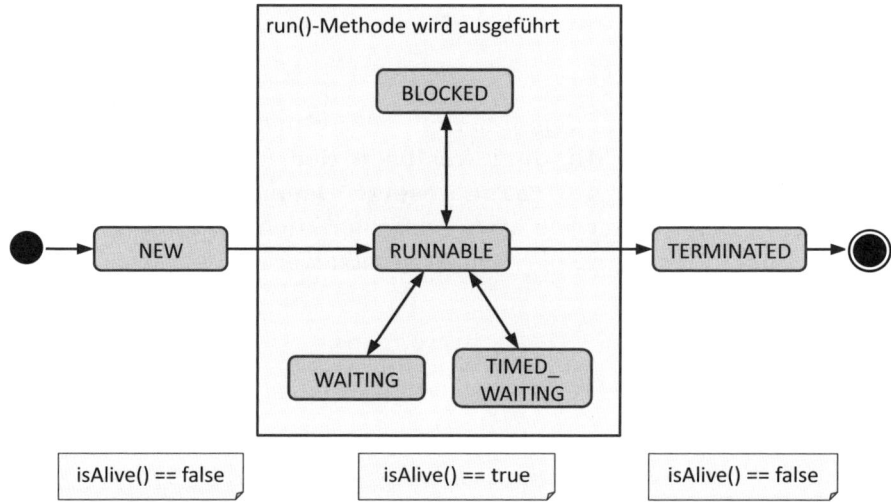

**Abbildung 2-7:** Lebenszyklus (Zustände) eines Thread-Objekts

Der Zustand eines Threads kann mit `getState` abgefragt werden. Neben den bekannten NEW, RUNNABLE und TERMINATED gibt es noch folgende Zustände:

- BLOCKED: Ein Thread versucht, ein Objekt zu sperren, kann aber die Sperre nicht erlangen. Er wird dadurch blockiert und kann auch nicht über einen `interrupt`-Aufruf aus der Blockade geholt werden. Threads, die z. B. an einer mit `synchronized` gekennzeichneten Methode warten, befinden sich im BLOCKED-Zustand.
- WAITING: Ein Thread hat eine Wartemethode aufgerufen und bleibt in diesem Zustand bis ein bestimmtes Ereignis eintritt. Wie wir bereits gesehen haben, wartet z.B. der aufrufende Thread von `th.join()` so lange, bis `th` terminiert. Danach wechselt er wieder in den Zustand

RUNNABLE. Ein Thread kann den WAITING-Zustand durch interrupt verlassen.

■ TIMED_WAITING: Hier wartet ein lauffähiger Thread nur für eine bestimmte Zeitspanne auf ein Ereignis. Typische Methoden sind z.B. die überladenen Versionen von join. Analog zum WAITING-Zustand kann ein Thread durch interrupt aus der Blockade gelöst werden.

## 2.4 Weitere Eigenschaften eines Thread-Objekts

Neben einem Namen und einem Zustand hat ein Thread noch weitere Eigenschaften, von denen wir im Folgenden lediglich die Priorität und die Daemon-Eigenschaft besprechen. Auf Thread-Gruppen gehen wir nicht ein, da sie in der Praxis keine Relevanz mehr besitzen.

### 2.4.1 Thread-Priorität

Häufig können nicht alle Threads gleichzeitig ausgeführt werden, insbesondere wenn das Programm mehr Threads erzeugt hat, als Prozessoren bzw. Rechenkerne zur Verfügung stehen. In diesem Fall müssen die nebenläufigen Aktivitäten auf die vorhandenen CPU-Ressourcen zeitlich verteilt werden. Hierbei werden sie abwechselnd für eine gewisse Zeitspanne ausgeführt und müssen dann wieder auf die Zuteilung von Rechenzeit durch einen *Scheduler* warten, der entscheidet, wann welcher Thread die CPU erhält.

Jedes Thread-Objekt besitzt eine *Priorität*. Die Priorität entspricht einer Zahl zwischen 1 (Thread.MIN_PRIORITY) und 10 (Thread.MAX_PRIORITY) und kann mit setPriority gesetzt und mit getPriority abgefragt werden. Wird nichts angegeben, erhalten Threads die Standardpriorität 5 (Thread.NORM_PRIORITY).

Zu beachten ist, dass unter Java bisher die CPU-Zuteilung nicht zufriedenstellend gelöst wird. Es liegt nicht nur an den verschiedenen zur Verfügung stehenden virtuellen Maschinen und Hardwaresystemen (Multicore oder nicht), sondern auch daran, dass die zugrunde liegenden Betriebssysteme wie Windows, Linux, MacOS usw. ihren Thread-Scheduler jeweils anders implementieren.

## Praxistipp

Generell kann man zwar schon davon ausgehen, dass ein Thread mit einer höheren Priorität gegenüber einem mit einer niedrigeren Priorität bevorzugt behandelt wird. Wie die Bevorzugung letztendlich realisiert wird, hängt aber von vielen Faktoren ab, die man nicht direkt beeinflussen kann. Es ist deshalb wichtig, dass Multithreaded-Programme so geschrieben sind, dass die korrekte Funktionsweise nicht von Prioriätsstufen abhängt!

In der Praxis werden häufig die folgenden Faustregeln angewendet:

- Wichtige Aktivitäten, die eine kurze Antwortzeit erwarten, sollen bevorzugt behandelt werden.
- Der Thread der Benutzeroberfläche soll eine hohe Priorität haben, damit die GUI reaktiv bleibt.
- Lang andauernde Aktivitäten (rechenintensive Threads) sollen mit einer niedrigen Priorität laufen. Diese Threads konkurrieren meist nicht mit anderen um Ressourcen und führen somit selten zu Blockierungen.
- Blockierende Aktivitäten sollen eine niedrige Priorität haben.

## 2.4.2   Daemon-Eigenschaft

Einen Java-Thread bezeichnet man als *Daemon*, wenn er vor dem Starten mit `setDaemon(true)` diese Eigenschaft zugewiesen bekommt. Daemon-Threads unterscheiden sich von normalen (nicht als Daemon gekennzeichneten), sogenannten *User-Threads* dadurch, dass sie jederzeit gestoppt werden können. Terminieren alle User-Threads, wird der Prozess bzw. das Programm beendet, unabhängig davon, ob Daemon-Threads noch aktiv laufen. Es wird bei der Beendigung des Programms auch keine Rücksicht auf ihre Zustände genommen[6].

Codebeispiel 2.9 zeigt einen Daemon-Thread, der nach jeder Sekunde die aktuelle Uhrzeit ausgibt. Da die Ausgabe nur stattfindet, wenn gerade keine Benutzerinteraktion vorliegt, hat der Thread eine sehr niedrige Priorität. Beim Beenden des Programms wird er aufgrund seiner Daemon-Eigenschaft ohne explizite Aufforderung angehalten.

```
class ClockDaemon implements Runnable
{
  public void run()
  {
    Thread.currentThread().setPriority(Thread.MIN_PRIORITY);
    while (true)
    {
```

---

[6]Jedes Java-Programm besitzt Daemon-Threads, die automatisch von der Laufzeitumgebung gestartet werden. Für die Speicherbereinigung sind die beiden Daemons *Reference Handler* und *Finalizer* zuständig.

```
    try
    {
        TimeUnit.SECONDS.sleep(1);
    }
    catch (InterruptedException ex)
    {
        return;
    }
    System.out.println(new java.util.Date());
    }
  }
}


public class DaemonThread
{
  public static void main(String[] args)
  {
    Thread clock = new Thread(new ClockDaemon(),"ClockThread");
    clock.setDaemon(true);
    clock.start();
    // Aktivitäten des main-Threads
  }
}
```

**Codebeispiel 2.9:** Ein benutzerdefinierter Daemon-Thread

## 2.5    Exception-Handler

Eine wichtige Frage ist der Umgang mit Fehlern, die in abgespaltenen Programmfäden auftreten. Tritt zum Beispiel bei einem Thread eine unerwartete, ungeprüfte Exception auf, wie z.B. IndexOutOfBoundsException, so wird der Fehler im Standardfall über System.err ausgegeben. Der Thread, der die asynchrone Verarbeitung startet, erhält normalerweise keine Information über die aufgetretenen Fehler.

Soll ein Thread eine andere Fehlerbehandlung durchführen, so kann man ihm explizit mit setUncaughtExceptionHandler einen Exception-Handler mit dem Interface Thread.UncaughtExceptionHandler zuweisen. Codebeispiel 2.10 demonstriert den Einsatz eines eigenen Exception-Handlers.

```
class MyExceHandler implements Thread.UncaughtExceptionHandler    ❶
{
  public void uncaughtException(Thread t, Throwable e)
  {
    StringBuilder strBuilder = new StringBuilder();
    strBuilder.append("Thread : " + t.getId()
                      + " - " + t.getName() );
```

```
      strBuilder.append( System.lineSeparator() );
      strBuilder.append("Thread-Zustand : " + t.getState() );
      strBuilder.append( System.lineSeparator() );
      StringWriter writer = new StringWriter();
      e.printStackTrace(new PrintWriter(writer));
      strBuilder.append( writer.toString() );
      strBuilder.append( System.lineSeparator() );

      Logger logger = Logger.getAnonymousLogger();
      logger.log(Level.SEVERE, strBuilder.toString() );
   }
}


class TaskWithException implements Runnable
{
  public void run()
  {
    int n = 1;
    n /= 0;    // Division durch 0 wird provoziert          ❷
    System.out.println(n);
  }
}


public class ExceptionHandler
{
  public static void main(String[] args)
  {
    TaskWithException task = new TaskWithException();
    Thread t = new Thread(task,"Worker");
    // Setzt den Handler für den Thread
    t.setUncaughtExceptionHandler(new MyExceHandler());       ❸
    t.start();
  }
}
```

**Codebeispiel 2.10:** Ein eigener Exception-Handler

Die Klasse `MyExceHandler` implementiert das Interface `Uncaught-ExceptionHandler` (❶). In der Methode `uncaughtException` wird eine aussagekräftige Fehlermeldung geloggt. Der Handler wird dem Thread vor dem Starten zugewiesen (❸). In dem Beispiel wird eine provozierte `java.lang.ArithmeticException` ausgelöst (❷).

## Praxistipp

Bei Anwendungen, die sehr lange laufen, sollte man immer alle aufgetretenen, nicht behandelten Exceptions zumindest in eine Log-Datei schreiben.

## 2.6 Zusammenfassung

In diesem Kapitel wurden die Möglichkeiten zum Erzeugen und Starten nebenläufiger Aktivitäten in Java besprochen. Die bevorzugte Lösung ist die Implementierung des Interface `Runnable`. Der Träger der Aktivität ist immer ein Thread. Ihm können verschiedene Eigenschaften zugewiesen werden, wie z.B. ein Name, eine Priorität oder die Daemon-Eigenschaft. Nach dem Start durchläuft ein Thread verschiedene Zustände und man kann durch den Aufruf von `join` auf seine Terminierung warten.

Das aktive Stoppen eines Threads sollte kontrolliert erfolgen. In der Regel kann nur er selbst sich sicher beenden. Hierzu wurden zwei Varianten besprochen. In der ersten wurde dem Thread über den Wert einer `boolean`-Variablen mitgeteilt, dass er aufhören soll. Hierbei ist zu beachten, dass eine solche Variable mit `volatile` gekennzeichnet wird[7]. In der zweiten Variante wurde direkt der Interrupt-Status des Threads benutzt. In diesem Fall ist es unter Umständen wichtig, dass dieser Status wieder korrekt gesetzt wird.

Sollen die während der Ausführung eines Threads aufgetretenen ungeprüften Ausnahmen gesondert behandelt werden, muss ein eigener Exception-Handler implementiert und registriert werden.

---

[7]Falls man mit `synchronized` arbeitet, kann auch unter Umständen darauf verzichtet werden.

# 3 Konkurrierende Zugriffe auf Daten

In den einfachen Beispielen aus dem vorherigen Kapitel sind wir bereits auf Fragestellungen gestoßen, die typisch für die nebenläufige Programmierung sind. Die einzelnen Threads haben zwar weitgehend unabhängig voneinander gearbeitet, griffen aber schon konkurrierend auf Attribute und auf Methoden zu. Bei der `println`-Methode des Codebeispiels 2.7 musste nichts weiter beachtet werden, da sie nur einem Thread den Zugang gewährt, sodass jeweils immer nur ein Thread sie ausführen kann. Das `stopRequest`-Attribut musste allerdings mit `volatile` gekennzeichnet werden, damit das Beispiel zuverlässig läuft.

In diesem Kapitel werden wir uns detailliert mit den Problemen auseinandersetzen, die beim gemeinsamen Zugriff auf Ressourcen auftreten können. Verschiedene grundlegende Koordinationsmechanismen werden vorgestellt.

## 3.1 Ein einleitendes Beispiel

In vielen Anwendungen werden Threads dazu eingesetzt, um kooperativ eine Aufgabe zu bearbeiten. Hierzu müssen häufig gemeinsame Daten (*shared data*) gelesen und manipuliert werden. Im Allgemeinen ist das Lesen der »Readonly«-Daten (*immutable shared data*) unkritisch. Werden aber die gemeinsam benutzten Daten manipuliert (*mutable shared data*), müssen die Zugriffe so gestaltet werden, dass zu jedem Zeitpunkt höchstens ein Thread sie verändert. Da die Ausführungsreihenfolge von vielen Umständen abhängt und damit als nicht deterministisch angesehen werden kann, können konkurrierend geänderte Daten sehr leicht inkonsistent werden.

Situationen, bei denen mehrere Threads auf gemeinsame Daten lesend oder schreibend zugreifen und deren Konsistenz von der Ausführungsreihenfolge abhängt, heißen *Race Conditions* (*Wettkampfbedingungen*).

Das folgende Beispiel verdeutlicht eine solche Race Condition. Abbildung 3-1 zeigt schematisch die Zugriffe zweier Threads auf die gemeinsame Variable `counter`, die am Anfang den Wert 0 besitzt.

Nachdem die beiden Threads die gemeinsame Variable verändert haben, kann `counter` den Wert 1, 2 oder 3 annehmen, je nachdem, wie die

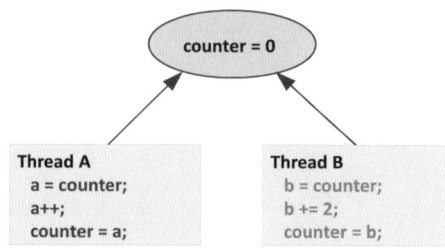

**Abbildung 3-1:** Beispiel einer Race Condition

Zugriffe verzahnt waren. Abbildung 3-2 zeigt beispielhaft drei mögliche Situationen.

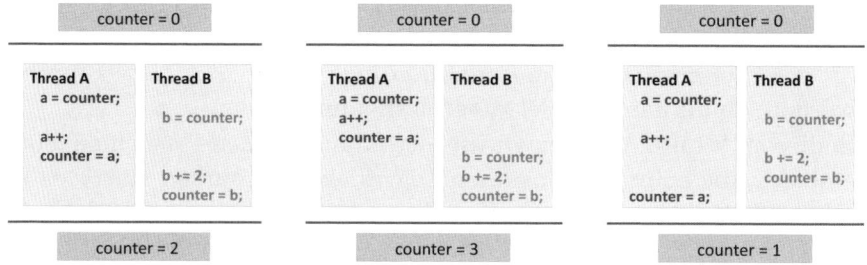

**Abbildung 3-2:** Drei mögliche Abläufe

Um Inkonsistenzen im Objektzustand vorzubeugen, müssen Zugriffe auf das Objekt *synchronisiert* werden. Ein Verfahren hierzu ist der *gegenseitige Ausschluss*. Solange ein Thread mit einem Objekt arbeitet, erhalten andere keinen Zugang dazu.

Bevor wir die in Java verwendeten, elementaren Konzepte zur Steuerung des gegenseitigen Ausschlusses betrachten, müssen wir noch diskutieren, welche Variablenarten überhaupt gefährdet sind. Dazu schauen wir uns zuerst das Speichermodell von Java (*Java Memory Model, JMM*) etwas genauer an.

## 3.2  Java-Speichermodell

Das Speichermodell einer Sprache regelt unter anderem die Interaktion von Threads mit dem Speicher. Hierbei wird festgelegt, wann und unter welchen Umständen von einem Thread geänderte Daten für andere sichtbar werden.

## 3.2.1   Stacks und Heap

Der Speicher wird innerhalb einer JVM in einen gemeinsamen Heap- und verschiedene Stack-Speicher unterteilt (vgl. Abb. 3-3). Jeder Thread hat einen eigenen Stack[1], der unter anderem lokale Variablen, Methodenparameter, Rückgabewerte und Verwaltungsinformationen für Methodenaufrufe beinhaltet. Alle Objekte in Java werden dagegen auf dem Heap abgelegt.

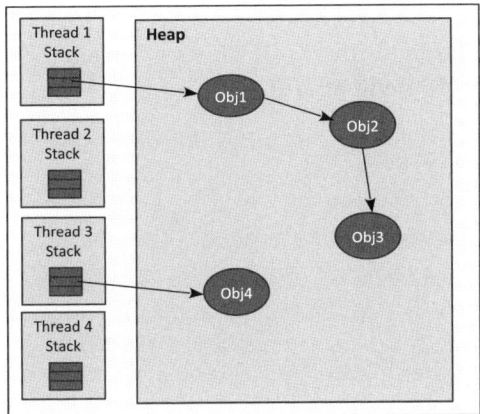

**Abbildung 3-3:** Speicherorganisation innerhalb der JVM

Im folgenden Codebeispiel kommen Variablen und Objekte vor, die in verschiedenen Arten von Speichern abgelegt werden.

```
class A
{
  public static void main(String[] args)
  {
    int a = 3;
    Integer b = new Integer();
  }
}
```

Auf dem Stack (des main-Threads) liegt die Referenzvariable args, die int-Variable a und die Referenzvariable b. All diese Variablen sind nur dem main-Thread zugänglich. Auf dem Heap befindet sich das erzeugte Integer-Objekt und das String-Array, in dem ggf. übergebene Aufrufparameter stehen[2]. In Abbildung 3-4 ist dies schematisch dargestellt.

---

[1]Wenn im Folgenden von Stack oder Heap gesprochen wird, ist immer der zugehörige Stack- bzw. Heap-Speicher gemeint.

[2]Auf dem Heap stehen außerdem diverse Objekte wie System.out, System.in usw., die beim Starten des Programms angelegt wurden.

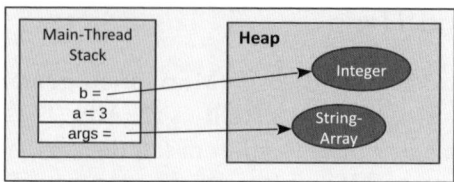

**Abbildung 3-4:** Daten auf dem Stack und Heap

Lokale Variablen gehören immer nur einem Thread. Zwei verschiedene Threads, die folgende Methode ausführen

```
public static void print(int i)
{
   int a = i*i;
   Integer b = new Integer(a);
   System.out.println(b);
}
```

haben dabei verschiedene, lokale Variablen `i`, `a` und `b` auf ihrem eigenen Stack (vgl. Abb. 3-5).

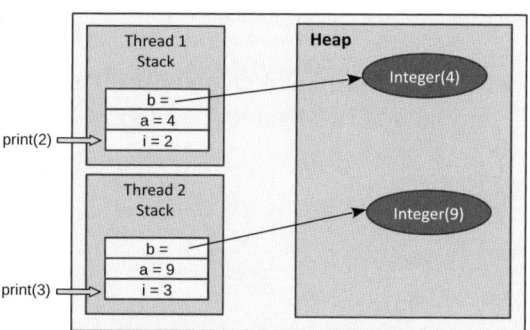

**Abbildung 3-5:** Lokale Daten zweier Threads

Lokale Variablen eines elementaren Datentyps[3] werden vollständig, d. h. mit ihrem Wert, auf dem Stack abgelegt. Lokale Referenztypen (zum Beispiel `String`, `Integer` usw.) liegen zwar auch auf dem Stack, die referenzierten Objekte aber auf dem Heap.

Besitzen nun zwei Threads die Referenz auf eine Instanz (vgl. Abb. 3-6), so können die Attribute der Instanz durch beide gelesen bzw. verändert werden.

---

[3]Die acht elementaren Datentypen in Java sind: `boolean`, `byte`, `short`, `int`, `long`, `char`, `float` und `double`.

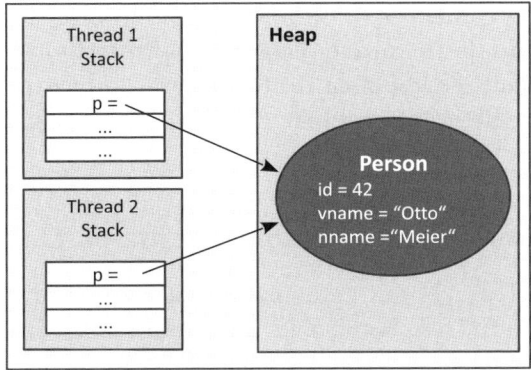

**Abbildung 3-6:** Gemeinsames Objekt auf dem Heap

## 3.2.2 Speicher auf der Hardwareebene

Das Modell mit Stacks und Heap entspricht der logischen Organisation des Speichers aus der Sicht der Programmiersprache. Auf der Hardwareebene liegen all diese Bereiche im RAM. Eine moderne Hardware hat üblicherweise eine andere Speicherarchitektur und -organisation [43]. Wie in Abbildung 3-7 zu sehen ist, besitzen die meisten CPUs einen Cache, eine Art schneller Speicher, der aus mehreren aufeinander aufbauenden Ebenen (Level) besteht. Tiefere Level sind dabei typischerweise sehr schnell, haben aber aus Kostengründen eine kleinere Größe. Aktuelle Prozessoren besitzen meist drei Cache-Level mit den Bezeichnungen L1, L2 und L3. Gängige Größen für L1 sind 4 bis 256 KB, für L2 64 bis 512 KB und für L3 2 bis 32 MB.

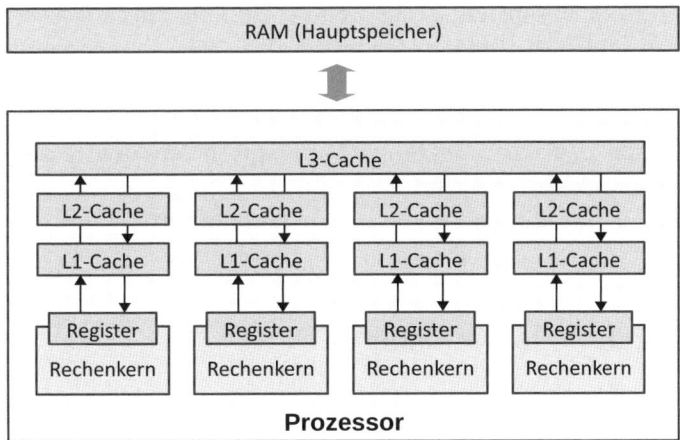

**Abbildung 3-7:** Moderne Prozessoren mit mehreren Kernen und zugehörigen Caches

Threads benutzen somit implizit einen Cache, in dem Teile des Speichers geladen und manipuliert werden. Objektdaten(-Attribute) können dann sowohl im Hauptspeicher als auch im Cache und teilweise in den Registern gehalten werden. Wir werden sehen, dass dies zu Problemen beim Umgang mit gemeinsamen Daten führen kann.

### 3.2.3   Probleme mit gemeinsam nutzbaren Daten

Sobald mehrere Threads auf gemeinsam benutzte Daten zugreifen, kann dies zu Problemen führen. Wenn Zugriffskonflikte bzw. Inkonsistenzen auftreten, können diese verschiedene Ursachen haben. Zum einen können Aktionen noch nicht abgeschlossen sein (*Atomarität*), zum anderen wurden Anweisungen umsortiert (*Umordnung*) oder Modifikationen sind noch nicht sichtbar (*Sichtbarkeit*).

### Atomarität von Operationen

Eine Aktion wie `a++` besteht aus mehreren Schritten, die unterbrechbar sind, etwa:

```
reg <- a;        // Wert von a in Register laden
increment reg;
a <- reg;        // Wert zurückschreiben
```

Um die Konsistenz eines solchen kritischen Abschnitts zu gewährleisten, muss das Ganze atomar (unteilbar) ausgeführt werden. Dafür sind mehrere Mechanismen möglich.

Ein bekanntes Mittel, um Zugriffe auf Ressourcen zu koordinieren, ist *Locking*. Ein Lock entspricht einer Sperre, die ein Thread, bevor er in den kritischen Abschnitt eintritt, anfordern kann. Solange er sie besitzt, müssen alle anderen, die dieselbe Sperre haben möchten, warten. Erst wenn die Sperre explizit freigegeben wird, kann sie von genau einem der wartenden Threads erworben werden. Man spricht in dem Fall von wechselseitigem Ausschluss (*mutual exclusion* bzw. *Mutex*). Das Schlüsselwort `synchronized`, das wir unten genauer betrachten, realisiert ein Verfahren dafür.

### Umordnung von Operationen

Die Java-Spezifikation erlaubt dem Compiler, aus Optimierungsgründen Anweisungen umzuordnen, solange die sogenannte sequenzielle Konsistenz (*sequential consistency*) gewährleistet ist (siehe auch weiter unten). Folgendes Programm verwendet zwei Klassenvariablen `A` und `B` sowie zwei lokale

Variablen x und y. Zu Beginn besitzen A und B den Wert null. Nebenläufig sollen nun folgende Aktionen durchgeführt werden:

```
// Thread 1              // Thread 2
x = A;                   y = B;
B = 1;                   A = 2;
```

Auf den ersten Blick scheinen die Endergebnisse x == 2 und y == 1 unmöglich zu sein. Da die Anweisungen für Thread 1 und Thread 2 für sich genommen keine Abhängigkeiten voneinander haben, darf der Compiler ihre Reihenfolgen vertauschen. Ein möglicher Ablauf wäre

```
// Thread 1              // Thread 2
B = 1;                   A = 2;
x = A;                   y = B;
```

was zu diesen anscheinend unmöglichen Endergebnissen führen kann.

Umordnungen können durch Einfügen sogenannter Speicherbarrieren (*memory barrier* bzw. *fences*) verhindert werden. Der Zugriff auf volatile-Variablen entspricht z. B. einer solchen Barriere. Alle Anweisungen, die im Code vor und nach dem Zugriff auf volatile-Variablen stehen, dürfen über diese Grenze nicht verschoben werden.

## Sichtbarkeit von Änderungen

Wenn im obigen Beispiel zuerst Thread 1 seine Ausführung abarbeitet und danach erst Thread 2 beginnt, dann kann man auch ohne Umordnungseffekt x == 0 und y == 0 als Endergebnis erhalten. Es gibt in Java nämlich keine Garantie dafür, dass ein Thread sofort sehen kann, was ein anderer gemacht hat. Das liegt daran, dass jeder Thread aus Performance-Gründen so lange wie möglich seinen eigenen Cache verwendet.

Zu bemerken ist, dass dieser Effekt auf Maschinen mit nur einem Kern nicht auftritt, weil mit jedem Thread-Wechsel der Cache ausgetauscht wird. In einer Multicore-Umgebung ist die obige Anomalie durchaus möglich.

## 3.2.4   Sequenzielle Konsistenz

Die sequenzielle Konsistenz garantiert, dass ein Thread sehen kann, was die anderen vor ihm im Speicher geändert haben, und dass die Wirkung mit der Reihenfolge im Code übereinstimmt [33]. Aufgrund von Optimierungsmöglichkeiten wird in Java die strikte sequenzielle Konsistenz nicht unterstützt. Stattdessen wird eine schwächere Form garantiert (*relaxed memory consistency*): Ein Thread kann zum Beginn eines definierten Synchronisationspunkts sehen, was andere vorher geändert haben, die denselben Synchronisationspunkt benutzen. Synchronisationspunkte sind:

- Zugriff auf `volatile`-Variablen: Das Schreiben einer `volatile`-Variablen bewirkt die Synchronisierung mit allen Threads, die zu einem späteren Zeitpunkt die Variable lesen.
- Lock-Objekte bzw. `synchronized`: Eine Lock-Freigabe synchronisiert alle durchgeführten Änderungen mit allen Threads, die danach den Lock erwerben.
- Starten eines Threads: Alle Aktionen vor dem Starten finden vor der ersten des neu gestarteten Threads statt.
- Die Initialisierung mit Defaultwerten (0, `false` oder `null`) aller Variablen sorgt für die Synchronisierung mit dem ersten Zugriff.
- Das Ende eines Threads bewirkt die Synchronisierung mit jeder Aktion eines auf dessen Ende wartenden Threads. Wenn z.B. ein `join`-Aufruf zurückkehrt, sieht der Aufrufer alle von dem Thread gemachten Änderungen.
- Wenn Thread T1 Thread T2 unterbricht, wird garantiert, dass alle Threads die Unterbrechung sehen. Ein Aufruf von `isInterrupted` liefert immer den aktuellen Unterbrechungsstatus.

Das Schreiben und Erneuern der Cache-lokalen Daten sind durch diese Regeln festgelegt.

## Hinweis

Um das in der Sprache festgelegte Speichermodell umsetzen zu können, benötigt der Java-Compiler entsprechende Hardwareunterstützung. Je nach CPU sind verschiedene Realisierungen zu finden.

Zur Notation schreiben wir $a > b$, wenn die Aktion $a$ vor $b$ ausgeführt wird und der Effekt von $a$ in $b$ sichtbar ist, d.h., wenn $a$ eine Speicheroperation ist, wird die Änderung in den Hauptspeicher geschrieben.

Doug Lea (siehe [35]) unterscheidet vier Typen von Speicherbarrieren (Synchronisationspunkte), mit denen man den Effekt des Java-Speichermodells erklären kann:

**LoadLoad** Für alle Ladeoperationen $a$ vor und alle Ladeoperationen $b$ nach der Barriere gilt: $a > b$.

**StoreStore** Für alle Schreiboperationen $a$ vor und alle Schreiboperationen $b$ nach der Barriere gilt: $a > b$.

**LoadStore** Für alle Ladeoperationen $a$ vor und alle Schreiboperationen $b$ nach der Barriere gilt: $a > b$.

**StoreLoad** Für alle Schreiboperationen $a$ vor und Ladeoperationen $b$ nach der Barriere gilt: $a > b$.

Die jeweilige Reihenfolge der Operationen vor oder nach einer Barriere ist dabei nicht festgelegt. Im Allgemeinen sind die Kombinationen dieser Typen möglich.

### 3.2.5 Thread-sichere Daten und unveränderliche Objekte

Jeder Thread greift während seiner Ausführung auf verschiedene Daten zu:

- Auf lokale Daten, die sich auf seinem eigenen Stack befinden. Diese müssen nicht geschützt werden.
- Auf globale Daten (im Form von Klassenobjekten bzw. -variablen). Wenn auf sie nur lesend zugegriffen wird, müssen keine gesonderten Maßnahmen getroffen werden. Werden sie aber von einem Thread geändert, müssen sie mit einem speziellen Mechanismus geschützt werden, um die Konsistenz der Daten zu gewährleisten.
- Auf gemeinsam benutzte Objekte, die auf dem Heap liegen. Objekte dieser Art werden von einem Thread angelegt und sind für alle anderen sichtbar, wenn sie deren Referenzen kennen. Wie globale Objekte müssen sie ggf. geschützt werden.

Der Zustand eines Objekts ist durch die Werte seiner Attribute gegeben. Temporäre Änderungen können das Objekt in einen inkonsistenten Zustand bringen, der nicht weiter schlimm ist, solange währenddessen kein weiterer Thread seine Daten liest.

Daten sind *Thread-sicher*, wenn sie von anderen Objekten immer in einem gültigen Zustand gesehen werden. Die Thread-Sicherheit wird in folgenden Fällen gewährleistet:

- Wenn Objekte nur von einem Thread verwendet werden. In einem Programmfluss gilt stets die sequenzielle Konsistenz. Der Compiler darf die Reihenfolge der unabhängigen Anweisungen mit der Garantie umordnen, dass jede Änderung einer Variablen für nachfolgende Schritte sichtbar ist.
- Wenn gemeinsame Objekte unveränderlich sind. Dabei sind einige Punkte zu beachten, die wir im Abschnitt 3.3 diskutieren.
- Wenn Thread-lokale Daten verwendet werden (siehe Abschnitt 3.6).
- Wenn Zugriffe auf veränderbare Objekte durch Sperren gesichert werden (siehe Kapitel 4). Unter Umständen ist der Einsatz des `volatile`-

Konzepts (siehe Abschnitt 3.4) oder *atomarer Operationen* ausreichend (siehe Kapitel 7).

■ Wenn die Kommunikation zwischen Threads über ein sicheres Framework durchgeführt wird. Durch das Framework wird die Konsistenz des Objekts zum Beispiel durch Kopieren oder durch Schützen mit Sperren gewährleistet.

## 3.3    Unveränderbare Objekte

Ein Objekt ist unveränderbar (*immutable*), wenn sein Zustand nach der Erzeugung nicht mehr verändert werden kann. Ein richtiger Einsatz von unveränderbaren Objekten hat viele Vorteile:

■ *Einfachheit:* Sie sind einfacher zu testen.

■ *Thread-Sicherheit:* Sie können ohne Probleme von verschiedenen Threads benutzt werden.

■ *Speichereffizienz:* Es werden zum Schutz der Objekte normalerweise keine Kopien benötigt.

Klassen für unveränderbare Objekte sind durch folgende Eigenschaften gekennzeichnet:

■ Keine Methode darf die Objektdaten modifizieren.

■ Alle Attribute sollen `final` sein. Sie erhalten nach der Konstruktion ihren festen Wert.

■ Keine Überschreibung der Methoden in den Unterklassen. Die Klasse kann zum Beispiel `final` sein. Eine andere Möglichkeit besteht darin, Konstruktoren `private` zu deklarieren und (Klassen-)Fabrikmethoden (*factory method*) zu definieren, um unveränderbare Objekte zu liefern.

■ Für den Fall, dass ein Attribut eine Referenz zu einem veränderbaren Objekt ist, muss Folgendes beachtet werden:

  ● Keine Methode darf das Objekt verändern.

  ● Das Objekt gehört ausschließlich der umschließenden Instanz. Das Objekt muss ggf. kopiert werden, wie im nachstehenden Codefragment zu sehen ist:

```
class Immutable
{
  private final char[] code;

  public Immutable(char[] code)
  {
    // Für den internen Gebrauch wird eine
    // Kopie angefertigt
```

```
      this.code = code.clone();
    }

  public char[] getCode()
  {
    // return code; wäre hier falsch!
    return code.clone();
  }
}
```

## Hinweis

- Erst nachdem ein Konstruktor komplett durchlaufen ist, ist ein Objekt vollständig konstruiert. Da das Starten eines Threads einem Synchronisationspunkt entspricht, ist es sicher, wenn das unveränderbare Objekt nach dessen Konstruktion von einem anderen Thread benutzt wird.
- Die Bekanntmachung einer Referenz an andere Threads, deren zugehöriges Objekt erst später erzeugt wird, ist eine Fehlerquelle.

## 3.4   Volatile-Attribute

In Abschnitt 2.3.3 haben wir gesehen, dass eine Kennzeichnung mit `volatile` wichtig ist, wenn immer der aktuelle Wert benutzt werden soll. Das Java-Speichermodell sichert sogar noch mehr zu, nämlich:

- Das Schreiben und Lesen von `volatile`-Variablen sind unteilbar.
- Wenn Thread A eine `volatile`-Variable v modifiziert und Thread B sie danach liest, dann sind auch alle anderen von Thread A vor der Modifikation von v durchgeführten Änderungen für B sichtbar (*StoreLoad-Barriere*).
- Zugriffe auf `volatile`-Variablen dürfen nicht umgeordnet werden.
- Normale Anweisungen dürfen nicht mit Zugriffen auf `volatile`-Variablen vertauscht werden.

Betrachten wir das folgende Beispiel:

```
static int a  = 0;
static volatile int b = 0;


// Thread A
...
a = 3;
b = 2; // Änderung einer volatile Variablen

// Thread B
System.out.println(b + " " + a);
```

Es wird garantiert, dass auch alle durchgeführten Änderungen von Thread A, die vor der Zuweisung der `volatile`-Variablen b gemacht wurden, für Thread B sichtbar sind, wenn er auf b zugreift (*StoreLoad-Barriere*). In diesem Fall werden die Werte 2 und 3 ausgegeben[4].

## Hinweis

Es ist zu beachten, dass für `volatile`-Referenzvariablen Folgendes gilt:

- Es wird garantiert, dass die Referenz immer aktuell und jede Änderung sichtbar ist.
- Es wird **nicht** garantiert, dass der »Inhalt« des referenzierten Objekts aktuell ist.

## Praxistipp

In [28] werden folgende Regeln für den Einsatz von `volatile` empfohlen:

**Regel 1** Der zu schreibende, neue Wert der Variablen ist unabhängig vom gegenwärtigen Wert (die Variable ist zustandslos).
**Regel 2** Die Variable ist unabhängig von anderen.

---

[4]Bei `System.out.println(a + " " + b);` kann durchaus 0 0 ausgegeben werden, wenn Thread A die Zuweisung b = 2; noch nicht ausgeführt hat.

Typische Anwendungen sind einmalige Ereignisse (in Abschnitt 2.3.3 zum Stoppen eines Threads) oder die Veröffentlichung von Informationen (zum Beispiel Temperaturmessungen), die zustandslos sind.

Wie oben erwähnt wurde, entspricht der Zugriff auf eine `volatile`-Variable einem Punkt, bei dem der Cache mit dem Hauptspeicher synchronisiert wird. Dies ist eine relativ »teure« Angelegenheit. Zur Veröffentlichung von Aktualisierungen sind andere Lösungen (z.B. über das *Observer*-Muster) unter Umständen effizienter.

## 3.5   Final-Attributte

Neben den Sichtbarkeitsregeln für `volatile` gibt es auch Entsprechendes für mit `final` gekennzeichnete Attribute. Es gilt, dass sie entweder direkt bei der Deklaration oder im Konstruktor initialisiert werden können. Alle `final`-Attribute sind nach der Objekterzeugung komplett initialisiert und nicht mehr veränderbar. Dabei bezieht sich die »Unveränderbarkeit« nur auf das Attribut selbst. Handelt es sich bei dem Attribut um eine Referenz, so wird das `final` nicht auf den »Inhalt« des referenzierten Objekts ausgedehnt.

### Sichtbarkeitsregeln für referenzierte Objekte

Werden über `final`-Attribute Objekte referenziert, so kann es beim falschen Gebrauch in einer Multithreaded-Umgebung zu unerwünschten Effekten kommen. Liest ein Thread zum ersten Mal ein `final`-Attribut, so werden auch alle über die Referenz erreichbaren Objekte, die sogenannte *transitive Hülle* gelesen und dauerhaft in den Cache übertragen. Es ist wichtig zu wissen, dass sich die transitive Hülle in die Tiefe über mehrere Ebenen des Objektgraphen erstrecken kann.

Solange alle beteiligten Objekte *immutable* sind, kann es zu keinem Seiteneffekt bei nebenläufigen Zugriffen kommen[5]. Ist das nicht der Fall, dann muss man aufpassen, da Veränderungen nicht unbedingt für andere Threads gleich sichtbar sind. Es sei denn, man benutzt hier die Mechanismen `volatile` oder `synchronized`[6].

---

[5]In dem Fall kann sich auch die Gestalt der transitiven Hülle nicht ändern.
[6]Das Schlüsselwort `synchronized` wird in Kapitel 4 besprochen.

## 3.6    Thread-lokale Daten

Wie wir oben gesehen haben, kann ein Thread während der Ausführung auf verschiedene lokale und globale Daten zugreifen. Viele Betriebssysteme unterstützen darüber hinaus einen sogenannten *Thread-lokalen Speicher* (*thread-specific* oder *thread-local storage* oder kurz *TLS* genannt). Technisch gesehen ist der TLS ein spezieller Speicherbereich, der nur einem Thread gehört und dessen Zeiger im Thread-Kontext abgespeichert wird. Bei jedem Kontextwechsel wird damit der Speicherbereich des aktuellen Threads geladen. Objekte, die im TLS abgelegt werden, sind im folgenden Sinne *quasi-global*:

- Sie sind global, weil die Namen der Objekte global (Klassenvariablen) bekannt sind.
- Sie sind aber in dem Sinne lokal, weil mit jedem Thread-Wechsel das Objekt ausgetauscht wird, obwohl es einen globalen Namen hat. Jeder Thread hat ein eigenes zugehöriges Objekt.

Objekte im TLS werden in Java durch die Klasse `ThreadLocal<T>` unterstützt. Um die Plattformunabhängigkeit zu gewährleisten, wird eine globale Datenstruktur verwendet. Die Klasse `ThreadLocal` besitzt neben dem Defaultkonstruktor die Methode `set(T value)`, mit der ein Objekt vom Typ `T` in den Thread-lokalen Speicher abgelegt werden kann. Mit `remove` kann es gelöscht werden. Durch Überschreibung der `initialValue`-Methode kann man dem Objekt einen Defaultwert zuweisen. Seit Java 8 kann alternativ die Fabrikmethode `ThreadLocal.withInitial(Supplier<T>)` benutzt werden.

Eine typische Anwendung von `ThreadLocal`s ist die Realisierung eines »Per-Thread-*Singleton*«. Bei JEE-Servern wird dies z. B. für das Ablegen von Kontextinformationen benutzt (z. B. Transaktions-ID). Ein weiteres Beispiel ist `ThreadLocalRandom` (siehe unten).

### Praxistipp

Namen der Thread-lokalen Objekte sind typischerweise global und werden daher `static` deklariert, um die gewünschte Wirkung zu erzielen. Dadurch wird sichergestellt, dass alle Threads auf `ThreadLocal`-Objekte über denselben Namen zugreifen können (vgl. [34, 16, 45]). Manchmal sieht man, dass sie in gewöhnlichen Instanzattributen (ohne `static`) hinterlegt werden, was leider unter Umständen nicht die gewünschte Wirkung hat.

## ThreadLocalRandom

Um den Umgang mit Thread-lokalen Objekten zu verdeutlichen, betrachten wir eine Situation, in der verschiedene Threads sehr viele Zufallszahlen benötigen (etwa bei einer Monte-Carlo-Simulation). Die naive Lösung wäre die Verwendung der Klassenmethode `Math.random`, um sie zu erzeugen. Dies führt zu einem problematischen Engpass. Der verwendete Generator besitzt einen »Zustand«. Die Aufrufe müssen Thread-sicher gestaltet werden (z.B. mit dem Atomic-Konzept – siehe Kapitel 7). Das verursacht natürlich einen Engpass beim Durchsatz. Eine Lösungsidee ist, dass jeder Thread seinen eigenen Zufallsgenerator (z.B. ein Objekt der Klasse `java.util.Random`) benutzt. Hierzu gibt es verschiedene Implementierungsmöglichkeiten:

1. Jedes Thread- bzw. `Runnable`-Objekt besitzt ein Attribut für einen eigenen Zufallsgenerator. In der `run`-Methode wird dann darauf zugegriffen.
2. Mithilfe des Thread-lokalen Konzepts kann jedem Thread einheitlich ein Zufallsgenerator zur Verfügung gestellt werden.
3. Man benutzt die von Java zur Verfügung gestellte `ThreadLocalRandom`-Klasse, die einer Implementierung der vorhergehenden Idee entspricht.

Codebeispiel 3.1 zeigt die Verwendung Thread-lokaler Daten.

```java
public class MyThreadLocalRandom
{
  static ThreadLocal<Random> rand = new ThreadLocal<Random>()      ❶
  {
    @Override
    protected Random initialValue()                                ❷
    {
      return new Random();
    }
  };

  public static void main(String[] args)
  {
    for (int i = 0; i < 10; i++)      // erzeuge 10 Threads
    {
      new Thread(()->{
        StringBuffer strBuf = new StringBuffer();
        strBuf.append(Thread.currentThread().getId() + " : ");
        for (int j = 0; j < 100; j++)
          strBuf.append( rand.get().nextInt(100) + " ");           ❸
        System.out.println(strBuf);
      }).start();
    }
  }
}
```

**Codebeispiel 3.1:** Beispiel für eine Anwendung Thread-lokaler Daten

Dem statischen Attribut `rand` wird ein Objekt einer Subklasse von `ThreadLocal<Random>` zugewiesen (❶), wobei hier die Methode `initialValue` überschrieben wird (❷). Eine Alternative ab Java 8 wäre die Verwendung von `ThreadLocal.withInitial( Random::new )`. Wird von einem Thread das erste Mal die `get`-Methode aufgerufen (❸), wird `initialValue` ausgeführt und ein `Random`-Objekt in den Thread-lokalen Speicher abgelegt. Der Aufruf `rand.get` liefert dann im weiteren Verlauf immer das vorher zugewiesene Objekt.

Die Lösung im Codebeispiel 3.1 ist leider ineffizient. Der Grund ist die (schlechte) Implementierung der Klasse `Random`. Die Methoden von `Random` wurden Thread-sicher gestaltet, was bei der obigen Anwendung einen unnötigen Overhead produziert. Seit Java 7 gibt es für diesen Einsatz als Alternative die `ThreadLocalRandom`-Klasse, die von `Random` erbt und alle Objektmethoden so überschreibt, dass die Thread-Sicherheit nicht mehr benötigt wird. Mit der Klassenmethode `ThreadLocalRandom.current` kann auf den entsprechenden Generator zugegriffen werden. Das obige Beispiel vereinfacht sich dann zu:

```
public class MyThreadLocalRandom
{
  public static void main(String[] args)
  {
    // erzeuge 5 Threads
    for (int i = 0; i < 5; i++)
    {
      new Thread(() ->
        {
          StringBuffer strBuf = new StringBuffer();
          strBuf.append(Thread.currentThread().getId() + " : ");
          for (int j = 0; j < 10; j++)
          {
            // verwende Thread-eigenen Zufallsgenerator
            strBuf.append(
              ThreadLocalRandom.current().nextInt(100) + " ");
          }
          System.out.println(strBuf);
      }).start();
    }
  }
}
```

**Codebeispiel 3.2:** Anwendung von ThreadLocalRandom

# 3.7   Fallstricke

■ **Modifikationen von volatile-Variablen sind nicht atomar**
Durch die Spezifikation wird lediglich zugesichert, dass das Lesen und
Schreiben von `volatile`-Variablen atomar sind. Das Codebeispiel 3.3
arbeitet nicht korrekt.

```
class Counter
{
  private volatile int count = 0;

  public Counter() { super(); }
  public int getNext() { return ++count; }
}
```

**Codebeispiel 3.3**: Inkorrekte Implementierung eines Counters

Die Variable `count` ist hier zwar mit `volatile` gekennzeichnet, die Anweisung `++count` ist allerdings nicht atomar. Beim gleichzeitigen Zugriff auf `getNext` kann es durchaus vorkommen, dass zweimal derselbe
Wert zurückgeliefert wird.

Abhilfe schafft hier die Kennzeichnung von `getNext` mit
`synchronized` (dann kann in dem Beispiel auf `volatile` verzichtet werden) oder die Benutzung eines `AtomicInteger`-Objekts (siehe
Kapitel 7).

■ **Ausgelassener volatile-Zugriff**
Das Codebeispiel 3.4 enthält eine subtile Schwachstelle. Hier führt die
Wirkung der *Shortcut*-Auswertung zu einem Problem.

```
boolean cond1 = true;
volatile boolean cond2 = true;
long counter = 0;

@Override
public void run()
{
  while ( cond1 || cond2 )
  {
    counter++;
  }
  System.out.println("worker done : " + counter);
}
```

**Codebeispiel 3.4**: Auslassen eines volatile-Zugriffs

Wenn `cond1` `true` ist, kommt die Speicherbarriere von `cond2` nicht zur
Geltung.

■ **Falsche Verwendung von `ThreadLocalRandom`**
Im folgenden Codebeispiel wird `ThreadLocalRandom` falsch verwendet.

```
public static Random rand = ThreadLocalRandom.current();
```

**Codebeispiel 3.5:** Falsche Verwendung von ThreadLocalRandom

Jeder später erzeugte Thread, der direkt `rand` benutzt, generiert hier dieselbe Zufallsfolge. Der Grund ist die nicht konforme Implementierung des `ThreadLocal`-Konzepts. `ThreadLocalRandom.current` muss zwingend im Thread-Kontext aufgerufen werden, damit der eigene Zufallsgenerator korrekt initialisiert wird. In dem Beispiel wird `ThreadLocalRandom.current` nur im Kontext des *Classloaders* aufgerufen.

# 3.8  Zusammenfassung

Unveränderbare (*immutable*) Objekte können problemlos von mehreren Threads gelesen werden. Sind die Daten bzw. Objekte veränderbar, müssen geeignete Synchronisationsmechanismen verwendet werden. Je nach Aufgabe kann der Einsatz von `volatile` ausreichend sein.

Wird eine `volatile`-Variable modifiziert, so werden alle davor gemachten Änderungen aus dem Cache des jeweiligen Threads in den Hauptspeicher übertragen (*flush*). Beim Lesen von `volatile`-Attributen wird der Cache aktualisiert (*refresh*). Greifen zwei Threads auf verschiedene `volatile`-Variablen zu, so existieren für sie keine Sichtbarkeitsgarantien für gemeinsam benutzte non-`volatile` Daten.

# 4 Elementare Synchronisationsmechanismen

Um Zugriffe auf gemeinsame Ressourcen zu kontrollieren, kann das Konzept des gegenseitigen Ausschlusses verwendet werden. Java stellt hierzu für jedes Objekt einen Lock- bzw. Sperrmechanismus zur Verfügung.

## 4.1 Schlüsselwort synchronized

Alle Java-Objekte, sowohl herkömmliche Instanzen als auch Klassenobjekte, besitzen eine implizite Sperre bzw. einen Lock. Den Zugriff darauf erhält man durch die Verwendung des Schlüsselworts `synchronized`.

**Hinweis**

Man kann mathematisch zeigen, dass eine gute Lösung für den gegenseitigen Ausschluss vier Bedingungen genügen muss [48]:

1. In einem kritischen Abschnitt darf sich zu jedem Zeitpunkt höchstens immer nur ein Thread befinden.
2. Es dürfen keine Annahmen über die zugrunde liegende Hardware (Clock, CPU-Anzahl etc.) gemacht werden.
3. Ein Thread darf andere Threads nicht blockieren, außer er ist in einem kritischen Bereich.
4. Es muss sichergestellt sein, dass ein Thread nicht unendlich lange warten muss, bis er in den kritischen Bereich eintreten kann.

### 4.1.1 Synchronized-Methoden

Jedes Objekt bzw. jede Klasse besitzt genau eine Sperre. Wird eine Methode mit dem Schlüsselwort `synchronized` deklariert, müssen alle Threads erst die Sperre erwerben, bevor sie die Methode ausführen dürfen. Bei synchronized-Instanzmethoden ist es die Sperre des zugehörigen Objekts. Bei synchronized-Klassenmethoden kommt die Sperre des class-Objekts (*Klassenname*.class) zum Einsatz.

Beim Aufruf einer synchronized-Methode wird zuerst versucht, die Sperre anzufordern. Ist sie frei, erhält sie der aktuelle Thread und er führt die Methode aus. Ist sie belegt, wird er blockiert. Da es möglich ist, dass mehrere Threads dieselbe Sperre erwerben möchten, werden die blockierten Threads in einem Warteraum gesammelt. Mit dem Verlassen der Methode kann die Sperre freigegeben werden. Danach kann sie von einem blockierten Thread erworben werden. Welcher das sein wird, ist nicht festgelegt.

Die Sperre ist *reentrant*. Ein Thread kann, nachdem er die Sperre erlangt hat, sie ohne zu warten erneut anfordern. Dabei wird intern ein Zähler verwendet, der sicherstellt, dass der Thread die Sperre wieder genauso oft freigeben muss, wie er sie erhalten hat.

Als Beispiel betrachten wir einen Modulo-Zähler (Codebeispiel 4.1). Die Methode increment zählt den Counter hoch (❶) und decrement herunter (❷). Die Methode getValue liefert den aktuellen Wert (❸). Da sie alle synchronized sind, können sie nur von einem Thread ausgeführt werden. Außerdem ist die Sichtbarkeit von count gewährleistet. Beim Eintreten und Verlassen einer synchronized-Methode wird der Cache aktualisiert bzw. zurückgeschrieben (analoges Verhalten wie bei einem volatile-Zugriff).

```
class ModuloCounter
{
  private int count = 0;
  private final int mod;
  public ModuloCounter(int mod)
  {
    this.mod = mod;
  }
  public synchronized void increment()                    ❶
  {
    count = (count + 1)%mod;
  }
  public synchronized void decrement()                    ❷
  {
    count = (count - 1 + mod)%mod;
  }
  public synchronized int getValue()                      ❸
  {
    return count;
  }
}
```

**Codebeispiel 4.1:** Eine Thread-sichere Klasse

Da jedes Counter-Objekt eine eigene Sperre besitzt, ist es möglich, dass zwei Threads gleichzeitig `synchronized`-Methoden betreten können, wenn die Aufrufe auf verschiedenen Objekten (verschiedenen Sperren) erfolgen.

Klassenmethoden können ebenfalls mit `synchronized` gekennzeichnet werden. Gesperrt wird jetzt das der Klasse zugeordnete `class`-Objekt ( z. B. `String.class`, `Integer.class` usw.). Dies bedeutet, dass zu jedem Zeitpunkt höchstens eine `static synchronized`-Methode einer Klasse ausgeführt werden kann.

## 4.1.2   Synchronized-Blöcke

Ein Thread kann auch explizit die Sperre eines beliebigen Objekts `obj` erhalten, wenn er in einen Block folgender Form eintritt:

```
synchronized(obj)
{
   // kritischer Abschnitt
}
```

Somit haben die beiden nachstehenden Versionen die gleiche Wirkung[1]:

```
public synchronized void f()
{
   kritischer Abschnitt
}

// Äquivalente Formulierung
public void f()
{
   synchronized(this)
   {
      // kritischer Abschnitt
   }
}
```

`Synchronized`-Blöcke können eingesetzt werden, wenn unabhängige Methoden geschützt werden sollen. Unabhängig bedeutet hier, dass sie auf disjunkte Datenbereiche zugreifen. Wären im Codebeispiel 4.2 beide Methoden `synchronized`, so könnte immer nur eine der Methoden aktuell von einem Thread ausgeführt werden, da dieselbe Sperre benutzt wird.

---

[1]Die beiden Versionen sind zwar semantisch äquivalent, besitzen aber verschiedene Laufzeiten. Die Lösung mit der `synchronized`-Methode kann im Bytecode effizienter umgesetzt werden als die mit dem `synchronized`-Block.

```
public class LockDemo
{
  private Object lock1 = new Object();
  private Object lock2 = new Object();

  public void method1()
  {
    synchronized (lock1)
    {
      // benutzt Attribute a,b,c
    }
  }

  public void method2()
  {
    synchronized (lock2)
    {
      // benutzt Attribute x,y,z
    }
  }
}
```

**Codebeispiel 4.2:** Einsatz von `synchronized`-Blöcken

### 4.1.3 Beispiel: Thread-sicheres Singleton

Codebeispiel 4.3 zeigt eine Implementierung des *Singleton*-Patterns mit verzögerter Initialisierung (*lazy instantiation*).

```
class Singleton
{
  private static Singleton instance;

  private Singleton()
  {
    // komplizierte Initialisierung
  }

  public static synchronized Singleton getInstance()
  {
    if (instance == null)
    {
      instance = new Singleton();
    }
    return instance;
  }

  // weitere Objektmethoden
}
```

**Codebeispiel 4.3:** Ein Singleton mit *lazy instantiation*-Verhalten

Der Zugriff auf die Singleton-Instanz ist hier durch `synchronized` geschützt. Damit wird sichergestellt, dass nur ein Objekt erzeugt wird. Im Bytecode wird das Schlüsselwort `synchronized` durch einen Block mit dem Befehl `monitorenter` zu Beginn und `monitorexit` am Ende ersetzt. Die JVM verwendet dann die plattformabhängigen Lock-Mechanismen, um diese Sperre zu realisieren. Die Verwendung von `synchronized` ist aber auf jeden Fall mit einem Mehraufwand verbunden.

Eine Optimierung der Zugriffszeit ist das sogenannte *Double-Checked-Locking-Idiom*, bei dem `synchronized` nur bei der Erzeugung der Instanz eingesetzt wird[2]. Der lesende Zugriff auf ein bereits erzeugtes Singleton muss nicht mehr geschützt werden. Codebeispiel 4.4 zeigt die Implementierungsvariante.

```
private static volatile Singleton instance;                   ❶

public static Singleton getInstance()
{
  if (instance == null)                                       ❷
  {
    synchronized(Singleton.class)                             ❸
    {
      if (instance == null)
        instance = new Singleton();
    }
  }
  return instance;                                            ❹
}
```

**Codebeispiel 4.4:** Ein Singleton mit *Double-Checked-Locking*

Hier wird der Zugriff `getInstance` nicht geschützt, sodass er schnell ist, wenn das Objekt bereits erzeugt wurde. Muss das Objekt angelegt werden, muss sichergestellt sein, dass nur ein Thread den Konstruktor aufruft. Es ist eine zweite Abfrage notwendig (❸) (daher der Name Double-Checked), da es theoretisch möglich ist, dass ein Thread nach der ersten Abfrage (❷) verdrängt wurde. Die Variable `instance` muss als `volatile` deklariert sein (❶), weil auch außerhalb eines `synchronized`-Blocks auf sie zugegriffen wird (❹).

Auch wenn das Singleton-Objekt bereits existiert, wird beim Aufruf von `getInstance` zweimal ein *refresh* auf dem Cache ausgeführt, da zweimal auf die `volatile`-Variable zugegriffen wird (❷,❹). Durch Einführung einer lokalen Variablen kann man einen dieser Zugriffe vermeiden (siehe [5]). In

---

[2]Das *Double-Checked-Locking-Idiom* kann generell bei der Implementierung von *lazy instantiation* eingesetzt werden.

der Praxis sollte bei Java auf dieses Idiom verzichtet werden, da eine bessere Lösung existiert (siehe Praxistipp).

## Praxistipp

Neben dem oben gezeigten Thread-sicheren Lazy-Instantiation-Singleton gibt es auch eine Möglichkeit ohne explizite Synchronisierung. Die Idee ist, die Instanziierung mit dem Klassenladen zu verknüpfen. Hierzu wird eine Hilfsklasse eingeführt, die erst beim Zugriff auf `getInstance` geladen wird (vgl. [16]). Der folgende Codeausschnitt zeigt die Idee:

```
public class Singleton
{
  // Holder-Klasse für Singleton
  private static class SingletonHolder {
    public static final Singleton instanceHolder = new Singleton();
  }

  public static Singleton getInstance()
  {
    // Beim ersten Aufruf wird die Klasse
    // SingletonHolder geladen
    return SingletonHolder.instanceHolder;
  }

  private Singleton()
  {
    super();
    ...
  }
  ...
}
```

Eine weitere Thread-sichere Variante basiert auf der Benutzung eines `enum`-Typs (siehe [5]).

## 4.1.4   Monitorkonzept bei Java

Schon in den 70er-Jahren haben Hansen [20] und Hoare [23] das Monitorkonzept eingeführt, um Multithreading sicher zu machen. Ein *Monitor* wäre auf Java übertragen eine spezielle Klasse mit folgenden Eigenschaften:

- Alle Daten der Klasse müssen `private` deklariert sein.
- Nur ein Thread kann zu jedem Zeitpunkt in einem Monitor aktiv sein, d.h., jeder Monitor hat eine Sperre.

- Die Sperre kann mit einer beliebigen Anzahl von Bedingungen (siehe Kapitel 5) verwendet werden.
- Es ist die Aufgabe der VM, den wechselseitigen Ausschluss der Monitor-eingänge zu garantieren.

Dieses allgemeine Konzept wird in Java nicht gänzlich übernommen. Es gibt zwei wichtige Unterschiede:

1. Attribute einer Klasse müssen bei Java nicht `private` sein.
2. Nicht alle Methoden müssen als `synchronized` deklariert sein.

Das führt zum unsicheren Umgang, wie Hansen in seinem Artikel *Java's Insecure Parallelism* [19] kritisiert.

## 4.2   Fallstricke

- **Non-volatile-Zugriff auf gemeinsam benutzte Daten**
  Da ein lesender Zugriff auf eine `int`-Variable atomar ist, könnte man auf die Idee kommen, im Codebeispiel 4.1 das Schlüsselwort `synchronized` bei `getValue` wegzulassen (vgl. Codebeispiel 4.5).

```
class ModuloCounter
{
  private int count = 0;
  private final int mod;

  public ModuloCounter(int mod) { .... }

  public synchronized void increment()  { ... }
  public synchronized void decrement()  { ... }

  public int getValue()   // Falsch
  {
    return count;
  }
}
```

**Codebeispiel 4.5**: Eine inkorrekte Implementierung eines ModuloCounters

Die Methoden `increment` und `decrement` lösen zwar am Ende jeweils einen *flush* des Caches aus, sodass der aktuelle Wert von `count` in den Hauptspeicher übertragen wird. Beim Aufruf von `getValue` wird aber kein *refresh* des Caches des Aufrufers durchgeführt, sodass der Inhalt von `count` nicht unbedingt aktuell ist. Möchte man das `synchronized` bei `getValue` einsparen, so muss `count` mit `volatile` deklariert werden.

■ **Gemeinsam benutzte Daten sind nur partiell geschützt**

Dieser Fehler kommt aufgrund der Abweichung vom Monitorkonzept vor. Es existieren verschiedene Varianten:

- Da nicht alle Daten immer als `private` deklariert sind, ist zum Beispiel der folgende Code nicht sicher:

```
class Unsafe
{
  int commonData;  // public, protected sind auch schlecht

  public synchronized void inc()
  {
    commonData++;
  }
}
```

Ein anderer Thread kann durch den direkten Zugriff die Variable `commonData` lesen bzw. manipulieren, während ein anderer sie gerade ändert (nicht atomare Operation).

- Wenn nicht alle Methoden, die mit einer gemeinsamen Variablen arbeiten, `synchronized` sind, kann sehr leicht ein Fehler eintreten:

```
class Unsafe
{
  private int commonData;

  public synchronized void inc()
  {
    commonData++;
  }

  public void doIt()
  {
    // Methode mit Änderung von commonData
    // oder mit einer Anweisung wie
    // if (commonData > 10)
  }
}
```

- In der Praxis ist die folgende Fehlervariante auch zu beobachten: Eine `synchronized`-Methode ruft eine normale `public`-Methode eines anderen Objekts auf, das eventuell nebenläufig modifiziert werden kann. Das bedeutet, dass es nicht ausreichend geschützt ist.

- Alle Methoden der Klasse `Vector` von Java sind `synchronized` deklariert. Das führt häufig zu der falschen Annahme, dass der Umgang mit einem `Vector`-Objekt Thread-sicher ist. Im folgenden Beispiel

```
// Attribut der Klasse
Vector vec = ...;
...

// in irgendeiner Methode
for (int i = 0; i < vec.size(); i++)
{
  // modifiziere vec
}
```

kann zwischen den Durchläufen ein anderer Thread `vec` verändern. Möchte man sicher über den Vektor traversieren, muss das ganze Objekt geschützt werden:

```
// Attribut der Klasse
Vector vec = ...;
...

// in irgendeiner Methode
synchronized(vec)
{
  for (int i = 0; i < vec.size(); i++)
  {
    // modifiziere vec
  }
}
```

■ **Verklemmungen (Deadlock)**

Eine Verklemmung ist eine Situation, bei der Threads gegenseitig aufeinander warten und für immer blockiert bleiben.

Coffman et al. haben gezeigt, dass bei Erfüllung der folgenden vier Bedingungen eine Verklemmung (*Deadlock*) entsteht (siehe [48]):

1. Die Bedingung des gegenseitigen Ausschlusses: Eine Sperre ist genau von einem Thread belegt oder sie ist verfügbar.

2. Die Belegungs- und Wartebedingung: Ein Thread, der bereits eine Sperre besitzt, darf eine weitere anfordern.

3. Die Ununterbrechbarkeitsbedingung: Die von einem Thread belegte Sperre kann nur von ihm selbst wieder freigegeben werden.

4. Die zyklische Wartebedingung: Es existiert eine zyklische Kette von zwei oder mehreren Threads, in der die Threads gegenseitig die Sperre eines anderen verlangen.

Bei Java sind die ersten drei Bedingungen bereits durch die Spezifikation vorgegeben, sodass man nur auf die vierte Einfluss nehmen kann. Ein einfaches Beispiel demonstriert diese Situation:

```
public class SimpleDeadlockDemo
{
  private Object lock1 = new Object();
  private Object lock2 = new Object();

  public void methode1()
  {
    synchronized(lock1)
    {
      synchronized(lock2)
      {
        ...
      }
    }
  }

  public void methode2()
  {
    synchronized(lock2)
    {
      synchronized(lock1)
      {
        ...
      }
    }
  }
}
```

Wenn Thread 1 `methode1` aufruft, während Thread 2 nebenläufig `methode2` ausführt, kann es zu einer Verklemmung kommen (vgl. auch Abb. 4-1).

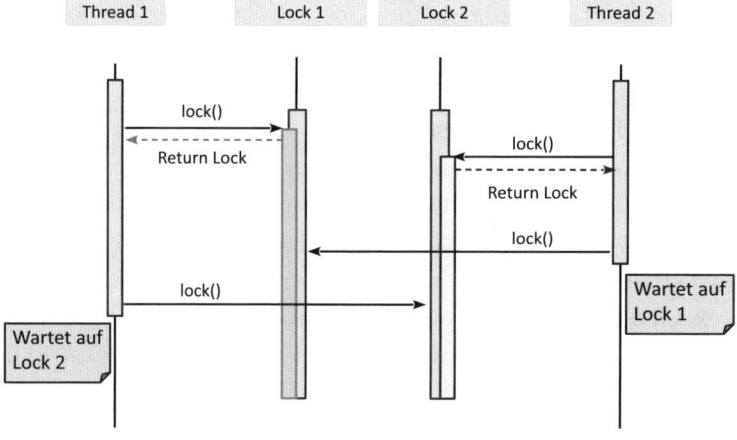

**Abbildung 4-1:** Deadlock durch gegenseitiges Warten

■ **Aufruf von `sleep` im kritischen Bereich**

Ein `sleep`-Aufruf in einem kritischen Bereich (innerhalb eines `synchronized`-Blocks) sollte unbedingt vermieden werden, da der schlafende Thread die Sperre nicht freigibt. Da alle darauf warten-den Threads nicht durch `interrupt` geweckt und umgeleitet werden können, kann es dazu führen, dass die ganze Anwendung stockt. Eine Sperre soll immer nur kurz belegt werden.

■ **Blockierende IO im kritischen Abschnitt**

Einige IO-Methoden sind blockierend. Das bedeutet, dass der aufrufen-de Thread auf ein IO-Ereignis warten muss und dabei den blockierten Zustand annimmt. Ein `interrupt` hat keine Wirkung auf sein Warte-verhalten, sodass eine Verklemmung temporär auftreten kann. Im fol-genden Beispiel kann kein Thread `close` aufrufen, wenn ein anderer Thread auf eine Eingabe wartet:

```
public class IOBlockMitSyncDemo
{
  private InputStream in;
  private Socket url;

  public IOBlockMitSyncDemo() throws Exception
  {
    url = new Socket("www.hs-kl.de", 80);
    in  = url.getInputStream();
  }

  public synchronized int read() throws Exception
  {
    // Situation: blockierendes Lesen,
    // die Sperre wird nicht freigegeben
    return in.read();
  }

  public synchronized void close() throws Exception
  {
    in.close();
  }
}
```

In solchen Situationen sollte man auf andere Lösungsansätze, wie z.B. asynchrone Aufrufe, zurückgreifen.

■ **Prioritätsinversion**

Prioritätsinversion, auch Prioritätsumkehr genannt, ist ein Problem, bei dem mehrere Threads mit unterschiedlichen Prioritäten und eine Res-source, geschützt durch ein Lock-Objekt, beteiligt sind. Die Situation tritt auf, wenn ein Thread mit einer hohen Priorität auf eine Ressour-ce zugreifen will, die von einem niedriger priorisierten Thread belegt ist, und daher warten muss. Existiert nun ein Thread mit einer mittleren Priorität, der die fragliche Ressource nicht verwendet und eine lange Aktion durchführt, wird ihm bevorzugt die Rechenzeit zugeteilt. Der Thread mit der höchsten Priorität kommt nicht weiter, weil er indirekt durch einen mit einer niedrigen Priorität behindert wird.

Der Beinaheverlust der Pathfinder-Marssonde ist auf diesen Fehler zurückzuführen. Es gibt leider keine optimale Lösung für das Problem. Das nicht vorhersagbare Scheduling der JVM macht das Problem sogar noch schwieriger. Die beste Lösung besteht darin, dass Threads mit verschiedenen Prioritäten keine gemeinsam genutzten Ressourcen verwenden.

## 4.3   Zusammenfassung

Java realisiert mit dem Schlüsselwort `synchronized` ein Sperrkonzept (Ausschlussprinzip), mit dem Datenänderungen quasi atomar ausgeführt werden können. Jedes Objekt (einer Klasse) und jede Klasse besitzt hierzu eine implizite Sperre.

Ein Thread darf eine `synchronized`-Methode bzw. einen -Block nur dann betreten, wenn er die zugeordnete Sperre erworben hat. Während des Wartens auf die Freigabe kann er nicht (mit `interrupt`) unterbrochen werden. Deshalb ist es möglich, dass er für immer blockiert wird, weil die Sperre nie von dem besitzenden Thread zurückgegeben wird. Ferner können durch den Einsatz von `synchronized` auch Deadlocks entstehen.

Wie bei `volatile` werden auch für `synchronized` bestimmte Sichtbarkeiten von Variablen zugesichert. Beim Eintritt in einen `synchronized`-Block bzw. -Methode wird der Cache des lesenden bzw. aufrufenden Threads aktualisiert (*refresh*) und beim Verlassen, im Falle einer Datenänderung, in den Speicher geschrieben (*flush*). Threads, die anschließend die Sperre erwerben, erhalten die aktuellen Daten.

# 5 Grundlegende Thread-Steuerung

In der Praxis trifft man oft auf die Anforderung, dass mehrere Threads miteinander kooperieren müssen. Ein Paradebeispiel ist das Erzeuger-Verbraucher-Muster (*producer consumer pattern*), bei dem zwei oder mehrere Threads über eine geeignete Datenstruktur Daten austauschen. Dabei wird häufig ein FIFO-Puffer (*First In First Out*) mit einer begrenzten Kapazität benutzt. Einer der beiden Threads, der Erzeuger, füllt Information in den Puffer und der andere, der Verbraucher, entnimmt sie. Der sogenannte Ringpuffer wird typischerweise mithilfe eines Arrays und zwei Markern für den Anfang und das Ende der Schlange realisiert. Es ist offensichtlich, dass das Hinzufügen oder Entfernen eines Elements aus dem Puffer aus mehreren Schritten besteht. Während deren Ausführung darf dann keine andere nebenläufige Änderung erfolgen. Mit dem `synchronized`-Konzept kann der Puffer geschützt werden. Ein Problem tritt dabei aber auf. Wenn der Erzeuger ein neues Element in den bereits vollen Puffer einfügen will, muss er warten, bis ein Platz frei wird. Die Lösung für den Erzeuger besteht darin, sich schlafen zu legen, bis er von einem Verbraucher nach einer Entnahme geweckt wird. Umgekehrt soll sich der Verbraucher auch schlafen legen, wenn kein Element abzuholen ist. Erst wenn ein Erzeuger etwas liefert, wird er geweckt. Zu diesem Zweck werden sogenannte Bedingungsvariablen (*condition variables*) benötigt.

## 5.1 Bedingungsvariablen und Signalisieren

Eine Bedingungsvariable repräsentiert ein Objekt, das zusammen mit einem Lock-Objekt arbeitet. Während ein Lock-Objekt zum Schutz eines kritischen Bereichs benutzt wird, zeigt eine Bedingungsvariable ein anderes Verhalten. Zusammen mit einem Lock-Objekt dient sie zum Warten und zum Signalisieren, wenn man unter Umständen länger auf die Zuteilung einer Ressource, wie z.B. den Zugriff auf den Puffer, warten muss.

## Die Methoden wait, notify und notifyAll

Zusätzlich zum reinen Ausschlussprinzip (synchronized) hat Java auch die Möglichkeit, Threads über Ereignisse zu synchronisieren. Die beteiligten Threads kommunizieren hierbei über einen *Vermittler*. In dem Erzeuger-Verbraucher-Beispiel ist es der Puffer. Der Puffer benutzt intern seine von Object geerbten Methoden wait, notify und notifyAll, die mit seiner Sperre zusammenarbeiten. Ein Thread muss im Besitz der zugehörigen Sperre sein, um eine dieser Methoden aufrufen zu dürfen, sonst wird eine IllegalMonitorStateException ausgeworfen. Diese Methoden können somit nur innerhalb von synchronized-Blöcken bzw. -Methoden verwendet werden.

Ein Aufruf von wait bewirkt Folgendes: Der aufrufende Thread trägt sich in die Warteliste (wait-Warteraum) des entsprechenden Objekts ein und gibt die Sperre frei. Er wechselt in den WAITING-Zustand und bleibt so lange darin, bis ihn ein anderer Thread durch notify oder notifyAll aufweckt. Auch ein interrupt-Aufruf bewirkt, dass er diesen Zustand verlässt (vgl. Abschnitt 2.3.5).

Mit notify wird genau ein (vom Scheduler bestimmter) Thread aus der Warteliste geweckt; mit notifyAll werden alle wartenden in den RUNNABLE-Zustand überführt. Ein wieder aktivierter Thread muss zunächst die Sperre erwerben, bevor er mit den Anweisungen (nach der wait-Methode) fortfahren kann.

Als Anwendungsbeispiel betrachten wir den oben beschriebenen Ringpuffer, über den Threads Daten austauschen können. Den *Ringpuffer* realisieren wir in dem Beispiel durch ein Array und drei Variablen:

```
private final Object[] data;
private int head;
private int tail;
private int count;
```

Die Variable count entspricht der aktuellen Anzahl der Elemente. Die Variable tail zeigt auf den ersten freien Platz zum Einfügen und head entspricht dem Index des nächsten verfügbaren Objekts. Für die Indexverwaltung wird hier die Modulo-Arithmetik eingesetzt (vgl. Abb. 5-1).

Der Zugriff auf den Ringpuffer wird durch synchronized geschützt. Verbraucher (Aufrufer von get) und Erzeuger (Aufrufer von put) werden über wait und notifyAll koordiniert. Eine Implementierung des Ringpuffers ist im Codebeispiel 5.1 zu sehen.

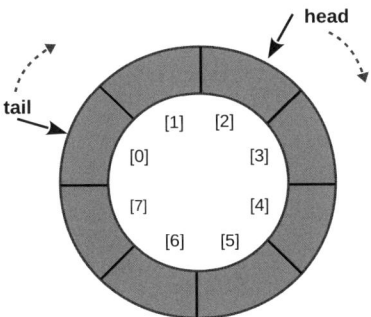

**Abbildung 5-1:** Ein einfacher Ringpuffer mit acht Plätzen

```
public class BoundedFIFOQueue<T>
{
  private final Object[] data;
  private int head;
  private int tail;
  private int count;

  public BoundedFIFOQueue(int cap)
  {
    data = new Object[cap];
    head = 0;
    tail = 0;
    count = 0;
  }

  public synchronized void put(T elem) throws InterruptedException
  {
    while (count == data.length)                              ❶
    {
      wait();
    }

    count++;                                                  ❷
    data[tail] = elem;
    tail = (tail+1)%data.length;

    if (count == 1)                                           ❸
    {
      notifyAll();
    }
  }

  public synchronized T get() throws InterruptedException
  {
    while (count == 0)                                        ❹
    {
      wait();
    }
```

```
    count--;                                              ❺
    T obj = (T) data[head];
    data[head] = null;
    head = (head+1)%data.length;

    if (count == data.length-1)                           ❻
    {
       notifyAll();
    }

    return obj;
  }
}
```

**Codebeispiel 5.1:** Ringpuffer zum Datenaustausch von Erzeugern und Verbrauchern

Ein Aufrufer der put-Methode prüft zuerst, ob noch Platz im Ringpuffer verfügbar ist. Falls die Kapazität erschöpft ist (count == data.length), wird er (der zugehörige Thread) in den Wartezustand versetzt (❶). Ist noch ein Platz vorhanden, wird der interne Zähler count um eins erhöht, das übergebene Element elem eingefügt und der Einfügeindex tail vorgerückt (❷). Bevor die Methode verlassen wird, werden ggf. blockierte Threads benachrichtigt, falls der Kapazitätszähler count den Wert 1 besitzt (❸). Das ist immer dann der Fall, wenn ein Element in einen leeren Ringpuffer abgelegt wird.

Bei der get-Methode prüft der Abholer zuerst, ob Elemente vorhanden sind. Ist dies nicht der Fall (count == 0), wird er in den Wartezustand versetzt (❹). Sind Elemente verfügbar, wird count entsprechend angepasst, das am längsten gehaltene Objekt entnommen und der Leseindex head vorgerückt (❺). Es werden ggf. blockierte Threads benachrichtigt, falls aus einem vollen Ringpuffer ein Element entfernt wurde (❻).

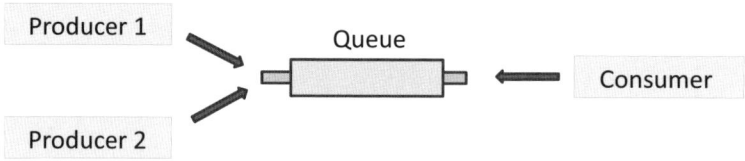

**Abbildung 5-2:** Ein Ringpuffer (Queue) mit zwei Erzeugern und einem Verbraucher

Das folgende Beispiel zeigt die Verwendung der Klasse BoundedFIFOQueue. Der Erzeuger schreibt 100 Integer in die ihm übergebene BoundedFIFOQueue (Codebeispiel 5.2).

```
class Producer implements Runnable
{
  private BoundedFIFOQueue<Integer> queue;

  public Producer(BoundedFIFOQueue<Integer> queue)
  {
    this.queue = queue;
  }

  @Override
  public void run()
  {
    try
    {
      for (int i = 0; i < 100; i++)
        queue.put(ThreadLocalRandom.current().nextInt(100));
    }
    catch (InterruptedException e)
    {
      // kann ignoriert werden
    }
  }
}
```

**Codebeispiel 5.2:** Erzeuger mit einem Ringpuffer

Der Verbraucher liest so lange `Integer` aus der ihm übergebenen Queue, bis er durch ein Interrupt-Signal gestoppt wird. Wartet der `Consumer`-Thread in der `get`-Methode (❶), wird er durch den Interrupt aus der `wait`-Methode herausgeholt (vgl. Codebeispiel 5.3).

```
class Consumer implements Runnable
{
  private BoundedFIFOQueue<Integer> queue;
  private int count = 0;

  Consumer(BoundedFIFOQueue<Integer> queue)
  {
    this.queue = queue;
  }

  @Override
  public void run()
  {
    try
    {
      while (Thread.currentThread().isInterrupted() == false)
      {
        System.out.println(queue.get());            ❶
        count++;
      }
    }
```

```
    catch (InterruptedException exce)
    {
      // kann ignoriert werden
    }
    System.out.println("Anzahl: " + count );
  }
}
```

**Codebeispiel 5.3:** Verbraucher mit einem Ringpuffer

Das folgende Codebeispiel 5.4 erzeugt ein `BoundedFIFOQueue`-, zwei `Producer`- und ein `Consumer`-Objekt (vgl. Abb. 5-2).

```
public class BoundedFIFOQueueTest
{
  public static void main(String[] args) throws InterruptedException
  {
    BoundedFIFOQueue<Integer> queue = new BoundedFIFOQueue<>(10);

    Producer producer1 = new Producer(queue);
    Producer producer2 = new Producer(queue);
    Consumer consumer  = new Consumer(queue);

    Thread p1 = new Thread(producer1,"Producer1");
    Thread p2 = new Thread(producer2,"Producer2");
    p1.start();
    p2.start();

    Thread c = new Thread(consumer,"Consumer");
    c.start();

    // Warte auf das Ende der Erzeuger
    p1.join();
    p2.join();

    // Warte kurz , dann wird der Verbraucher gestoppt
    TimeUnit.MILLISECONDS.sleep(100);
    c.interrupt();
  }
}
```

**Codebeispiel 5.4:** Test mit zwei Erzeugern und einem Verbraucher

Java stellt jedem Objekt nur eine Bedingungsvariable zur Verfügung. In manchen Situationen wäre es aber für eine effiziente Implementierung von Vorteil, wenn man pro Sperre mehrere Bedingungsvariablen hätte. Wir werden in Kapitel 8 sehen, dass die mit Java 5 eingeführten `Lock`-Objekte diese Limitierung aufheben.

# 5.2  Regeln zum Umgang mit wait, notify und notifyAll

Beim Einsatz von `wait`, `notify` und `notifyAll` sollten folgende Punkte unbedingt beachtet werden:

- Sind mehrere Threads im `wait`-Warteraum, ist nicht festgelegt, welcher der wartenden nach `notify` bzw. `notifyAll` als nächster die Sperre erhält.
- Nach `notify` und `notifyAll` wird der aufrufende Thread seine Arbeit fortsetzen.
- Warten mehrere Threads auf dieselbe Bedingungsvariable, kann es vorkommen, dass sich die Situation für den wieder aktivierten Thread geändert hat (zum Beispiel hat ein Erzeuger die Queue wieder voll geschrieben). Daher muss die Bedingung erneut geprüft werden, d.h., `wait` sollte immer in einer Schleife aufgerufen werden:

```
while (Bedingung nicht erfüllt)
{
  wait();
}
```

und nicht in einer einfachen Abfrage:

```
if(Bedingung nicht erfüllt)  // FALSCH !!
{
  wait();
}
```

Die Prüfung der Bedingung in einer `while`-Schleife sollte auch deshalb gemacht werden, da JVM-Implementierungen auch ein *spurious wakeup*, also ein zufällig unerwünschtes Wecken, durchführen können. Obwohl weder `notifyAll` noch `interrupt` aufgerufen wurde, kann die JVM einen Thread wecken [17].

- Wird ein Thread, der aufgrund von einem `sleep`-, `join`- oder `wait`-Aufruf blockiert wurde, durch `interrupt` geweckt, wird eine `InterruptedException` ausgeworfen und das Interrupt-Flag wird gelöscht. Dagegen gibt es keine Ausnahme, wenn der Thread bei `synchronized` auf die Freigabe der Sperre wartet. Zu beachten ist, dass der Thread ggf. die Sperre erlangen muss, bevor der `catch`-Block ausgeführt wird.

■ Der folgende Code:

```
while (!condition)
{
  try
  {
    wait();
  }
  catch (InterruptedException ex)
  {
  }
}
```

ist nicht zu empfehlen, weil die Unterbrechung ignoriert wird. Es ist besser, die Ausnahme weiter an den Aufrufer zu geben, wie das in den Methoden put und get im Codebeispiel 5.1 gemacht wird.

■ Auch wenn die InterruptedException behandelt wird, kann es zu Fehlverhalten kommen. Das folgende Beispiel zeigt die Implementierung einer (fehlerhaften) »Startlinie«, an der Threads durch den Aufruf von halt gestoppt werden können. Durch den Aufruf von go werden alle an der Startlinie wartenden Threads geweckt und sie können danach loslaufen. Man beachte, dass die Unterbrechung eines Threads hier (falsch) behandelt wird, weil der Interrupt-Status wieder gesetzt wird.

```
class BadStartingLine
{
  private boolean haltCondition = true;

  public synchronized void halt()
  {
    while( this.haltCondition )
    {
      try
      {
        this.wait();
      }
      catch (InterruptedException e)
      {
        Thread.currentThread().interrupt();
      }
    }
  }

  public synchronized void go()
  {
    haltCondition = false;
    notifyAll();
  }
}
```

Die Startlinie funktioniert nicht zuverlässig! Wurde bei einem Thread bereits vor dem Eintritt in `halt` seine `interrupt`-Methode aufgerufen, kommt es zu einer Endlosschleife. Beim Aufruf von `wait` wird aufgrund des Unterbrechungsstatus (`true`) sofort die `InterruptedException` ausgelöst. Nach der falschen Behandlung beginnt die Schleife von vorne. Die Methode `halt` sollte hier die `InterruptedException` nicht abfangen, sondern sie an den Aufrufer weitergeben.

■ Wenn ein Thread nach `wait(milliseconds)` wieder aktiv ist, muss die Bedingung nicht erfüllt sein. Daher muss sie erneut geprüft werden und die Methode wird ggf. verlassen. Zum Beispiel wird ein Element weggeworfen, wenn es nach einer bestimmten Dauer nicht bearbeitet wird oder wenn es nach einem einmaligen Warten nicht erfolgreich abgeliefert wird. Eine Beispielimplementierung hierfür ist folgende:

```
public synchronized boolean put(T elem, long millis)
                              throws InterruptedException
{
  if (count == data.length)
  {
    // Queue ist voll, warten mit wait
    // Dabei wird die Sperre implizit freigegeben
    wait(millis);
    // Entweder timeout oder der Thread wurde geweckt
    if (count == data.length)
    {  // Kein Erfolg
      return false;
    }
  }

  // Ab hier ist garantiert, dass
  // count < data.length UND das Objekt geschützt ist
  count++;
  data[tail] = elem;
  tail = (tail+1)%data.length;

  if (count == 1)
  {
    notifyAll();
  }
  return true; // erfolgreich abgeliefert
}
```

■ Wenn mehrere Threads aufgrund eines `wait`-Aufrufs warten, soll `notify` vermieden werden. Ansonsten kann es zu einer Wettlaufsituation zwischen `notify` und `interrupt` kommen. Nach dem Wecken durch `notify` wird der Thread versuchen, in den Besitz der Sperre zu gelangen. Wenn aber in der Zwischenzeit ein `interrupt` stattfindet, wird er eventuell aufgrund seiner Implementierung die Sperre freigeben und die

Methode verlassen: Keiner der noch wartenden Threads wird geweckt. Die Wirkung von `notify` geht verloren. Ein Deadlock ist dadurch möglich:

```
public synchronized void method() throws InterruptedException
{
   while( this.haltCondition )
   {
      this.wait();
   }

   // Weitere Aktionen

   // Kann verloren gehen
   this.notify();
}
```

## 5.3   Zusammenfassung

Mit `wait`, `notify` und `notifyAll` ist das Konzept der Bedingungsvariablen in Java umgesetzt. Damit können Threads auf bestimmte Ereignisse warten, ohne dabei die Rechenressourcen zu belegen. Threads können durch `wait` schlafen gelegt werden und schlafende Threads können mit `notifyAll` geweckt werden. Die Methode `notify` sollte in der Regel nicht benutzt werden. Alle dieser Methoden dürfen nur in Zusammenhang mit der durch `synchronized` erlangten Sperre verwendet werden.

Für einfache Anwendungen ist das fest in der Sprache definierte Konzept ausreichend. Für komplexere Kommunikationen sind feinere Abstimmungen notwendig, die wir in Kapitel 8 besprechen werden.

# Teil II

**Weiterführende Konzepte**

# 6 Threadpools

Zahlreiche Aufgaben, die nebenläufig ausgeführt werden sollen, sind oft nur von kurzer Dauer und treten nicht unbedingt regelmäßig auf. Würde man also für jede neue Aufgabe einen Thread erzeugen und starten, würde das Betriebssystem unnötig belastet werden. Es ist sinnvoller, Threads wiederzuverwenden.

Ein weiterer Punkt ist, dass sich eine große Anzahl von Threads negativ auf die Systemleistung auswirkt. Die maximale Anzahl von nebenläufigen Aktivitäten, die ein Prozess verwalten kann, ist nicht festgelegt und hängt von der Implementierung der JVM und dem zugrunde liegenden Betriebssystem ab. Es ist daher wichtig, die Menge der erzeugten Threads zu beschränken.

In der Praxis wird man deshalb weniger mit rudimentären Thread-Objekten arbeiten, sondern mit sogenannten *Threadpools*. Java stellt verschiedene Realisierungen in dem Paket `java.util.concurrency` zur Verfügung, die wir im Folgenden besprechen.

## 6.1 Das Poolkonzept und die Klasse Executors

Ein Threadpool verwaltet eine gewisse Anzahl von Threads. Soll eine Aufgabe nebenläufig durchgeführt werden, so übergibt man dem Pool ein entsprechendes `Runnable`-Objekt. Je nach Art des Pools wird es sofort einem Thread zugeteilt oder erst in eine Queue gestellt und später bearbeitet. Wenn der Thread das `Runnable` ausgeführt hat, wird er ohne zu terminieren zurück in den Pool gestellt und kann weitere noch wartende Aufgaben übernehmen. Es werden somit nicht dauernd neue Threads vom Betriebssystem angefordert und beendet.

Im Prinzip kann man mit den bisher vorgestellten Konzepten eigene Threadpools implementieren (siehe zum Beispiel [41]). In der Praxis sollten aber die von Java angebotenen Möglichkeiten verwendet werden.

Schauen wir uns zuerst die `Executors`-Klasse an. Sie enthält Fabrikmethoden zur Erzeugung von Threadpools folgender Typen:

1. `ThreadPoolExecutor`
2. `ScheduledThreadPoolExecutor`
3. `ForkJoinPool`

Die gebräuchlichsten Fabrikmethoden sind:

- `newCachedThreadPool()`
- `newFixedThreadPool(int nThreads)`
- `newScheduledThreadPool(int coreSize)`
- `newWorkStealingPool()`
- `newWorkStealingPool(int parallelism)`

Sie liefern alle eine `ExecutorService`- bzw. `ScheduledExecutor-Service`-Implementierung zurück.

Mit `newCachedThreadPool` erhalten wir einen Pool, der bei Bedarf neue Threads erzeugt. Unbenutzte Threads bleiben für 60 Sekunden erhalten und werden danach, falls sie zwischenzeitlich nicht benötigt wurden, terminiert. Pools dieser Art werden typischerweise zur Performance-Verbesserung von Programmen eingesetzt, die viele kurzlebige, asynchrone Tasks benötigen.

Mit `newFixedThreadPool(int nThreads)` wird ein Pool mit einer festen Anzahl von Threads erzeugt. Pools dieser Art haben eine unbeschränkte Warteschlange für übergebene Aufgaben. Zu jedem Zeitpunkt sind höchstens `nThreads` tätig. Ein eingestellter Task muss unter Umständen auf einen freien Thread warten. Stirbt ein Thread aufgrund eines Fehlers, wird er durch einen neuen ersetzt.

Die Fabrikmethode `newScheduledThreadPool(int coreSize)` liefert einen `ScheduledExecutorService`, mit dessen Hilfe Aufgaben nach einer gegebenen Verzögerung bzw. periodisch ausgeführt werden können. Mit Java 8 wurden noch zwei Fabrikmethoden für den `ForkJoinPool` eingeführt, der das sogenannte *Work-Stealing*-Verfahren unterstützt und dessen Arbeitsweise wir in Kapitel 13 besprechen werden. Abbildung 6-1 zeigt einen Auszug aus dem Klassendiagramm der beteiligten Klassen.

Alle Implementierungen des funktionalen Interface `Executor` stellen die `execute`-Methode bereit:

```
public interface Executor
{
    void execute(Runnable command);
}
```

Somit können allen Threadpools `Runnable`-Objekte bzw. entsprechende Lambda-Ausdrücke zur Ausführung übergeben werden:

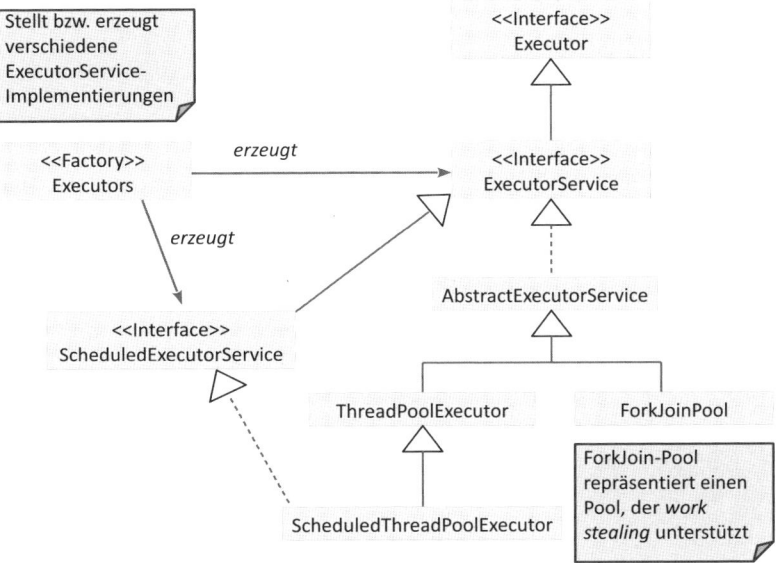

**Abbildung 6-1:** Klassenhierarchie des Poolkonzepts

```
ExecutorService executor = Executors.newFixedThreadPool(1);
executor.execute( () -> System.out.println("Hallo Welt") );
executor.shutdown();
```

Das Interface `ExecutorService` stellt noch weitere wichtige Methoden für den Einsatz von Threadpools zur Verfügung.

Die Threads von `ScheduledThreadPoolExecutor` bzw. `ThreadPool-Executor` sind standardmäßig User-Threads. Da sie nicht von sich aus terminieren, muss der Threadpool mit `shutdown` kontrolliert beendet werden. Nach dem `shutdown` werden die zugewiesenen Aufgaben noch abgearbeitet, neue werden aber abgewiesen. Zu beachten ist, dass `shutdown` kein blockierender Aufruf ist. Mit `isShutdown` kann man den aktuellen Status abfragen und mit `isTerminated` erhält man die Auskunft, ob der Pool terminiert ist.

Das Herunterfahren eines Pools kann mit `shutdownNow` erzwungen werden. Hierbei werden alle aktiven Tasks des Pools mit `interrupt` zum Aufhören aufgefordert. Die in der Queue liegenden, wartenden Aufträge werden zurückgegeben. Diese Methode garantiert nicht, dass sich der Pool sofort beendet, da die Reaktion der Tasks auf `interrupt` implementierungsabhängig ist. Neben der nicht blockierenden Methode `shutdown` gibt es noch die blockierende `awaitTermination(long timeout, TimeUnit`

unit), die erst zurückkehrt, wenn alle Threads terminiert sind oder die angegebene Zeit abgelaufen ist.

## 6.1.1 Executors mit eigener ThreadFactory

Bei einigen der Fabrikmethoden kann eine `ThreadFactory` als Argument übergeben werden. Codebeispiel 6.1 zeigt die Erzeugung eines *Cached-ThreadPool*, dessen Threads alle die *Daemon*-Eigenschaft und eine geringe Priorität besitzen. Dieser Pool muss daher nicht mit `shutdown` beendet werden.

```
final ExecutorService executor = Executors.newCachedThreadPool(
    new ThreadFactory()
    {
        @Override
        public Thread newThread(Runnable r)
        {
            Thread th = new Thread(r, "MyFactoryThread");
            th.setPriority(Thread.MIN_PRIORITY);
            th.setDaemon(true);
            return th;
        }
    });
```

**Codebeispiel 6.1:** Ein Threadpool mit eigener Factory

Ein solcher Pool wird automatisch heruntergefahren, sobald der letzte User-Thread fertig ist.

## 6.1.2 Explizite ThreadPoolExecutor-Erzeugung

Man kann auch direkt einen Threadpool erzeugen, ohne die Fabrikmethoden von `Executors` zu benutzen. Für die direkte Erzeugung eines `ThreadPoolExecutor` steht unter anderem z. B. folgender Konstruktor zur Verfügung:

```
public ThreadPoolExecutor(int corePoolSize,
                          int maximumPoolSize,
                          long keepAliveTime,
                          TimeUnit unit,
                          BlockingQueue<Runnable> workQueue,
                          RejectedExecutionHandler handler)
```

Über die Parameter `corePoolSize` und `maximumPoolSize` kann die Anzahl der zur Verfügung gestellten Threads gesteuert werden. Es wird sichergestellt, dass mindestens `corePoolSize` Threads existieren. Bei Bedarf werden bis `maximumPoolSize` Threads erzeugt. Sind `corePoolSize`

und `maximumPoolSize` gleich, so handelt es sich um einen *fixed-size* Pool.
Die beiden Parameter können bei den meisten Pools auch zur Laufzeit geändert werden. Mit `keepAliveTime` und `unit` wird die Zeit angegeben, wie
lange unbenutzte Threads gehalten werden. Die `workQueue` wird benutzt,
um übergebene Tasks ggf. zwischenzuspeichern. Es gibt dafür verschiedene
Implementierungen, die wir in Kapitel 10 diskutieren. Mit `handler` wird
angegeben, wie mit Tasks bei einer vollen Queue zu verfahren ist. Zur Verfügung stehen hier folgende Strategien:

- `AbortPolicy`: Entspricht dem Defaultverhalten. Es wird eine
  `RejectedExecutionException` geworfen.
- `CallerRunsPolicy`: Hier wird der Task abgelehnt. Er wird aber von
  dem `execute` aufrufenden Thread ausgeführt. Es findet in diesem Fall
  ein blockierender Aufruf statt.
- `DiscardOldestPolicy`: Der am längsten wartende Task wird zuguns-
  ten des neuen verdrängt.
- `DiscardPolicy`: Hier wird der übergebene Task ohne eine spezielle
  Meldung, z. B. über eine Exception, ignoriert.

## 6.1.3 Benutzerdefinierter ThreadPoolExecutor

Neben den obigen Konfigurationsmöglichkeiten kann ein Executor auch
durch Ableitung angepasst werden. Codebeispiel 6.2 zeigt einen `Executor`,
der die Anzahl und Ausführungsdauer der Tasks protokolliert.

```
public class MonitoredExecutor extends ThreadPoolExecutor          ❶
{
  private static final ThreadLocal<Long>
                   startTime = new ThreadLocal<>();                ❷
  private final AtomicLong counter = new AtomicLong();

  public MonitoredExecutor()
  {
    super( 4, Runtime.getRuntime().availableProcessors(),
         30, TimeUnit.SECONDS,
         new ArrayBlockingQueue<>(10),
         new ThreadPoolExecutor.AbortPolicy() );
  }

  @Override
  protected void beforeExecute(Thread t, Runnable r)              ❸
  {
    counter.incrementAndGet();
    startTime.set(System.nanoTime());
    super.beforeExecute(t, r);
  }
```

```
@Override
protected void afterExecute(Runnable r, Throwable t)          ➍
{
   super.afterExecute(r, t);
   System.out.println("Dauer : "
           + (System.nanoTime() - startTime.get())
           + "(Thread : " + Thread.currentThread() + ")" );
}

@Override
protected void terminated()                                  ➎
{
   super.terminated();
   System.out.println("Anzahl Tasks " + counter.get() );
}
}
```

**Codebeispiel 6.2:** Ein durch Ableitung angepasster Executor

Die Klasse `MonitoredExecutor` ist von `ThreadPoolExecutor` abgeleitet
(➊) und konfiguriert den `ThreadPoolExecutor` entsprechend (➋). Es gibt
verschiedene *Hook*-Methoden, die bei bestimmten Ereignissen aufgerufen
werden. Zu Beginn der Ausführung eines Tasks wird die `beforeExecute`-
Methode aufgerufen. In dem Beispiel wird die Startzeit protokolliert und
der Task-Zähler um eins erhöht (➌). Ist ein Task zu Ende, wird die
`afterExecute`-Methode aufgerufen. Hier werden die Verarbeitungszeit
und der Träger-Thread auf die Konsole ausgegeben (➍). Beim `shutdown`
des Pools wird durch `terminated` die Anzahl der bearbeiteten Tasks ausgegeben (➎).

## 6.2  Future- und Callable-Schnittstelle

Bisher haben alle nebenläufig auszuführenden Aufgaben das `Runnable`-
Interface implementiert. Soll ein Task eine Rückgabe liefern, kann man
das über die Verwendung eines speziellen *Rückgabe-Attributs* realisieren.
Codebeispiel 6.3 zeigt eine mögliche Implementierung.

```
public class RunnableWithReturn<T> implements Runnable
{
   private T returnValue;
   private volatile Thread self;
   // ...

   public void run()
   {
      self = Thread.currentThread();
      // Berechnung und Ergebnis in returnValue abspeichern
   }
```

```
  // Blockierende Abfrage des Return-Werts
  public T get()
  {
    self.join();
    return returnValue;
  }
}
```

**Codebeispiel 6.3:** Aufbau eines `Runnable` mit Rückgabe

Die Lösung beinhaltet aber verschiedene Probleme: `self` kann `null` sein und der Task hat keine Möglichkeit, auftretende Ausnahmen während der Ausführung zurückzugeben. Eine einfache Lösung dafür ist die Verwendung eines sogenannten `FutureTask`-Objekts.

## 6.2.1  Callable, Future und FutureTask

Ein `FutureTask` ist ein Wrapper für ein `Callable`-Objekt. Das funktionale Interface `Callable` besteht aus einer Methode:

```
public interface Callable<V>
{
  V call() throws Exception;
}
```

Der `FutureTask` implementiert `Runnable` und kann somit einem Thread zur Ausführung übergeben werden. Über seine `get`-Methode erhält man Zugriff auf das Ergebnis. Das folgende Codebeispiel zeigt die Verwendung:

```
Callable<String> callable = () -> { return "Hallo"; };
FutureTask<String> futureTask = new FutureTask<>(callable);
new Thread(futureTask).start();
System.out.println("Ergebnis: " + futureTask.get() );
```

Das `Callable` ist hier sehr einfach gehalten, es liefert lediglich einen String. Nach der Verpackung über einen `FutureTask` wird es einem Thread zur Ausführung übergeben. Mit `futureTask.get` wird dann so lange gewartet, bis das Ergebnis der asynchronen Ausführung des `Callable` vorliegt. Ein `FutureTask` implementiert neben dem `Runnable`- auch das `Future`-Interface, das wir im nächsten Abschnitt besprechen.

## 6.2.2  Callable, Future und ExecutorService

Mit dem `ExecutorService` wird das Interface `Future` eingeführt, mit dessen Hilfe die Ergebnisrückgabe einer asynchronen Berechnung einfach und

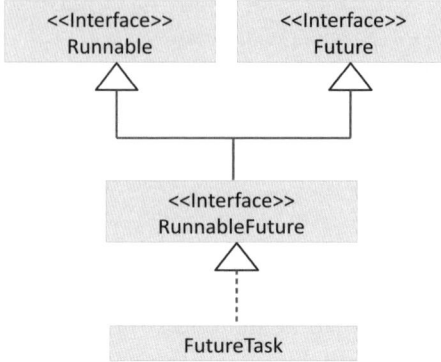

**Abbildung 6-2:** Vererbungshierarchie von FutureTask

einheitlich realisiert wird. Über das Future-Objekt kann neben dem Ergebnis auch der Status der Berechnung abgefragt werden.

Ein Callable wird einem ServiceExecutor über die Methode submit zur Ausführung übergeben, die ein Future-Objekt zurückliefert. Über dieses kann die Rückgabe erfragt werden. Das Codebeispiel 6.4 demonstriert eine Verwendung.

```java
public static void main(String[] args)
{
  Callable<Integer> callable = new Callable<Integer>()           ❶
  {
    @Override
    public Integer call() throws Exception                        ❷
    {
      return 42;
    }
  };

  ExecutorService executor = Executors.newCachedThreadPool();
  Future<Integer> future = executor.submit( callable );           ❸

  try
  {
    Integer result = future.get();                                ❹
    System.out.println( result );
  }
  catch (InterruptedException | ExecutionException e)             ❺
  {
    // ...
  }
}
```

**Codebeispiel 6.4:** Ein Beispiel mit einem Callable und Future

Statt eines `Runnable`-Objekts wird jetzt ein parametrisiertes `Callable`-Objekt benutzt (❶). Die zu implementierende `call`-Methode hat eine typisierte Rückgabe (❷). Das `Callable` wird über `submit` dem Threadpool übergeben und man erhält ein `Future`-Objekt (❸). Da `Callable` auch ein funktionales Interface ist, kann man auch schreiben:

```
Future<Integer> future = executor.submit( () -> 42 );
```

Das Ergebnis der asynchronen Berechnung kann nun über die `get`-Methode des `Future`-Objekts erfragt werden (❹). Dabei bleibt `get` so lange blockiert, bis das Ergebnis vorliegt. Die `get`-Methode kann die beiden Ausnahmen `InterruptedException` und `ExecutionException` werfen (❺). Die Fehlerbehandlung im Zusammenhang mit `Callable` und `Future` besprechen wir später noch genauer. Abbildung 6-3 zeigt den Ablauf im Sequenzdiagramm.

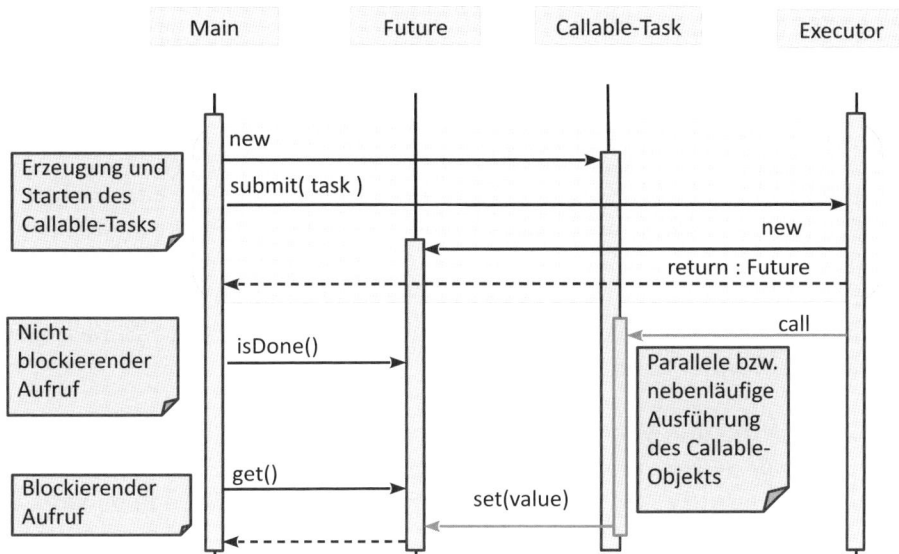

**Abbildung 6-3**: Funktionsweise des Future-Patterns

Ein `Future<V>` bietet neben `get` noch weitere Methoden an. Durch `get(long timeout, TimeUnit unit)` kann der Aufrufer eine maximale Wartezeit angeben. Ist das Ergebnis nach der vorgegebenen Zeit nicht verfügbar, wird eine `TimeOutException` geworfen. Mit `isDone` kann der Bearbeitungsstatus abgefragt werden. Zum Abbrechen kann `cancel(boolean mayInterruptIfRunning)` benutzt werden. Ist der Task noch nicht gestartet, wird er nicht ausgeführt. Befindet er sich mitten in der Abarbeitung, wird in Abhängigkeit vom aufrufenden Parameter dem ausführenden Thread ggf. ein *Interrupt* gesendet. Der Task muss in dem Fall dann so implementiert sein, dass er den *Interrupt* berücksichtigt. Mit `isCancelled` kann geprüft werden, ob der Task abgebrochen wurde.

## 6.3    Callable und ThreadPoolExecutor

Mit `newCachedThreadPool` und `newFixedThreadPool` erhält man ein `ThreadPoolExecutor`-Objekt mit dem Interface `ExecutorService`. Bei Bedarf kann es auf `ThreadPoolExecutor` gecastet werden, um weitere Einstellungen des Pools vorzunehmen (siehe dazu das entsprechende API). Dagegen wird mit `newSingleThreadExecutor` ein Adapter zurückgeliefert, der keine weiteren Einstellungen erlaubt.

An einen `ExecutorService` kann man einen Task vom Typ `Runnable` oder `Callable` senden, der vom Pool möglichst bald ausgeführt wird. Alle der folgenden Methoden kehren nach dem Aufruf unmittelbar zurück, sodass der aufrufende Thread seine Tätigkeit nebenläufig ausführen kann:

- `Future<?> submit(Runnable task)`: Das zurückgegebene Objekt wird verwendet, um `isDone`, `cancel` und `isCancelled` aufzurufen. Der `get`-Aufruf liefert bei Fertigstellung nur den Wert `null`.
- `Future<T> submit(Runnable task, T result)`: Im Vergleich zum obigen `submit` liefert `get` das vorgegebene `result`-Objekt als Ergebnis zurück.
- `Future<T> submit(Callable<T> task)`: In dieser Version wird ein `Future`-Objekt zurückgeliefert, über das das Ergebnis der Berechnung abgeholt werden kann.

Schauen wir uns die Verwendung von `ExecutorService`, `Callable` und `Future` etwas näher an. Die Klasse `FindWordInFiles` aus Codebeispiel 6.5 realisiert ein `Callable` zur asynchronen Suche nach einem Wort in einer Datei.

```
class FindWordInFiles implements Callable<List<String>>        ❶
{
  private final Pattern searchPattern;
  private final Path path;    // Dateipfad

  public FindWordInFiles(Path path, String search)
  {
    this.path = path;
    this.searchPattern = Pattern.compile(".*\\b"+search+"\\b.*");
  }
```

```
public List<String> call() throws IOException              ❷
{
  List<String> result = new ArrayList<>();
  List<String> lines = Files.readAllLines(path,
                               StandardCharsets.UTF_8);

  int count = 0;
  for (String line : lines)
  {
    count++;
    if ( searchPattern.matcher(line).matches() )
    {
      result.add( path + " " + count + " : " + line);
    }
  }

  return result;
}
}
```

**Codebeispiel 6.5:** Beispiel für eine Suche nach einem Wort in einer Datei

Die Rückgabe des asynchron ausgeführten Tasks ist `List<String>` (❶,❷),
wobei jeder Eintrag der Liste die Zeile enthält, in der das Suchwort vorkommt.

Im Codebeispiel 6.6 wird das Wort »Haus« parallel in drei Textdateien
gesucht.

```
public class FindWordBeispiel
{
  public static void main(String[] args)
  {
    ExecutorService pool = Executors.newCachedThreadPool();
    String search = "Haus";

    Callable<List<String>> task1 = new FindWordInFiles(     ❶
                     Paths.get("Text1.txt"), search);
    Callable<List<String>> task2 = new FindWordInFiles(
                     Paths.get("Text2.txt"), search);
    Callable<List<String>> task3 = new FindWordInFiles(
                     Paths.get("Text3.txt"), search);

    Future<List<String>> task1Future = pool.submit(task1);  ❷
    Future<List<String>> task2Future = pool.submit(task2);
    Future<List<String>> task3Future = pool.submit(task3);

    try
    {
      List<String> task1Liste = task1Future.get();          ❸
      List<String> task2Liste = task2Future.get();
      List<String> task3Liste = task3Future.get();
```

```
        task1Liste.forEach(System.out::println);              ❹
        task2Liste.forEach(System.out::println);
        task3Liste.forEach(System.out::println);
    }
    catch (InterruptedException | ExecutionException e)
    {
        e.printStackTrace();
    }
    pool.shutdown();
    }
}
```

**Codebeispiel 6.6:** Beispiel für eine parallele Suche

Zuerst werden die drei `Callable`-Objekte erzeugt (❶) und dann an den Threadpool mit `submit` einzeln übergeben (❷). Mit `get` wird anschließend auf das Ende des jeweiligen Tasks gewartet (❸), bevor die Ergebnisse auf die Konsole ausgegeben werden (❹).

Anstatt die Tasks einzeln an den Threadpool zu übergeben, können diese auch in eine `Collection` aufgenommen und dann mit `invokeAll` auf einmal übergeben werden (vgl. Codebeispiel 6.7). Hier ist zu beachten, dass `invokeAll` blockiert und erst zurückkommt, wenn alle Tasks beendet sind.

```
List<Callable<List<String>>> tasks = new ArrayList<>();
tasks.add(new FindWordInFiles(Paths.get("Text1.txt"), search));
tasks.add(new FindWordInFiles(Paths.get("Text2.txt"), search));
tasks.add(new FindWordInFiles(Paths.get("Text3.txt"), search));

try
{
  List<Future<List<String>>> tasksFuture=pool.invokeAll(tasks);

  for( Future<List<String>> future : tasksFuture )
  {
    future.get().forEach(System.out::println);
  }
}
catch (InterruptedException | ExecutionException e)
{
  e.printStackTrace();
}
```

**Codebeispiel 6.7:** Beispiel für die Verwendung von `invokeAll`

In den beiden Codebeispielen 6.6 und 6.7 musste mit der Ausgabe immer so lange gewartet werden, bis auch der langsamste Task fertig war. Das kann zu unnötigen Wartezeiten führen, da man mit der Veröffentlichung der Ergebnisse beginnen könnte, wenn der erste zu Ende ist. Um diese Limitierung zu umgehen, kann ein `CompletionService` eingesetzt werden.

Ein `CompletionService` verwaltet eine interne Queue, in die die `Future`-Objekte eingestellt werden, sobald die zugehörigen Tasks beendet sind. Codebeispiel 6.8 demonstriert dies.

```
ExecutorService pool = Executors.newCachedThreadPool();
String search = "Haus";
List<Callable<List<String>>> tasks = new ArrayList<>();
tasks.add(new FindWordInFiles(Paths.get("Text1.txt"), search));
tasks.add(new FindWordInFiles(Paths.get("Text2.txt"), search));
tasks.add(new FindWordInFiles(Paths.get("Text3.txt"), search));

CompletionService<List<String>> completionService =           ❶
                    new ExecutorCompletionService<>(pool);
tasks.forEach(completionService::submit);                      ❷

try
{
  for (int i = 0; i < tasks.size(); i++)
  {
    Future<List<String>> future = completionService.take();   ❸
    future.get().forEach(System.out::println);
  }
}
catch (InterruptedException | ExecutionException e)
{
  e.printStackTrace();
}
pool.shutdown();
```

**Codebeispiel 6.8:** Beispiel für die Verwendung von `CompletionService`

Bei der Erzeugung eines `ExecutorCompletionService`, einer Implementierung von `CompletionService`, wird der zu benutzende Threadpool angegeben (❶). Danach werden ihm die Tasks mit `submit` übergeben (❷). Sobald ein Task beendet ist, kann dessen `Future`-Objekt mit `take` aus der internen Queue des `CompletionService` entnommen werden (❸).

# Hinweis

- Wird ein `ExecutorService` nicht mehr benötigt, sollte dessen `shutdown`-Methode aufgerufen werden, damit die belegten Ressourcen an das Betriebssystem zurückgegeben werden.
- Alle von einem Thread ausgeführten Tasks teilen sich dieselben Threadlokalen Daten. Um Probleme zu vermeiden, sollten Tasks am Anfang diese Daten korrekt initialisieren.

## 6.4    Callable und ScheduledThreadPoolExecutor

Für Tasks, die mehrfach bzw. periodisch ausgeführt werden sollen, steht die Klasse `ScheduledThreadPoolExecutor` mit dem Interface `ScheduledExecutorService` zur Verfügung. Instanzen können wie bei `ThreadPoolExecutor` am bequemsten über die Fabrikmethoden `newScheduledThreadPool` bzw. `newSingleThread-ScheduledExecutor` der `Executors`-Klasse erhalten werden. Das `ScheduledExecutorService`-Interface ist von `ExecutorService` abgeleitet und stellt zusätzliche Methoden zur periodischen Ausführung von Tasks bereit.

Mit den `schedule`-Methoden kann ein `Runnable`- bzw. `Callable`-Task nach der angegebenen Zeit einmal ausgeführt werden. Für die periodische Ausführung kann `scheduleAtFixedRate` verwendet werden. Nach einer Anfangsverzögerung wird der Task periodisch gestartet. Wenn für die Ausführung einer Wiederholung länger als die angegebene Periode benötigt wird, werden die folgenden entsprechend später ablaufen. Es wird garantiert, dass sich Aktivitäten nie überlappen.

Das folgende Codebeispiel zeigt, wie der `ScheduledExecutorService` eingesetzt werden kann. Es wird ein Task gestartet, der jede Sekunde einen Signalton ausgibt (❶). Parallel dazu wird ein Task eingestellt, der nach 10 Sekunden den Signalton stoppt und den Pool herunterfährt (❷).

```
ScheduledExecutorService scheduler =
            Executors.newScheduledThreadPool(1);
ScheduledFuture<?> beeperHandle =
        scheduler.scheduleAtFixedRate(
                    Toolkit.getDefaultToolkit()::beep,          ❶
                    0, 1, TimeUnit.SECONDS);

scheduler.schedule( () -> { beeperHandle.cancel(true);
                    scheduler.shutdown();                       ❷
                },
            10, TimeUnit.SECONDS);
```

**Codebeispiel 6.9**: Beispiel für geplante Ausführungen

## 6.5    Callable und ForkJoinPool

In Java 7 wurde zusammen mit dem ForkJoin-Framework (siehe Kapitel 13) der `ForkJoinPool` eingeführt, der in Java 8 noch mal überarbeitet wurde. Das ist der Standardpool, der für die Java-internen Parallelisierungen, wie z. B. bei den parallelen Array-Methoden und *parallel Streams* (siehe Kapitel 14), eingesetzt wird.

Der `ForkJoinPool` benutzt für seine interne Verwaltung ein *Work-Stealing*-Verfahren. Bei diesem Verfahren besitzt im Prinzip jeder Thread eine eigene Task-Queue, aus der er seine Aufträge holt bzw. Aufträge, die er generiert, hineinstellt [6]. Ist seine Queue leer, holt er sich vom Ende anderer Task-Queues Aufgaben und bearbeitet diese. Ein *Work-Stealing*-Pool kommt insbesondere mit einer vorher nicht abschätzbaren, hohen Anzahl von Tasks mit azyklischen Abhängigkeiten[1] zurecht, wie sie typischerweise in *Divide-and-Conquer*-Algorithmen auftreten. Sind die Tasks dagegen unabhängig voneinander, wie in unseren bisherigen Beispielen, besitzt er gegenüber einem `ThreadPoolExecutor` keine Vorteile, weil in diesem Fall insgesamt nur eine Queue benötigt wird.

Einen `ForkJoinPool` kann man sich entweder über die Fabrikmethoden der `Executors`-Klasse erzeugen oder durch den direkten Aufruf eines der folgenden Konstruktoren:

- `ForkJoinPool()`
- `ForkJoinPool(int parallelism)`
- `ForkJoinPool(int parallelism,`
  `ForkJoinPool.ForkJoinWorkerThreadFactory factory,`
  `Thread.UncaughtExceptionHandler handler,`
  `boolean asyncMode)`

Der Parameter `parallelism` gibt an, wie viele Threads benutzt werden sollen. Mit `asyncMode` kann man spezifizieren, dass die von einem Task neu generierten unabhängigen Aufgaben (*forked tasks*) nach dem FIFO-Prinzip abgearbeitet werden. Das Standardverhalten ist die LIFO-Abfertigung, weil in der Regel Sub-Tasks wie »Funktionsaufrufe« eingesetzt werden (siehe auch Abschnitt 13.3).

## Der CommonPool

Um das ständige Erzeugen und Schließen von Pools zu vermeiden, benutzt Java einen globalen Threadpool, der bei der ersten Verwendung von Java-eigenen Parallelisierungskonzepten angelegt wird. Zugriff auf diesen Pool erhält man mit `ForkJoinPool.commonPool`. Möchte man den *CommonPool* konfigurieren, so kann man dies über das Setzen von System-Properties[2] bewerkstelligen:

- `java.util.concurrent.ForkJoinPool.common.parallelism`
- `java.util.concurrent.ForkJoinPool.common.threadFactory`

---

[1]Es gibt keine gegenseitige Abhängigkeit zwischen Tasks. Ihre Beziehungen können durch eine Baumstruktur beschrieben werden (siehe Kapitel 13).

[2]Aufrufparameter beim Starten der virtuellen Maschine.

- `java.util.concurrent.ForkJoinPool.common.exceptionHand-`
`ler`

Der Defaultwert für `parallelism` ist in der Regel `Runtime.getRuntime`
`().availableProcessors()` - 1, falls mehrere Kerne zur Verfügung
stehen. Die Defaultkonfiguration kann auch innerhalb der Anwendung geändert werden. Hierbei muss beachtet werden, dass dies vor dem ersten Aufruf von `ForkJoinPool.commonPool` geschieht. Der folgende Code
zeigt, wie man die Anzahl der verwendeten Threads setzen kann:

```
System.setProperty(
  "java.util.concurrent.ForkJoinPool.common.parallelism", "4");
ForkJoinPool commonPool = ForkJoinPool.commonPool();
```

Man beachte, dass Java selbst für die internen parallelen Konzepte
`ForkJoinPool.commonPool` aufruft.

## 6.6    Exception-Handling

Eine wichtige Frage ist, wie mit Fehlern umgegangen wird, die in nebenläufig ausgeführten Tasks auftreten. Betrachten wir ein Beispiel, in dem wir
einen Task mit einer Division durch null an einen Pool senden:

```
ExecutorService executor = Executors.newCachedThreadPool();
executor.execute( () -> System.out.println(1 / 0) );
```

Wir erhalten daraufhin die Meldung

```
Exception in thread "pool-1-thread-1" java.lang.ArithmeticException: /
    by zero
  at kap6.threadpool.ExceptionBeispiel1.lambda$0(ExceptionBeispiel1.
    java:12)
  ...
```

Der Pool-Thread wird durch die Ausnahme terminiert und der Default-
Handler wird in diesem Fall aufgerufen. Wenn anstatt `execute` nun
`submit` verwendet wird, also

```
ExecutorService executor = Executors.newCachedThreadPool();
executor.submit( () -> System.out.println(1/0) );
```

erscheint keine Ausgabe auf der Konsole. Der Grund ist, dass bei der Verwendung von `submit` jede nicht behandelte Ausnahme von `Runnable` oder `Callable` abgefangen wird:

```
public void run()
{
  Throwable thrown = null;
  try
  {
    while (!isInterrupted())
    {
      runTask(getTaskFromWorkQueue());
    }
  }
  catch (Throwable e)
  {
    thrown = e;
  }
  finally
  {
    threadExited(this, thrown);
  }
}
```

und erst bei einem Zugriff mit `get` auf das zurückgegebene `Future`-Objekt die Ausnahme auslöst. Mit

```
ExecutorService executor = Executors.newCachedThreadPool();
Future<?> future = executor.submit(
                       () -> System.out.println(1 / 0) );
try
{
  future.get();
}
catch (InterruptedException | ExecutionException e)
{
  e.printStackTrace();
}
```

erhält man auf der Konsole

```
java.util.concurrent.ExecutionException: java.lang.ArithmeticException:
    / by zero
  at java.util.concurrent.FutureTask.report(Unknown Source)
  ...
```

Alternativ kann man die Exception im Task abfangen und loggen. Damit der Aufrufende über die Ausnahme in Kenntnis gesetzt wird, sollte die Exception weitergegeben werden:

```
future = executor.submit(() ->
  {
    try
    {
      System.out.println(1 / 0);
    }
    catch (Exception ex)
    {
      // Eigene Fehlerbehandlung etwa Loggen
      System.out.println("Ausführungsfehler = " + ex);
      throw ex; // Damit man über get die Ausnahme noch sieht
    }
  });
```

## 6.7  Tipps für das Arbeiten mit Threadpools

Im Folgenden sind einige nützliche Tipps zusammengestellt, die sich in der Praxis bewährt haben.

### Temporäre Änderung des Thread-Namens

Beim Debugging ist es äußerst hilfreich, wenn man Threads über sinnvolle Namen identifizieren kann. Das Defaultschema für die Pool-Thread-Benennung ist `pool-N-thread-M`, wobei `N` die Poolnummer und `M` die Thread-Nummer ist.

Eine einfache Lösung, mit der Thread-Namen temporär geändert werden können, zeigt die folgende Hilfsmethode. Dabei wird das übergebene `Callable`-Objekt in einem Wrapper gekapselt. Der aktuelle Thread-Name wird vor der Ausführung der Aktivität abgespeichert, geändert (❶) und am Ende wieder hergestellt (❷).

```
public static <T> Future<T> submit(ExecutorService service,
    Callable<T> task, String name)
{
  return service.submit(() ->
    {
      Thread current = Thread.currentThread();
      String oldname = current.getName();
      current.setName(name);                                      ❶
      try
      {
        return task.call();
      } finally
      {
        current.setName(oldname);                                 ❷
      }
    });
}
```

## Anzahl der Pool-Threads

Neben der Frage, ob man Daemon-Threads nutzen möchte oder nicht, sollte man sich auch Gedanken über die Poolgröße machen. Eine angemessene Poolgröße hängt einerseits von der Anzahl und andererseits von der Art der zu bearbeitenden Tasks ab. Die Frage ist also, ob sie z. B. eher IO-intensiv oder rechenintensiv sind. Goetz et al. [16] geben folgende Faustregel für die Anzahl der Pool-Threads an

$$N_{threads} = N_{cpu} \cdot U_{cpu} \cdot \left(1 + \frac{W}{C}\right)$$

mit

$$
\begin{aligned}
N_{cpu} &= \text{Anzahl der zur Verfügung stehenden Kerne} \\
U_{cpu} &= \text{Auslastung der CPU, } 0 \le U_{cpu} \le 1 \\
\frac{W}{C} &= \text{Verhältnis zwischen Warte- und Rechenzeit}
\end{aligned}
$$

Für rechenintensive Tasks und Vollauslastung sollte

$$
\begin{aligned}
N_{threads} &= N_{cpu} + 1 \\
&= \texttt{Runtime.getRuntime().availableProcessors()} + 1
\end{aligned}
$$

gewählt werden, da selbst bei rechenintensiven Aufgaben es gelegentlich *page faults* und somit Unterbrechungen bzw. Wartezeiten gibt.

## 6.8 Zusammenfassung

In Java werden viele praktische Konzepte für den Umgang mit Threads angeboten, die auch in der Praxis angewendet werden sollten. Durch die Klassenmethoden von `Executors` können bequem verschiedene Threadpools erzeugt werden, die alle das `ExecutorService`-Interface implementieren. Die Pools können sowohl Tasks vom Typ `Runnable` (ohne explizite Wertrückgabe durch Aufruf der `execute`-Methode) als auch vom Typ `Callable` (mit Wertrückgabe durch die `submit`-Methode) ausführen. Das durch `submit` zurückgegebene `Future`-Objekt dient dazu, den Stand asynchroner Verarbeitung abzufragen. Es gibt außerdem mehrere Möglichkeiten zur Konfiguration eines Threadpools.

# 7   Atomic-Variablen

Der lesende oder schreibende Zugriff auf Variablen eines primitiven Daten-typs ist, außer bei `long` und `double`, in Java atomar, d. h. nicht unterbrech-bar. Die Zugriffe auf Referenzvariablen sind dagegen immer atomar, unab-hängig davon, ob es sich um eine 32- oder 64-bit-JVM handelt. Werden die Variablen mit `volatile` gekennzeichnet, ist der Zugriff garantiert immer atomar, unabhängig vom Datentyp[1].

Oft besteht aber eine Operation auf einer Variablen aus mehreren Schritten, obwohl im Code dafür nur eine Anweisung angegeben ist. Die Anweisung `counter++` besteht z. B. aus den Befehlen:

1. Laden des Inhalts von `counter` in ein Register (Lesen).
2. Registerinhalt wird inkrementiert.
3. Das Ergebnis wird in `counter` geschrieben (Schreiben).

Obwohl jeder einzelne Schritt atomar ist, kann der aufrufende Thread da-zwischen unterbrochen werden. Ist ein anderer an der Reihe und führt er ebenfalls diese Anweisung aus, kann es zu einem inkonsistenten Zustand kommen.

Um einen Thread-sicheren Zähler zu bauen, kann man auf bekannte Mittel zurückgreifen, etwa wie:

```
class SynchronizedCounter
{
  private int counter = 0;

  public synchronized void increment() { counter++;  }
  public synchronized void decrement() { counter--; }
  public synchronized int get() {  return counter; }
}
```

**Codebeispiel 7.1**: Thread-sicherer Zähler

---

[1]Wenn ein Thread versucht, eine atomare Variable zu lesen, während der andere sie gerade ändert, wird der lesende Thread entweder den alten oder den neuen Wert lesen, nicht aber eine inkonsistente Mischung.

Die Methode `get` liest zwar nur den Wert der `int`-Variablen und ist somit atomar, sie muss aber trotzdem mit `synchronized` gekennzeichnet sein, damit parallel zugreifende Threads immer den aktuellen Wert von `counter` lesen[2].

Wenn einfache Daten mithilfe von Locks geschützt werden, bedeutet dies immer einen Performance-Verlust, weil das Betriebssystem angesprochen und eventuell ein Kontextwechsel stattfinden wird.

Moderne Prozessoren bieten zur Vermeidung dieses Overheads einen ununterbrechbaren *Compare-and-Set*-Befehl an[3], mit dessen Hilfe man in manchen Situationen auf eine Synchronisation und somit auf Locks verzichten kann.

## 7.1   Compare-and-Set-Operation

Mithilfe der Compare-and-Set-Operation kann eine Variable (Speicherzelle) atomar gelesen und verändert werden. Die Operation benötigt hierzu drei Angaben:

1. Eine Speicherstelle,
2. den erwarteten, alten Wert und
3. einen neuen Wert.

Wenn der Inhalt der Speicherzelle mit dem erwarteten, alten Wert übereinstimmt, wird der neue an die Speicherstelle geschrieben. Stimmt der erwartete, alte Wert nicht überein, da ihn z. B. ein anderer Thread zwischenzeitlich geändert hat, findet keine Modifikation statt. Eine boolesche Rückgabe signalisiert, ob eine Änderung stattgefunden hat.

Mit einer `compareAndSet`-Operation würde eine atomare Erhöhung des Zählers (`counter++`) etwa so aussehen:

```
int tmp = counter;
while (! compareAndSet( counter, tmp, tmp+1))
{
  tmp = counter;    // counter wurde verändert,
                    // neuen Wert einlesen
}
```

---

[2]Eine Kennzeichnung des `counter`-Attributs mit `volatile` hätte denselben Effekt. In diesem Fall kann bei der `get`-Methode auf das `synchronized` verzichtet werden. Die Methoden `increment` und `decrement` müssen aber nach wie vor mit `synchronized` deklariert werden.

[3]Eine analoge Möglichkeit ist der sogenannte *ExchangeWord*-Befehl, der garantiert, dass das Lesen und das unmittelbare Schreiben einer Speicherzelle atomar sind.

Zuerst wird der Wert von `counter` gelesen. Der Aufruf von `compareAndSet` prüft dann, ob der gerade gelesene Wert noch aktuell ist. Zwischen dem Lesen und dem Aufruf von `compareAndSet` könnte der Wert ja durch einen anderen Thread geändert worden sein. Falls `tmp` und `counter` denselben Wert besitzen, wird der Inhalt der Speicherstelle (`counter`) erhöht – falls nicht, wird im Schleifenblock der aktuelle Wert von `counter` gelesen. Danach erfolgt erneut die Überprüfung.

## 7.2 Umgang mit Atomic-Variablen

Java bietet im Paket `java.util.concurrent.atomic` Kapselungen für verschiedene Datentypen an, die intern auf dem `compareAndSet`-Mechanismus aufbauen. Die gängigen Klassen sind `AtomicBoolean`, `AtomicInteger`, `AtomicLong` und `AtomicReference`.

### 7.2.1 Atomic-Skalare

Die Klassen `AtomicInteger` und `AtomicLong` besitzen ähnliche Methoden, sodass wir hier nur auf `AtomicInteger` eingehen. Es stehen zwei Konstruktoren zur Verfügung: `AtomicInteger()`, der ein neues Objekt mit 0, und `AtomicInteger(int initialValue)`, der ein Objekt mit dem übergebenen Startwert erzeugt. Einige wichtige atomare Methoden der Klasse `AtomicInteger` sind in Tabelle 7-1 aufgelistet. Bei den meisten Methoden gibt es zwei Varianten, die sich nur dadurch unterscheiden, dass der alte (`getAndXXX`) oder der neue Wert (`XXXAndGet`) zurückgeliefert wird.

Die folgende Klasse realisiert einen Thread-sicheren Zähler, ohne dass dabei die schwergewichtige Synchronisation verwendet wird:

```
final class AtomicCounter
{
    private final AtomicInteger counter = new AtomicInteger(0);
    public void increment() { counter.incrementAndGet(); }
    public void decrement() { counter.decrementAndGet(); }
    public int get() { return counter.get(); }
}
```

**Codebeispiel 7.2:** Thread-sicherer Zähler mit `AtomicInteger`

Atomare Operationen finden häufig Anwendungen in nicht blockierenden Algorithmen und Datenstrukturen sowie bei Implementierungen der verschiedenen Synchronisationsmechanismen. In anderen Programmiersprachen wie C++ werden atomare Operationen benötigt, um das Konzept von Referenzzählern zu realisieren, was in Java nicht notwendig ist.

| API | Erläuterung |
|---|---|
| `boolean compareAndSet(int expect, int update)` | Der *Compare-and-Set*-Befehl, angewandt auf den Wert des Objekts. |
| `int addAndGet(int delta)` | Der Wert wird atomar um `delta` erhöht. Der neue Wert wird zurückgegeben. |
| `int decrementAndGet()` | Der Inhalt wird atomar dekrementiert und der neue Wert wird zurückgegeben. |
| `int incrementAndGet()` | Der Inhalt wird atomar inkrementiert und der neue Wert wird zurückgegeben. |
| `int set(int newValue)` | Der Wert wird durch `newValue` ersetzt und der neue Wert wird zurückgegeben. |
| `int get()` | Liefert den aktuellen Wert. |

**Tabelle 7-1:** Zugriffsmethoden auf `AtomicInteger`

## Hinweis

1. Das Sperren kann im Prinzip nicht vermieden werden. Mit Atomic-Variablen wird diese Aufgabe auf die Hardware delegiert. Wenn zwei Threads auf verschiedenen Rechenkernen gleichzeitig auf eine Atomic-Variable zugreifen, wird ein Thread den Bus blockieren und der andere muss so lange auf die Freigabe warten. Das bedeutet ein mögliches (sehr kurzes) Blockieren.
2. Zugriffe auf Atomic-Variablen haben ähnliche Wirkung auf den Speicher wie die `volatile`-Variablen. Während `volatile`-Variablen je nach Zugriff einen sogenannten *acquire fence* oder *release fence* verwenden, kann ein atomarer Zugriff beide, sowohl einen *acquire* als auch einen *release fence*, benötigen. Die wesentlichen Methoden und deren Speichereffekte sind im Vergleich zu einem Zugriff auf eine `volatile`-Variable [29]:

   ■ `get` entspricht dem Lesen.
   ■ `set` entspricht dem Schreiben.
   ■ `compareAndSet` entspricht dem Lesen und Schreiben.

Wenn komplexere Änderung durchgeführt werden müssen, kann die Methode `compareAndSet` sehr nützlich sein. Betrachten wir das folgende Beispiel: Wir wollen in einer `AtomicLong`-Variablen einen Maximalwert speichern, der von verschiedenen Threads durch Aufruf einer `update`-Methode geändert werden kann. Die folgende, naiv implementierte `update`-Methode ist aber falsch:

```
private static final AtomicLong maxVal = new AtomicLong();

public static void update(long newVal)
{
   maxVal.set( Math.max(maxVal.get(), newVal) ); // FALSCH !!!
}
```

Der Fehler besteht darin, dass `update` aus mehreren Schritten besteht. Korrekterweise muss die Methode wie folgt implementiert werden:

```
public static void update(long newVal)
{
   long alt, neu;
   do{
      alt = maxVal.get(); // Lesen
      neu = Math.max(alt, newVal);
   } while( maxVal.compareAndSet(alt, neu) == false );
}
```

Um solche typischerweise notwendigen Schleifen zu vermeiden, stehen ab Java 8 weitere Methoden in den Atomic-Klassen zur Verfügung. Dies sind zum einen die `accumulateAndGet`- und `getAndAccumulate`-Methoden, die einen `LongBinaryOperator`-Ausdruck (*Functional Interface*) und einen Operanden als Parameter erhalten. Mit ihrer Hilfe kann die `update`-Methode elegant implementiert werden:

```
public static void update(long newVal)
{
   maxVal.accumulateAndGet( newVal, x-> Math.max(x, newVal) );
}
```

bzw. durch die Verwendung einer Methodenreferenz:

```
public static void update(long newVal)
{
   maxVal.accumulateAndGet(newVal, Math::max);
}
```

Zum anderen sind es die `updateAndGet`- und `getAndUpdate`-Methoden, die einen `LongUnaryOperator` erhalten. Hierdurch kann z. B. eine atomare Multiplikation realisiert werden:

```
private static final AtomicLong val = new AtomicLong(5);

public static void mult(long x)
{
   val.updateAndGet( a -> a*x );
}
```

## 7.2.2  Atomic-Referenzen

Wie für primitive Datentypen gibt es auch Atomic-Kapselungen für Referenzen. Für atomare Änderungen von Referenzen vom Typ `V` stehen neben der Klasse `AtomicReference` noch die beiden Hilfsklassen `AtomicMarkableReference` und `AtomicStampedReference` zur Verfügung.

Während ein `AtomicReference`-Objekt lediglich nur die Referenz speichert, besitzt ein `AtomicMarkableReference` einen zusätzlichen booleschen Wert, der typischerweise die Gültigkeit des referenzierten Objekts signalisiert (vgl. Abb. 7-1). Die `AtomicStampedReference`-Klasse verwendet im Vergleich zu `AtomicMarkableReference` einen `Integer`-Wert, der eine Versionsnummer für das referenzierte Objekt darstellen kann.

Schauen wir stellvertretend die Klasse `AtomicMarkableReference` etwas näher an. Der Konstruktor `AtomicMarkableReference(V initialRef, boolean initialMark)` hat neben der zu kapselnden Referenz noch einen booleschen Parameter. Wichtige Methoden sind:

- `boolean attemptMark(V expectedRef, boolean newMark)`: Atomares Setzen der Markierung auf `newMark`, wenn die aktuelle Referenz `expectedRef` ist. Im Erfolgsfall wird `true` zurückgeliefert, ansonsten `false`.
- `boolean compareAndSet(V expectedRef, V newRef, boolean expectedMark, boolean newMark)`: Atomare Änderung der Referenz und der Markierung, nur wenn die aktuelle Referenz `expectedRef` und die aktuelle Markierung `expectedMark` ist. Im Fall einer Änderung wird `true` zurückgeliefert.
- `V get(boolean[] markHolder)`: Diese Methode gibt die aktuelle Referenz und die aktuelle Markierung zurück. Da nur ein Return-Wert erlaubt ist, wird der boolesche Wert in das erste Element des übergebenen Arrays geschrieben. Das Array hat üblicherweise die Länge 1.
- `V getReference()`: Diese Methode gibt die aktuelle Referenz zurück.

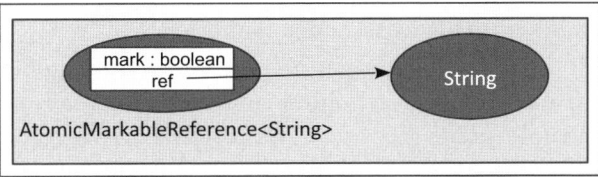

**Abbildung 7-1:** Schematischer Aufbau einer `AtomicMarkableReference<String>`

Die Verwendung von `AtomicMarkableReference` findet man z. B. bei Implementierungen von Thread-sicheren verketteten Listen (vgl. Kapitel 17). In diesem Abschnitt begnügen wir uns mit einem einfachen Beispiel, in dem zwei Threads über eine gemeinsam benutzte Datenstruktur Objekte austauschen. Thread A produziert dabei die Objekte und schreibt sie in eine Datenstruktur, während sie Thread B ausliest. Dabei muss A eventuell warten, wenn das Objekt noch nicht abgeholt wurde. Es handelt sich hierbei um das lockfreie Erzeuger-Verbraucher-Muster mit einer Queue der Länge 1.

Zur Realisierung der gemeinsam benutzten Datenstruktur wird eine `AtomicMarkableReference` benutzt. Codebeispiel 7.3 zeigt eine mögliche Implementierung.

```
class AtomicOneValueBuffer<V>
{
  private final AtomicMarkableReference<V> buffer          ❶
        = new AtomicMarkableReference<V>(null, false);

  public void put(V value)                                 ❷
  {
    do
    {
      // Kein Inhalt
    }while( !buffer.compareAndSet(null, value, false, true) );
  }

  public V take()                                          ❸
  {
    V value = null;

    do
    {
      value = buffer.getReference();
    }while( !buffer.compareAndSet(value, null ,true, false) );
    return value;
  }
}
```

**Codebeispiel 7.3:** Eine lockfreie Datenstruktur für den Austausch eines Objekts

Zur Verwaltung wird intern ein `AtomicMarkableReference`-Attribut benutzt (❶). Der boolesche Parameter dient zur Kennzeichnung, ob das Objekt bereits ausgelesen wurde (`false`) oder nicht (`true`).

Über die Methode `put` kann ein neues Objekt hinzugefügt werden (❷). Hierbei wird in der `do-while`-Schleife mithilfe von `compareAndSet` geprüft, ob die aktuelle Referenz `null` und die Markierung `false` ist. Treffen beide Bedingungen zu, werden gleichzeitig die beiden Daten geändert. Die `take`-Methode (❸) funktioniert im Prinzip analog. Hier wird in der `do-while`-Schleife die Referenz ausgelesen. Mit `compareAndSet` wird dann überprüft, ob die gelesene Referenz gültig ist. Ist dies der Fall, wird die Datenstruktur zurückgesetzt (mit `null` und `false`).

Die Verwendung von `AtomicMarkableReference` ist hier deshalb erforderlich, da `null` als ein gültiger Wert zugelassen ist. Ist `null` nicht erlaubt, reicht für die Realisierung `AtomicReference` aus. Der `null`-Wert kann dann als implizite Marke benutzt werden.

# 7.3  Accumulator und Adder in Java 8

Mit Atomic-Klassen kann der Overhead der Synchronisation nicht gänzlich eliminiert, sondern nur reduziert werden. Konkurrieren viele Threads um dieselbe Variable, kann es zu einem Performance-Problem kommen. Mit einem Lock ist der Verwaltungsaufwand zwar hoch, die Threads können aber schlafen gelegt werden und die Rechenressourcen werden an andere Aktivitäten verteilt. Beim Atomic-Konzept müssen dagegen die Threads aktiv auf die Busfreigabe warten, was unter Umständen die Systemleistung stark beeinflusst.

Betrachten wir ein Beispiel: In einer Multithreaded-Anwendung sollen die bearbeiteten Bytes und die empfangenen Nachrichten gezählt werden. Für diese Aufgabe ist es naheliegend, für jeden Zähler ein Objekt vom Typ `AtomicLong` zu benutzen, wobei die beiden Zähler selten gelesen werden. Dagegen sprechen aber einige Argumente:

1. Bei einer großen Anzahl von Threads kann theoretisch ein Thread aufgrund eines *Spinlocks*[4] endlos in der `compareAndSet`-Schleife laufen.
2. Das Erhöhen des Atomic-Zählers verstärkt den sogenannten Cache-Kohärenz-Verkehr, da alle Threads auf dieselbe Variable zugreifen. Die Caches müssen ständig in einen konsistenten Zustand gebracht werden.

---

[4]In unserem Fall ein aktives Warten auf der Hardwareebene auf eine erfolgreiche Änderung der Speicherstelle. Ein Spinlock kann die Performance des Programms stark negativ beeinflussen, insbesondere wenn viele Threads um dieselbe Speicherstelle konkurrieren.

Es wäre effizienter, wenn jeder Thread einen eigenen Zähler besitzt und wir einen Mechanismus haben, mit dem die gesamte Anzahl bei Bedarf berechnet wird.

Zu diesem Zweck wurden die Klassen `LongAccumulator` und `DoubleAccumulator` eingeführt. Abgesehen vom Datentyp ist der Umgang mit den beiden identisch. Jeder Thread erhält einen eigenen Eintrag in einer Tabelle. Erst beim Lesen werden die Einträge zusammengerechnet. Dabei wird die Cache-Problematik durch die Verwendung von `volatile` und Padding (unbenutzte Variablen, um eine Cache-Line zu füllen) berücksichtigt.

Der Konstruktor `LongAccumulator(LongBinaryOperator f, long identity)` erwartet ein Objekt mit dem Interface

```
public interface LongBinaryOperator
{
    public long applyAsLong(long left, long right);
}
```

und einen `long`-Wert für den Reset (der Reset-Wert entspricht dem neutralen Element des Operators. Er wird verwendet, um alle Zähler zu initialisieren bzw. zurückzusetzen. Bei einer Addition wäre das die Null, bei einer Multiplikation die Eins).

Eine spezielle Klasse ist `LongAdder`, bei der der Operator mit der gewöhnlichen Addition übereinstimmt. Ein `new LongAdder()` entspricht somit:

```
new LongAccumulator((x,y)-> x + y, 0L);
```

Einige wichtige Methoden sind:

- `public void accumulate(long x)`: Der Zähler soll um `x` geändert werden.
- `public long get()`: Der aktuelle Wert wird zurückgegeben.
- `public void reset()`: Alle internen Zähler werden mit dem angegebenen neutralen Element zurückgesetzt.

# Praxistipp

Wenn die Performance eine sehr große Rolle spielt und man den akkumulierten Wert erst nach dem Ende der Berechnung benötigt, dann ist es sogar effizienter, dass jeder Thread seinen eigenen (nicht `volatile`-) Zähler hat und man die Werte erst nach dem Ende der Threads (`join`) einsammelt.

## 7.4   Zusammenfassung

Mit dem Paket `java.util.concurrent.atomic` werden lockfreie, Thread-sichere Zugriffe auf einzelne Variablen unterstützt. Für Wahrheitswerte steht die Klasse `AtomicBoolean` zur Verfügung. Für ganzzahlige Typen sind Objekte der Klassen `AtomicInteger`, `AtomicLong` zu wählen. Um gemeinsam referenzierte Objekte atomar auszutauschen, gibt es die Klassen `AtomicReference`, `AtomicMarkableReference` und `AtomicStampedReference`.

Werden gemeinsame Variablen häufig durch mehrere Threads modifiziert und selten gelesen, dann sollte man Objekte der Klasse `LongAccumulator` bzw. `DoubleAccumulator` oder die speziellen Versionen `LongAdder` und `DoubleAdder` verwenden.

In diesem Paket sind außerdem einige hier nicht besprochene Hilfsklassen definiert, mit denen man Arrays von Atomic-Daten manipulieren kann: `AtomicIntegerArray`, `AtomicLongArray` und `AtomicReferenceArray`. Für den Umgang mit unabhängigen Atomic-Attributen eines Objekts sind die Klassen `AtomicReferenceFieldUpdater`, `AtomicIntegerFieldUpdater` und `AtomicLongFieldUpdater` nützlich.

# 8 Lock-Objekte und Semaphore

Um einen Codeblock gegen konkurrierende Zugriffe zu schützen, wurde bis jetzt das Schlüsselwort `synchronized` verwendet, das automatisch eine Sperre anfordert. Dieses implizite Sperren ist von der Benutzung her zwar elegant, führt aber auch zu einigen Einschränkungen:

- Ein auf die Sperre wartender Thread kann nicht unterbrochen werden. Wenn er im Warteraum ist, hat ein `interrupt`-Aufruf keine direkte Wirkung. Erst wenn er in den `synchronized`-Block eintritt und auf eine »`interrupt`-sensitive« Methode trifft, wird der Interrupt verarbeitet.
- Es ist bei `synchronized` kein Timeout vorgesehen. Die Wartezeit eines Threads kann somit nicht begrenzt werden. Er kann daher eventuell sehr lange blockiert werden.
- Es ist nicht klar, welcher der wartenden Threads als nächster ausgewählt wird. Theoretisch ist es möglich, dass ein Task unendlich lange blockiert wird (er kommt nicht zum Zuge – *starvation*).
- Das Schlüsselwort `synchronized` ist fest an eine Blockstruktur gebunden. Die Sperre wird am Anfang erworben und am Ende zurückgegeben. In bestimmten Fällen ist es jedoch sinnvoll, sie in einer Methode anzufordern und in einer anderen zurückzugeben (Non-Blockstruktur-Eigenschaft).
- In manchen Situationen ist es nicht effizient, nur eine Sperre für alle Methoden und Daten eines Objekts zu haben. Wenn das Objekt zum Beispiel zwei unabhängige Datenbereiche besitzt, liegt es nahe, dass sie nebenläufig bearbeitet werden.

Daher bietet Java verschiedene Lock-Klassen, die nicht den aufgeführten Limitierungen unterliegen. Als konkrete Implementierungen existieren `ReentrantLock`, `ReadWriteLock` und `StampedLock`, die im Folgenden vorgestellt werden.

Ein weiteres nützliches Synchronisationskonzept ist die Klasse `Semaphore`, die wir ebenfalls in diesem Kapitel besprechen.

# 8.1   Lock-Objekte

Die Lock-Klassen sind kein Bestandteil der Sprache wie `synchronized`. Sie werden in Form von Standardklassen aus dem Paket `java.util.concurrent.locks` bereitgestellt. Abbildung 8-1 zeigt einen Ausschnitt aus dem Klassendiagramm.

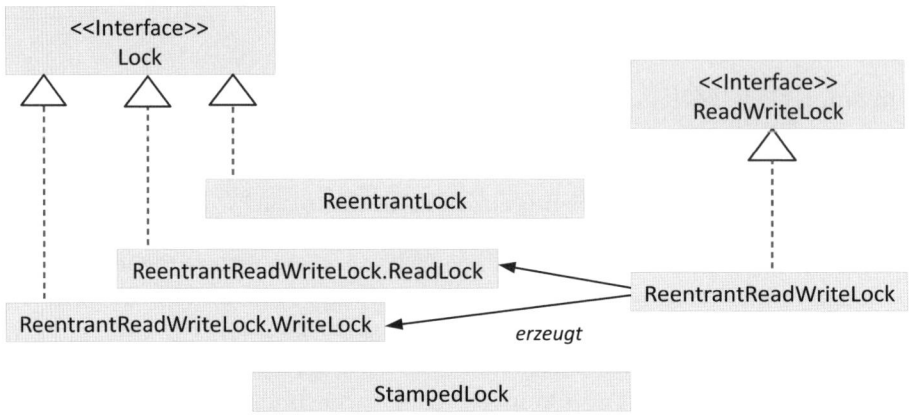

**Abbildung 8-1:** Die verschiedenen Lock-Klassen und ihre Beziehungen

## 8.1.1   Das Lock-Interface

Java bietet verschiedene Implementierungen für das `Lock`-Interface:

```
public interface Lock
{
  public void lock();
  public void lockInterruptibly() throws InterruptedException;
  public boolean tryLock();
  public boolean tryLock(long time, TimeUnit unit)
                              throws InterruptedException;
  public void unlock();
  public Condition newCondition();
}
```

**Codebeispiel 8.1:** Das `Lock`-Interface

Die Methoden `lock` und `unlock` entsprechen einem analogen Verhalten zu `synchronized`. Beim Aufruf von `lock` wartet der Thread so lange, bis er das Objekt (exklusiv) erhält. Durch `unlock` gibt er es dann wieder frei. Bezüglich der Sichtbarkeit von Variablen gelten ebenfalls dieselben Regeln. Bei `lock` wird der Cache invalidiert und bei `unlock` werden Änderungen in den Hauptspeicher übertragen.

Wichtig ist, dass nur der Thread, der im Besitz des Lock-Objekts ist, es wieder freigeben kann. Ein bekanntes Codemuster (Idiom) beim Umgang mit Locks ist das folgende:

```
Lock lock = ...;   // Erzeugung

lock.lock();
try
{
    // Zugriff auf die durch das Lock-Objekt geschützte Ressource
    // Ein kritischer Abschnitt
}
finally
{
    lock.unlock();
}
```

**Codebeispiel 8.2:** Muster zum Erlangen und zur Freigabe von Lock-Objekten

Durch die Verwendung von `finally` wird sichergestellt, dass der Lock immer zurückgegeben wird, unabhängig davon, wie der `try`-Block verlassen wird (sei es normal, durch eine `return`-Anweisung oder durch eine Ausnahme).

Neben der `lock`-Methode bietet das Interface auch eine Methode `lockInterruptibly`. Die Wirkung ist wie bei `lock`, außer dass der wartende Thread unterbrechbar ist. Wird er z. B. von einem anderen Thread durch `interrupt` unterbrochen, wird die `InterruptedException` ausgeworfen.

In manchen Situationen ist es sinnvoll, gewisse Aktivitäten nur dann auszuführen, wenn das Lock-Objekt sofort verfügbar ist. Die Methode `tryLock` liefert `false` zurück, falls es nicht frei ist. Ist es erhältlich, wird es erworben und `true` zurückgeliefert. Mit `tryLock(long time, TimeUnit unit)` wird eine maximale Wartezeit angegeben. Wird während des Wartens ein `interrupt` aufgerufen, wird der Thread vorzeitig ohne Erfolg mit einer entsprechenden Ausnahme zurückkehren[1]. Ein typisches Code-Idiom für die Verwendung von `tryLock` sieht wie folgt aus:

---

[1] Die API-Spezifikation lässt hier auch ein abweichendes Verhalten zu. Möchte man die Methode verwenden, sollte man in der Dokumentation der konkreten Implementierung nachlesen, wie sich die Klasse genau beim Auftreten eines Interrupts verhält.

```
Lock lock = ...; // Erzeugung

if (lock.tryLock())
{
  try
  {
    // Zugriff auf die durch das Lock-Objekt geschützte Ressource
    // Ein kritischer Abschnitt
  }
  finally
  {
    lock.unlock();
  }
}
else
{
  // Alternative Ausführungen
}
```

**Codebeispiel 8.3:** Ein Muster zum Einsatz von `tryLock`

Mit der Methode `newCondition` können einem Lock beliebige *Conditions* zugeordnet werden. Auf das Thema *Condition* gehen wir in Abschnitt 8.1.3 näher ein.

## Hinweis

Man findet oft falsche Muster bei der Verwendung von Locks.

```
// Variante A
Lock lock = ...;  // Erzeugung

lock.lock();

// Weitere Aktivitäten, die eine Ausnahme auslösen können

try
{
  // Zugriff auf die durch das Lock-Objekt geschützte Ressource
  // Ein kritischer Abschnitt
}
finally
{
  lock.unlock();
}
```

Tritt in der Variante A eine Ausnahme auf, bevor der `try`-Block besucht wird, wird der Lock nicht freigegeben.

```
// Variante B
try
{
  lock.lock();
  // Zugriff auf die durch das Lock-Objekt geschützte Ressource
  // Ein kritischer Abschnitt
}
finally
{
  lock.unlock();
}
```

Bei der Variante B ist es je nach konkreter Implementierung des Lock-Interface möglich, dass der `lock`-Aufruf (z. B. aufgrund der rekursiven Belegung des Locks) eine Ausnahme auslöst, ohne den eigentlichen Lock zu besitzen. Der `finally`-Block wird in jedem Fall ausgeführt.

## 8.1.2    ReentrantLock

In der Praxis wird selten das Interface `Lock` implementiert. Man benutzt die Klasse `ReentrantLock`, die einen einfachen Lock realisiert. Die Klasse bietet die beiden folgenden Konstruktoren an:

- `public ReentrantLock(boolean fair)`: Ist der Parameter `fair` mit `true` initialisiert, werden die wartenden Threads nach der FIFO-Strategie verwaltet. Der am längsten wartende ist der nächste, der das Lock-Objekt erhält. Wird `false` übergeben, gibt es keine Garantie für Fairness. Ein Thread kann theoretisch unendlich lang warten.
- `public ReentrantLock()`: Die Wirkung ist wie `ReentrantLock(false)`. Dieses Lock-Objekt wird häufig eingesetzt, wenn nur zwei Threads zu koordinieren sind.

Darüber hinaus sind in der Klasse `ReentrantLock` noch weitere Methoden definiert, die für die Anwendung meist nicht von großer Bedeutung sind.

Mit der Klasse `ReentrantLock` kann man die Implementierung von Codebeispiel 4.1 wie folgt umschreiben:

```
class ModuloCounter
{
  private final Lock lock = new ReentrantLock();
  private int count = 0;
  private final int mod;

  public ModuloCounter(int mod)
  {
    this.mod = mod;
  }

  public void increment()
  {
    lock.lock();
    try
    {
      count = (count + 1)%mod;
    }
    finally
    {
      lock.unlock();
    }
  }

  public void decrement()
  {
    lock.lock();
    try
    {
      count = (count - 1 + mod)%mod;
    }
    finally
    {
      lock.unlock();
    }
  }

  public int getValue()
  {
    lock.lock();
    try
    {
      return count;
    }
    finally
    {
      lock.unlock();
    }
  }
}
```

Die Lösung sieht im Vergleich zum Einsatz von synchronized etwas umständlicher aus und ist somit fehleranfälliger. Der Einsatz von Lock ist nur dann sinnvoll, wenn dessen spezielle Eigenschaften wie Timeout, Fairness, Non-Blockstrukur etc. benötigt werden. Sonst ist `synchronized` die bessere Wahl.

### 8.1.3   Das Condition-Interface

Wie wir bereits gesehen haben, hat jedes Java-Objekt implizit einen »Monitor«, der allerdings nur eine einfache Bedingungsvariable unterstützt. In vielen Fällen ist dies leider nicht ausreichend. Im Erzeuger-Verbraucher-Beispiel wäre es aus Entwurfsgründen angebracht, eine separate Bedingung für die Erzeuger und eine für die Verbraucher zu benutzen, da `notifyAll` unspezifisch immer alle wartenden Threads aufweckt. Aus diesem Grund bietet das Interface `Lock` die Methode `newCondition`, mit der beliebige neue Bedingungsvariablen mit dem Interface `Condition` erzeugt werden können.

```
public interface Condition
{
  public void await() throws InterruptedException;
  public void awaitUninterruptibly();
  public long awaitNanos(long nanos) throws InterruptedException;
  public boolean await(long time, TimeUnit unit)
                                    throws InterruptedException;
  public boolean awaitUntil(Date deadline)
                                    throws InterruptedException;
  public void signal();
  public void signalAll();
}
```

**Codebeispiel 8.4:** Das `Condition`-Interface

Eine Bedingungsvariable besitzt hierbei verschiedene `await`- und `signal`-Methoden, die je nach Einsatzbedarf benutzt werden können.

Die wohl am meisten eingesetzte Methode ist `await()`. Hier wird der aufrufende Thread in den Wartezustand versetzt und das zugehörige Lock-Objekt dabei automatisch freigegeben. Der Thread wird geweckt, wenn eines der folgenden vier Ereignisse auftritt:

1. Ein anderer Thread ruft die `signal`-Methode der Bedingungsvariablen auf und der Thread wird vom Scheduler als nächster ausgewählt.
2. Ein anderer Thread ruft die `signalAll`-Methode der Bedingungsvariablen auf.
3. Der Thread wird durch den Aufruf seiner `interrupt`-Methode unterbrochen.
4. Der Thread wird fälschlicherweise geweckt (*spurious wakeup*). Die Java-Spezifikation erlaubt, dass ein Thread aufgrund des darunterliegenden

Betriebssystems falsch geweckt wird. Daher ist es sehr wichtig, die Bedingungsüberprüfung immer mit einer Schleife zu realisieren[2].

In allen Fällen muss der Thread das zugehörige Lock-Objekt wieder erlangen, bevor er die weiteren Anweisungen durchführen kann.

Mit `long awaitNanos(long nanos)` kann ein Thread seine maximale Wartezeit in Nanosekunden spezifizieren. Der Rückgabewert ist eine Abschätzung für die Differenz zwischen der spezifizierten und der noch verbleibenden Wartezeit. Der Rückgabewert kann dazu verwendet werden, um den Thread wieder in den wartenden Zustand zu bringen, wenn die gewünschte Bedingung noch nicht erfüllt ist. Beispielsweise wird der Erzeuger im folgenden Code seine maximale Wartezeit ausnutzen, wobei ein vorzeitiges Verlassen der Methode durch `interrupt` möglich ist:

```
public boolean put(T elem, long nanos) throws InterruptedException
{
  lock.lock();
  try
  {
    // warte, wenn die Queue leer ist
    while (count == 0)
    {
      if (nanos <= 0)
        return false;
      // notEmptyCond ist eine Bedingungsvariable,
      // die mithilfe von lock erzeugt wurde
      nanos = notEmptyCond.awaitNanos(nanos);
    }
    // ...  weiterer Code
  }
  finally
  {
    lock.unlock();
  }
}
```

Die Methoden `boolean await(long time, TimeUnit unit)` und `boolean awaitUntil(Date deadline)` warten jeweils maximal das angegebene Zeitintervall ab bzw. bis zur angegebenen Deadline. Ist die Zeit abgelaufen, wird `false` zurückgegeben. In den anderen Fällen, wenn der Thread durch `signal` oder `interrupt` geweckt wurde, wird `true` zurückgeliefert.

Um ein Eintreffen einer Bedingung zu signalisieren, stehen die beiden Methoden `signal` und `signalAll` zur Verfügung. Die Funktionsweise ist hier wie bei `notify` bzw. `notifyAll`.

---

[2]Dasselbe gilt auch bei der `wait`-Methode, siehe Abschnitt 5.2.

Mit den neuen `Lock`- und `Condition`-Mitteln kann man den FIFO-Puffer mit einer beschränkten Kapazität im Vergleich zu Codebeispiel 5.1 besser lösen.

Der Ringpuffer wird wieder durch ein Array und drei Variablen realisiert:

```
private final Object[] data;
private int head;
private int tail;
private int count;
```

Um die Queue zu schützen, wird nun ein `Lock`-Objekt verwendet:

```
    private final Lock lock = new ReentrantLock();
```

Bevor ein Objekt in die Queue geschrieben bzw. aus der Queue entfernt wird, wird der Lock angefordert. Bei einer vollen Queue muss der Lieferant und bei einer leeren Queue der Entnehmer entsprechend warten. Dazu werden jetzt zwei Bedingungsvariablen definiert:

```
// Bedingungsvariablen für Schreiben und Lesen
private final Condition notFull = lock.newCondition();
private final Condition notEmpty = lock.newCondition();
```

Codebeispiel 8.5 zeigt die Implementierung des Ringpuffers mit einem Lock und zwei Condition-Objekten.

```
public class BoundedFIFOQueueWithLock<T>
{
  private final Object[] data;
  private int head;
  private int tail;
  private int count;

  private final Lock lock = new ReentrantLock();
  private final Condition notFull = lock.newCondition();
  private final Condition notEmpty = lock.newCondition();

  public BoundedFIFOQueueWithLock(int cap)
  {
    data = new Object[cap];
    head = 0;
    tail = 0;
    count = 0;
  }
```

```
public void put(T elem) throws InterruptedException
{
  lock.lock();
  try
  {
    while (count == data.length)
    {
      notFull.await();                                    ❶
    }
    count++;
    data[tail] = elem;
    tail = (tail+1)%data.length;
    if (count == 1)
    {
      notEmpty.signalAll();                               ❷
    }
  }
  finally
  {
    lock.unlock();
  }
}

public T get() throws InterruptedException
{
  lock.lock();
  try
  {
    while (count == 0)
    {
      notEmpty.await();                                   ❸
    }

    count--;
    T obj = (T) data[head];
    data[head] = null;
    head = (head+1)%data.length;

    if (count == data.length-1)
    {
      notFull.signalAll();                                ❹
    }
    return obj;
  }
  finally
  {
    lock.unlock();
  }
}
}
```

**Codebeispiel 8.5:** Ein beschränkter Puffer mit `Lock` und `Condition`

Man beachte die Symmetrie der `wait`- und `signalAll`-Aufrufe. Aufrufer der `put`-Methode warten an der `notFull`-Bedingung und signalisieren an der `notEmpty`-Bedingung (❶,❷). Aufrufer von `get` warten dagegen an der `notEmpty`-Bedingung und signalisieren an der `notFull`-Bedingung (❸,❹).

### 8.1.4 ReadWriteLock

Es kommt vor, dass Daten sehr oft nur gelesen, aber selten geändert werden. Ein Phänomen, das auch bei Datenbanken auftritt. Aus diesem Grund wurde in Java das `ReadWriteLock`-Konzept eingeführt, bei dem zwischen lesenden und schreibenden Zugriffen unterschieden wird.

Bei der Verwendung eines `ReadWriteLock`-Objekts ist es möglich, dass mehrere Threads gleichzeitig eine bestimmte Ressource lesen können. Ein Problem der Nebenläufigkeit tritt erst dann auf, wenn ein Thread versucht, die Ressource zu ändern. In diesem Fall muss er ein Exklusivrecht erwerben. Der Zugriff auf die Daten wird dann für alle lesenden Threads gesperrt. Das Interface `ReadWriteLock`, das von `ReentrantReadWriteLock` implementiert wird, beinhaltet zwei Methoden, um entsprechende Lock-Objekte zu vergeben:

```
public interface ReadWriteLock
{
    public Lock readLock();
    public Lock writeLock();
}
```

Vor dem Lesen muss die Lesesperre erworben werden, die gleichzeitig an mehrere Threads ausgegeben werden kann. Die Schreibsperre kann dagegen nur einem Thread zugeordnet werden. Dabei schließen sich die beiden Sperren gegenseitig aus. Eine Lesesperre kann nicht vergeben werden, so lange eine Schreibsperre besetzt ist und umgekehrt.

Mit einem `ReadWriteLock`-Objekt kann zum Beispiel eine eigene Thread-sichere Hashmap implementiert werden, indem man eine gewöhnliche Map kapselt und die Zugriffe durch einen `ReadWriteLock` schützt. Codebeispiel 8.6 zeigt eine Implementierung.

```
public class MyHashMap<K, V>
{
    private final Map<K, V> hashMap;

    // non-fair wegen der Performance!
    private final ReadWriteLock lock = new ReentrantReadWriteLock();
    private final Lock readLock = lock.readLock();
    private final Lock writeLock = lock.writeLock();
```

```
public MyHashMap(Map<K, V> map)
{
  hashMap = map;
}

public void put(K key, V value)
{
  writeLock.lock();
  try
  {
    hashMap.put(key, value);
  } finally
  {
    writeLock.unlock();
  }
}

public V get(K key)
{
  readLock.lock();
  try
  {
    return hashMap.get(key);
  } finally
  {
    readLock.unlock();
  }
}

public V remove(K key)
{
  writeLock.lock();
  try
  {
    return hashMap.remove(key);
  } finally
  {
    writeLock.unlock();
  }
}

public boolean containsKey(K key)
{
  readLock.lock();
  try
  {
    return hashMap.containsKey(key);
  } finally
  {
    readLock.unlock();
  }
}
}
```

**Codebeispiel 8.6:** Beispiel für ReadWriteLock

Die Vergabe der Sperren erfolgt der Reihe nach, wie sie angefordert wurden. Besitzt ein Thread eine Lesesperre und versucht ein weiterer Thread, eine Schreibsperre zu erhalten, muss dieser warten. Die Frage ist nun, was passiert, wenn jetzt ein Thread kommt, der eine Lesesperre erwerben möchte. Aus Gründen des Durchsatzes bekommt er sie sofort. Eine solche Vergabestrategie kann aber dazu führen, dass ein Thread, der eine Schreibsperre anfordert, unter Umständen nie zum Zuge kommt (*lock starvation*).

## Hinweis

Mit der obigen Implementierung wird eine bestehende Map Thread-sicher gekapselt. Für die Praxis ist jedoch die Klasse `ConcurrentHashMap` eine bessere Wahl (vgl. Kapitel 9). Zur Koordinierung der nebenläufigen Zugriffe wird hierbei der Key-Bereich in mehrere Teilbereiche aufgeteilt, die parallel beschrieben werden können.

## 8.1.5   StampedLock

Der `ReentrantReadWriteLock` ist in gewissen Situationen noch nicht optimal:

- Es ist nicht möglich, eine Lesesperre zu einer Schreibsperre anzuheben bzw. eine Schreibsperre zu einer Lesesperre herabzusetzen.
- Ist die Laufzeit der zu schützenden Codebereiche sehr kurz, ist der Verwaltungsaufwand für den Lock ein unangemessener Overhead. In manchen Fällen ist hier der Einsatz von `synchronized` sogar schneller.

Mit Java 8 wurde daher ein zusätzlicher Lock eingeführt, der eine Form von optimistischem Lesen erlaubt. Mit `tryOptimisticRead` werden Daten ohne Blockieren gelesen, in der Hoffnung, dass zwischendurch keine Änderungen zu erwarten sind. Zur Verifikation wird aufgrund des zurückgegebenen Stempels überprüft, ob währenddessen ein Schreibzugriff stattgefunden hat. Ist dies nicht der Fall, dann ist die Leseoperation erfolgreich. Im Fall einer Störung durch das Schreiben eines anderen Threads kann man zum pessimistischen Lesen wechseln. Das Verhalten ist dann wie bei `ReentrantReadWriteLock`.

Falls auf die zu schützenden Daten häufig nur kurz lesend und dagegen selten schreibend zugegriffen wird, kann die Verwendung eines `StampedLock` zu einer Leistungszunahme führen. In den meisten Fällen wird dadurch die teure Anforderung der Sperre vermieden. Wird dagegen

häufig geschrieben, sollte auf den Einsatz von `ReadWriteLock` zurückgegriffen werden.

Codebeispiel 8.7 zeigt ein typisches Code-Idiom für die Verwendung eines `StampedLock`. Bei der Anforderung des Locks erhält man ein Ticket
(Stempel). Das Ticket wird bei der Rückgabe der Sperre dann dazu benutzt,
zu prüfen, ob sich der Wert geändert hat.

```
StampedLock lock = new StampedLock();
....

// Codefragment für das Schreiben
long stamp = lock.writeLock();
try
{
  // ... Schreiben
}
finally
{
  lock.unlockWrite(stamp);
}

// Codefragment für das Lesen
long stamp = lock.tryOptimisticRead();
// ... Lesen
if (!lock.validate(stamp))
{
  // nicht erfolgreich => pessimistisch
  stamp = lock.readLock();
  try
  {
    // ... Lesen
  }
  finally
  {
    lock.unlockRead(stamp);
  }
}
```

**Codebeispiel 8.7:** Code-Idiom für `StampedLock`

Eine Thread-sichere Hashmap mit einem `StampedLock` kann wie folgt implementiert werden:

```
public class MyHashWithStampedLock<K, V>
{
  private Map<K, V> hashMap;
  private StampedLock lock = new StampedLock();

  public MyHashWithStampedLock(Map<K, V> map)
  {
    hashMap = map;
  }
```

```
public void put(K key, V value)
{
  long stamp = lock.writeLock();
  try
  {
    hashMap.put(key, value);
  }
  finally
  {
    lock.unlockWrite(stamp);
  }
}

public V get(K key)
{
  long stamp = lock.tryOptimisticRead();
  V val =  hashMap.get(key);
  if (lock.validate(stamp))
  { // Lesen erfolgreich
    return val;
  }
  stamp = lock.readLock();  // nicht erfolgreich => pessimistisch
  try
  {
    return hashMap.get(key);
  }
  finally
  {
    lock.unlockRead(stamp);
  }
}

// für die weiteren Methoden analog
}
```

**Codebeispiel 8.8:** Ein Beispiel mit einem `StampedLock`

Man kann mit `tryConvertToReadLock` bzw. `tryConvertToWriteLock` versuchen, die Lock-Arten zu ändern. Falls es möglich ist, erhält man ein neues Ticket (Stempel). Ist eine Änderung nicht erlaubt, wird der Wert 0 zurückgegeben. Es gibt auch die Möglichkeit, einen auf den Lock wartenden Thread zu unterbrechen, falls mit `readLockInterruptibly` und `writeLockInterruptibly` gearbeitet wird.

**Praxistipp**

Für den Einsatz von Locks gelten folgende Faustregeln:

- Wenn sehr viel geschrieben wird, ist das `synchronized`-Konzept zu bevorzugen.
- Der Verwaltungsaufwand für `ReadWriteLock` und `StampedLock` ist relativ hoch. Wenn nur kurz gelesen wird, ist es sogar effizienter, `synchronized` zu benutzen.
- `StampedLock` führt das optimistische Lesen ein, wodurch in bestimmten Fällen eine Performance-Steigerung erreicht werden kann.

## 8.2   Semaphore

Das Konzept der Semaphore wurde bereits 1968 von Edsger W. Dijkstra als Mittel für die Synchronisation zwischen Prozessen vorgeschlagen [11]. Ein Semaphor stellt sicher, dass nur eine bestimmte Anzahl von Threads auf eine Menge bestimmter Ressourcen zugreift. Ein Semaphor verwaltet die Ressourcen nicht selbst, sondern nur die Anzahl der aktuell verfügbaren. Für diesen Zweck wird intern ein Zähler für die vergebenen Erlaubnisse (*permits*) verwendet.

Der Aufruf von `acquire` vermindert die interne Zählvariable (`permitCount`) und der Aufruf von `release` erhöht sie (vgl. Abb. 8-2).

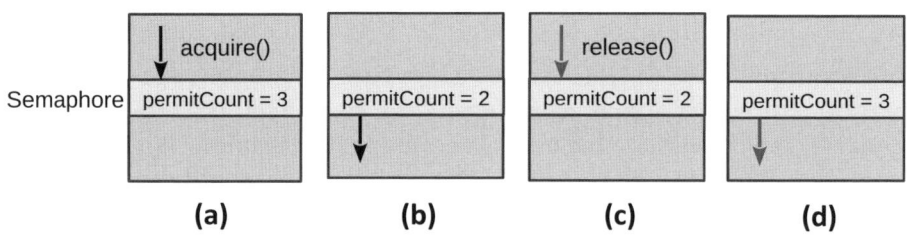

**Abbildung 8-2:** Ein Semaphor entspricht einer Zählbarriere.

Steht der interne Zähler auf null, so muss ein Thread, der mit `acquire` einen *permit* anfordert, warten. Erst wenn ein *permit* zurückgegeben wird (Aufruf von `release`), kann ihn ein wartender Thread erhalten und weiterlaufen. Dabei blockiert `release` nie, `acquire` dagegen schon, in Abhängigkeit des internen Zählers.

## Hinweis

Man darf den `Semaphore` nicht mit einem `Lock` gleichsetzen. Ein `Lock` hat immer einen Eigentümer und nur er kann den `Lock` wieder freigeben. Bei einem `Semaphore` kann dagegen `acquire` und `release` von unterschiedlichen Threads aufgerufen werden. Ein `Semaphore` entspricht lediglich einer Zählbarriere.

Die Implementierung eines `Semaphore` kann aber mithilfe eines `Lock` und ein pessimistischer `Lock` kann mithilfe eines `Semaphore` erfolgen.

Die Klasse `Semaphore` stellt die Konstruktoren `Semaphore(int permits)` und `Semaphore(int permits, boolean fair)` zur Verfügung. Der Startwert für den internen Zähler wird durch `permits` angegeben. Ist der zweite Parameter `true`, werden die Verweildauern der wartenden Threads bei der Ressourcenzuteilung berücksichtigt. Der am längsten wartende Thread erhält als nächster die Erlaubnis, den *permit* zu erwerben.

Die grundlegenden, atomaren Operationen eines Semaphors sind `acquire` und `release`. Das Codebeispiel 8.9 zeigt das *Objektpool-Muster* (*objectpool pattern*), das eingesetzt wird, um kostspielige Objekte wiederzuverwenden. Die in diesem Beispiel verwalteten Ressourcen sind vom Typ `Point` und dienen lediglich dazu, das Konzept zu erläutern.

```java
public class ObjectPool
{
  private final LinkedList<Point> pool;
  private final Semaphore sem;

  public ObjectPool(int capacity)
  {
    this.pool = new LinkedList<>();
    this.sem = new Semaphore(capacity, true);
    for (int i = 0; i < capacity; i++)
      pool.add(new Point());
  }

  public Point get() throws InterruptedException          ❶
  {
    sem.acquire();
    Point elem = null;
    synchronized (pool)
    {
      elem = pool.poll();
    }
    return elem;
  }
```

```
public void release(Point p)                                    ❷
{
  if (p == null)
    return;
  synchronized (pool)
  {
    pool.add(p);
  }
  sem.release();
}
}
```

**Codebeispiel 8.9:** Realisierung eines Objektpools mit einem Semaphore-Objekt

Mit der Methode `get` kann ein Objekt aus dem Pool entnommen werden
(❶). Der Thread muss ggf. warten, bis ein Objekt verfügbar ist. Nicht mehr
benötigte Objekte können wieder in den Pool mit `release` abgelegt werden (❷). Dabei muss der Zugriff auf die Liste synchronisiert werden, da der
Semaphor nur die Anzahl verwaltet, aber das Objekt selbst nicht schützt.

# Praxistipp

*Object-Pooling* sollte sparsam eingesetzt werden [16]. Mittlerweile ist
die Erzeugung »gewöhnlicher« Java-Objekte sehr effizient, sodass aus
Performance-Gründen keine Notwendigkeit mehr besteht, Objekte in einem
Pool zu »cachen«. Auch der Garbage Collector kommt mit vielen verwaisten
Objekten gut zurecht (ausgenommen sind hier Objekte, deren Erzeugung
Zugriff auf externe Systeme voraussetzt, wie z.B. Zugriffe auf Datenbanken
oder Webservices).

Werden Objekte aus einem Pool geholt, müssen die Zugriffe in einer
Multithreaded-Umgebung synchronisiert werden. Die Ausführung des Syn-
chronisationscodes und die dabei auftretenden Blockierungen sind in der
Regel viel teurer als eine Objekterzeugung. Des Weiteren muss auch sichergestellt werden, dass alle Objekte bei der Entnahme aus dem Pool einen
definierten Zustand besitzen.

# 8.3   Zusammenfassung

Als Ergänzung zum starren `synchronized`-Konzept stehen einige flexible Mittel zur Verfügung. Werden spezielle Eigenschaften wie Timeout, Fairness, Non-Blockstrukur etc. benötigt, kann ein `ReentrantLock` eingesetzt werden. Auf einem `Lock` können im Unterschied zum herkömmlichen `synchnonized` mehrere Bedingungen definiert werden. Dadurch können die wartenden Threads gezielter geweckt werden. Werden Daten häufig nebenläufig gelesen und selten geschrieben, können sie mit einem `ReadWriteLock` bzw. `StampedLock` Thread-sicher gestaltet werden.

Wenn nicht die Ressourcen selbst, sondern nur die Anzahl der aktuell verfügbaren verwaltet werden soll, kann ein `Semaphore` zum Einsatz kommen.

# 9   Thread-sichere Container

In vielen Anwendungen müssen große Datenmengen in Containern verwaltet werden. Java stellt bereits seit der ersten Version standardisierte Containerklassen zur Verfügung, die sukzessive ergänzt wurden. So wurde mit Java 2 ein Collection-Framework mit aufgenommen und mit Java 5 die Typisierungsmöglichkeit (Generics). Weiter wurden im `java.util.concurrent`-Paket Container für den Einsatz in Multithreaded-Umgebungen eingeführt.

In diesem Kapitel diskutieren wir insbesondere die Thread-sicher entworfenen Container und deren Einsatz in der Praxis. Für eine allgemeine Diskussion des Collection-Frameworks siehe z. B. [25, 40].

## 9.1   Collection-Typen

Bevor wir die Thread-sicheren Container im Einzelnen betrachten, schauen wir uns Implementierungsvarianten der Standardcontainer aus dem Collection-Framework an. Abbildung 9-1 zeigt einen Ausschnitt aus der Interface-Hierarchie.

Die `Queue`- und `List`-Implementierungen basieren intern auf Arrays oder verketteten Listen, die von `Set` und `Map` auf Hashtabellen oder Baumstrukturen. Aus den verschiedenen Implementierungsvarianten ergeben sich unterschiedliche Zugriffskomplexitäten. So hat z. B. der indizierte Zugriff per `get` bei einer `ArrayList` die Komplexität $O(1)$. Bei einer `LinkedList` ist sie dagegen $O(n)$, also vom Füllgrad abhängig. Umgekehrt verhält es sich mit dem Löschen des ersten Elements. Hier hat die `ArrayList` eine Komplexität von $O(n)$ und die `LinkedList` $O(1)$. Bei Singlethreaded-Anwendungen ist die Wahl der eingesetzten Container deshalb vom zu erwartenden Zugriffsmuster abhängig.

### Probleme beim konkurrierenden Zugriff

Greifen mehrere Threads konkurrierend lesend und schreibend auf einen Container zu, führt dies zu Race Conditions. Beim Hinzufügen eines Elements (Methode `add`) in eine `ArrayList` wird es entweder in einen noch

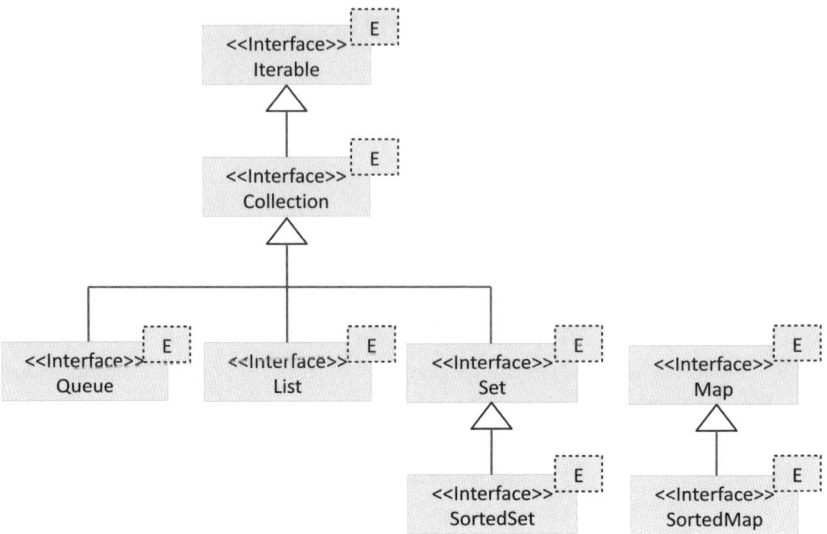

**Abbildung 9-1:** Ausschnitt aus der Interfaces-Hierarchie des Collection-Frameworks

freien Array-Platz eingefügt oder, wenn die interne Kapazität erschöpft ist, ein neues, größeres Array angelegt, der Inhalt des bisherigen Arrays umkopiert und dann das neue Element aufgenommen. Im zweiten Fall wird also während des add-Aufrufs die interne Struktur wesentlich verändert. Das Hinzufügen eines Elements zu einer verketteten Liste ist dagegen nicht sehr invasiv, da nur ein neuer Knoten an das Ende angehängt wird (vgl. Abb. 9-2).

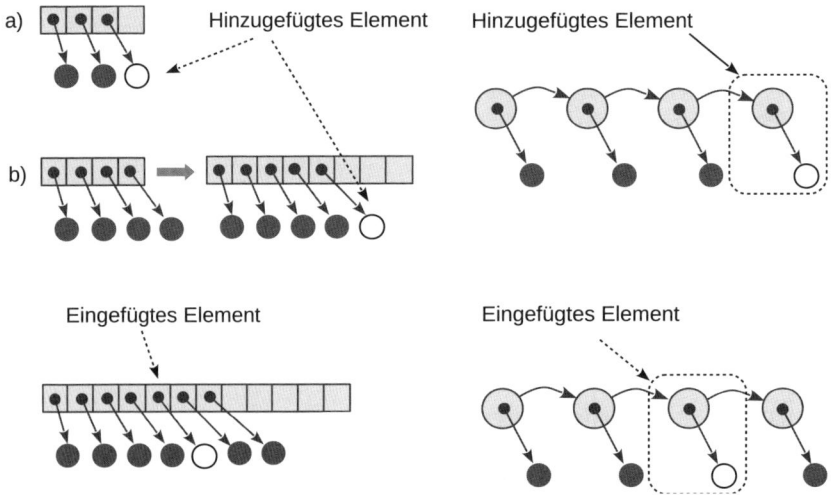

**Abbildung 9-2:** Anhängen und Einfügen eines Elements in eine List

Ähnliches Verhalten findet man beim Einfügen von Elementen. Bei der `ArrayList` werden alle nachfolgenden um einen Platz verschoben. Bei der `LinkedList` wird nur die Referenz beim Vorgänger geändert. Paralleles Einfügen ist somit bei einer `ArrayList` ausgeschlossen, bei einer `LinkedList` aber durchaus möglich.

Bei den verschiedenen Implementierungsvarianten von `Set` oder `Map` findet man Ähnliches. Bäume müssen beim Einfügen von Elementen teilweise »umgebaut« werden, bei Hashtabellen beschränkt sich die Änderung nur auf einen *Bucket*.

Alle Implementierungen haben die Gemeinsamkeit, dass manipulierende Operationen wie `add`, `remove`, `insert` etc. eine interne Modifikation der Datenstruktur mit sich bringen. Deshalb können sie nicht ohne besonderen Schutz in einer Multithreaded-Umgebung eingesetzt werden. Wir sehen an den Beispielen aber auch schon, dass manche Datenstrukturen besser für die parallelen Zugriffe geeignet sind als andere, je nachdem, wie invasiv die Eingriffe sind.

## 9.2 Thread-sichere Collections

Um Thread-sichere Container zu erhalten, gibt es nun zwei Wege: Man synchronisiert alle Zugriffe darauf oder man implementiert spezielle Datenstrukturen, die ohne bzw. mit minimaler Synchronisation in einer Multithreaded-Umgebung sicher benutzt werden können.

### 9.2.1 Synchronisierte Collections

Java besitzt seit seiner ersten Version die standardisierten Container `Vector`, `Stack`, `HashTable` und `Dictionary`. Die öffentlichen Methoden dieser Datenstrukturen sind durch `synchronized` geschützt, was in Singlethreaded-Anwendungen zu unnötigen Performance-Verlusten führt. Bei den Containern des Collection-Frameworks hat man diesen Schutz weggelassen, sodass sie nicht unbedarft in einer Multithreaded-Umgebung eingesetzt werden können, insbesondere, wenn sie nebenläufig bearbeitet werden.

Für die Klassen des Java-Collection-Frameworks existieren deshalb entsprechende synchronisierte Hüllklassen (*Wrapper*). Für jedes Collection-Interface steht eine öffentliche Klassenmethode von `Collections` für das »Einhüllen« zur Verfügung, die einen ungeschützten Container als Parameter erhält und eine entsprechende synchronisierte Containerfassade zurückliefert:

```
List<Person> liste = new ArrayList<>();
List<Person> syncListe = Collections.synchronizedList(liste);

Map<String,String> map = new HashMap<>();
Map<String,String> syncMap = Collections.synchronizedMap(map);
```

Das Konzept ist elegant und gut geeignet für Datenstrukturen, auf die nur wenig zugegriffen wird. Es treten aber in der Praxis gelegentlich folgende Probleme auf:

- Jeder so geschützte Container wird nur durch einen Monitor geschützt, was eine Einschränkung der Parallelität bedeuten kann. Die Synchronisierung stellt einen Engpass dar, weil sie alle Zugriffe serialisiert. Somit ist z. B. ein ungefährliches, reines paralleles Lesen nicht möglich.
- Es kann sehr leicht zu Inkonsistenzen kommen.

Den zweiten Punkt schauen wir uns etwas genauer an. Obwohl die einzelnen Methoden Thread-sicher sind, können hintereinander ausgeführte Methoden keine Konsistenz garantieren, da nach jedem Aufruf ein Thread-Wechsel möglich ist. Eine solche Mehrschrittoperation ist z. B. das Durchlaufen des Containers, entweder mit einem Iterator oder mit einer einfachen `for`-Schleife:

```
for (int i = 0; i < syncList.size(); i++)
  // tu was mit syncList.get(i)

for (Person p: syncListe)
  // tu was mit p

Iterator<Person> it = syncListe.iterator();
while (it.hasNext())
{
  // tu was mit it.next()
}
```

Hier ist es möglich, dass die Datenstruktur während einer Iteration durch eine nebenläufige Operation verändert wird. Mit der normalen `for`-Schleife gerät sie sehr leicht in einen unentdeckten inkonsistenten Zustand. Das Programm kann dabei z. B. wegen einer `IndexOutOfBoundsException` abstürzen. Die Iteratoren sind dagegen »*Fail-Fast*«. Sie prüfen bei jedem Schritt, ob eine mögliche nebenläufige Veränderung stattgefunden hat, und werfen ggf. eine `ConcurrentModificationException`, was bei beabsichtigten Änderungen durch mehrere Threads nicht erwünscht ist.

Um Thread-Sicherheit wirklich zu gewährleisten, muss vor der Iteration das Objekt selbst geschützt werden:

```
synchronized(syncList)
{
  for (int i = 0; i < syncList.size(); i++)
    // tu was mit syncList.get(i)
}
```

Dadurch wird die Nebenläufigkeit aber wieder stark eingeschränkt, da das Objekt für alle anderen Zugriffe gesperrt wird.

## Hinweis

Das Iterator-Problem tritt teilweise auch versteckt auf:

```
System.out.println(syncList);
```

Was hier nicht direkt zu sehen ist, ist die durch `toString` stattfindende Umwandlung. Hier wird nämlich intern ein nicht geschützter Iterator verwendet.

## 9.2.2   Unmodifiable Collections

Die Klasse `Collections` bietet durch entsprechende `unmodifiable`-Methoden Möglichkeiten, bestehende Collections vor Veränderungen zu schützen. Die Collections werden hier ebenfalls durch einen *Wrapper* geschützt, der beim Aufruf von modifizierenden Operationen eine `UnsupportedOperationException` wirft.

Es ist wichtig, zu bemerken, dass der *Wrapper* lediglich eine *View* auf die Collection ist. Die zugrunde liegende Collection kann also durchaus verändert werden.

## Praxistipp

Wird in einer Multithreaded-Umgebung nur lesend auf Collections zugegriffen und ist sichergestellt, dass sie sich nicht mehr ändern, sollte nur noch mit der `unmodifiable`-View gearbeitet werden. Unbeabsichtigte Modifikationen werden dann durch eine Exception gemeldet.

### 9.2.3    Concurrent Collections

Java führt aus den oben genannten Gründen im Paket `java.util.concurrent` zusätzliche Thread-sichere Containerklassen ein:

- Für `List`: `CopyOnWriteArrayList`
- Für `Set`: `CopyOnWriteArraySet` und `ConcurrentSkipListSet`
- Für `Map`: Das Interface `ConcurrentMap` mit den Implementierungen `ConcurrentHashMap` und `ConcurrentSkipListMap`
- Das Interface `BlockingQueue` mit verschiedenen Implementierungen

Das Interface `BlockingQueue` werden wir in Kapitel 10 genauer besprechen. Im Folgenden werden wir die Klassen `CopyOnWriteArrayList`, `ConcurrentSkipListMap` und `ConcurrentHashMap` vorstellen. Die Klasse `CopyOnWriteArraySet` verhält sich analog zu `CopyOnWriteArrayList` und `ConcurrentSkipListSet` analog zu `ConcurrentSkipListMap`.

## Hinweis

Für `Map` wurde im Paket `java.util.concurrent` explizit die Interface-Erweiterung `ConcurrentMap` mit aufgenommen, die zusätzliche atomare Operationen wie z. B. `getOrDefault`, `merge` oder `computeIfAbsent` beinhaltet.

## CopyOnWriteArrayList

Eine `CopyOnWriteArrayList` ist eine Thread-sichere Listenimplementierung, die für lesende Zugriffe optimiert wird. Das zugrunde liegende Verfahren ist *Kopieren beim Schreiben*. Vor jedem Schreibzugriff wird die Datenstruktur kopiert, die Änderung isoliert durchgeführt und atomar das alte Array durch das neue ausgetauscht. Andere Threads können stets lesend zugreifen, ohne mit dem schreibenden Thread in Konflikt zu geraten.

Ein `CopyOnWriteArrayList`-Objekt verwaltet die Elemente in einem unveränderlichen Array von Referenzen. Durch die Verwendung von `volatile` wird stets garantiert, dass nach einem Schreibzugriff immer die aktuellen Daten gelesen werden:

```
public class CopyOnWriteArrayList<E> implements List<E>
{
  private volatile transient Object[] array;
```

```
final Object[] getArray() {
  return array;
}

private E get(Object[] a, int index) {
  return (E) a[index];
}

public E get(int index) {
  return get(getArray(), index);
}
...
}
```

Somit kann auf die Datenstruktur nebenläufig lesend bzw. schreibend zuge-griffen werden, da die Lesemethode kein `synchronized` bzw. Lock benutzt.

## Hinweis

In einem Multithreaded-Umfeld kann es dennoch im folgenden Fall zu einer `IndexOutOfBoundsException` **kommen**:

```
for(int i = 0; i < list.size(); i++ )
{
  T  t = list.get(i);
}
```

Die Methoden `size` und `get` greifen auf zwei verschiedene Arrays zu, wenn zwischenzeitlich ein Element entfernt wurde.

`CopyOnWriteArrayList` unterstützt nur reine Lese-Iteratoren. Modifika-tionen sind nicht erlaubt. Bei der Erzeugung erhält der Iterator einen Ver-weis auf ein unveränderliches Array-Objekt und kann alle Methoden un-synchronisiert gestalten. Zwischenzeitliche Änderungen der Datenstruktur haben keine Wirkung auf den Iterator, da er auf einem *Snapshot* der Daten arbeitet.

## Praxistipp

■ Das Kopieren benötigt Ressourcen. Wenn die Datenmenge sehr groß ist, ist diese Vorgehensweise nicht effizient bzw. sogar aufwendig und teuer.

■ Wenn viele Schreibzugriffe zu erwarten sind, wird durch häufiges Kopieren die Performance stark beeinträchtigt.

Ein sinnvoller Einsatz von `CopyOnWriteArrayList` ist z. B., sie als Datenstruktur für die Registrierung von *Listener* zu nutzen. Während bei der Benachrichtigung der *Listener* ein Iterator verwendet wird, können sich nebenläufig *Listener* registrieren oder abmelden.

## ConcurrentSkipListMap

Der Klasse `ConcurrentSkipListMap` liegt eine *SkipList*-Implementierung zugrunde. Eine *SkipList* ist eine in mehreren Lagen aufgebaute verkettete Liste (vgl. Abb. 9-3). Die eigentlichen Elemente sind sortiert und in der Regel in der untersten Schicht hinterlegt. Die Suche nach einem Element erfolgt über die oberen Lagen und entspricht einer Binärsuche. Bei der `SkipListMap` entsprechen die Elemente `Map.Entry`-Objekten und die Sortierung bezieht sich auf den Key.

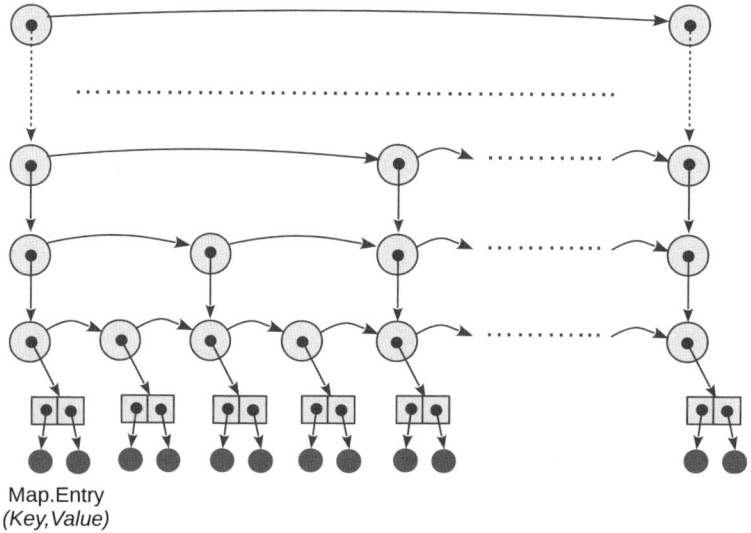

Map.Entry
*(Key, Value)*

**Abbildung 9-3:** Aufbau einer `SkipListMap`

Eine `ConcurrentSkipListMap` unterstützt im gewissen Umfang paralleles Lesen und Schreiben, da sich Einfüge- oder Löschoperationen zuerst nur lokal auswirken. Erst nach mehrfachen Änderungen wird die Zugriffsstruktur (der höheren Ebenen) an den veränderten Inhalt angepasst. Während dieser Reorganisation ist ein Zugriff nur bedingt möglich. In [21] sind verschiedene Implementierungsvarianten zu finden. Die `ConcurrentSkipListMap` hat unter anderem folgende Konstruktoren:

- `ConcurrentSkipListMap()`: Erzeugt einen leeren Container. Die `Key`-Klasse muss das `Comparable`-Interface zum Ordnen der Schlüsseln implementieren.
- `ConcurrentSkipListMap(Comparator<? super K> comparator)`: Erzeugt einen leeren Container. Die Ordnung der Elemente wird über den `Comparator` festgelegt.

Beim Einsatz sind folgende Punkte zu beachten:

- Ein Iterator ist schwach konsistent (*weakly consistent*). Es ist garantiert, dass jedes Element, das bei der Erzeugung des Iterators vorhanden war, genau einmal gelesen wird. Es ist nicht garantiert, dass während der Iteration hinzugefügte Elemente ausgegeben werden.
- Die `ConcurrentModificationException` wird nicht geworfen.
- `null` darf nicht als Element hinzugefügt werden.

## ConcurrentHashMap

Die Klasse `ConcurrentHashMap` ermöglicht paralleles Lesen und Schreiben durch die Aufteilung des Hashbereichs in separate Segmente, die jeweils mit einem separaten Lock geschützt werden. So können Schreibzugriffe nebenläufig stattfinden, wenn sie auf verschiedenen Bereichen agieren. Leseoperationen sind daher weitgehend ungehindert möglich und haben im Vergleich zu den oben skizzierten Lösungen eine bessere Performance. Die Konkurrenz zwischen schreibenden Zugriffen wird durch die Aufteilung des Hashbereichs stark reduziert (vgl. Abb. 9-4). Durch den sogenannten *concurrency level* kann die maximale Anzahl der parallel schreibenden Threads angegeben werden (der Defaultwert ist 16). Beim Einsatz sind folgende Punkte zu beachten:

- Ein Iterator ist wie bei `ConcurrentSkipListMap` schwach konsistent.
- `ConcurrentModificationException` wird nicht geworfen.
- `null` darf nicht hinzugefügt werden.

Die Klasse stellt im Vergleich zum `Map`-Interface zusätzliche (atomare) Funktionen zur Verfügung. Mit Java 8 kommen noch Methoden hinzu, die funktionale Interfaces als Parameter erwarten. So kann z. B. mit der Methode `V computeIfAbsent(K key, Function<? super K,? extends V> mappingFunction)` ein neues *Key-Value*-Paar eingefügt werden, wobei der

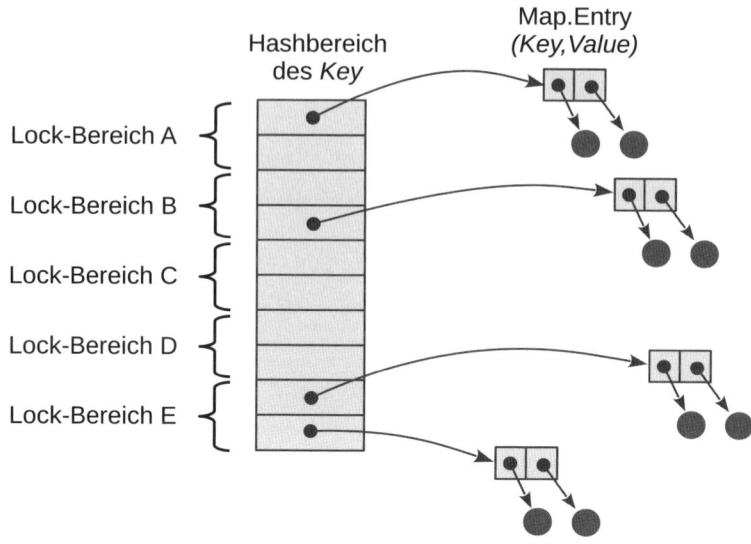

**Abbildung 9-4:** Aufbau einer `ConcurrentHashMap`

*Value* aus dem *Key* berechnet wird, falls der *Key* noch nicht existiert. Eine entsprechende Implementierung wäre:

```
if (map.get(key) == null) {
  V newValue = mappingFunction.apply(key);
  if (newValue != null)
    return map.putIfAbsent(key, newValue);
}
```

## Praxistipp

Mit `ConcurrentSkipListSet` steht zwar ein Thread-sicherer `Set`-Container zur Verfügung. Die zugrunde liegende *SkipList*-Implementierung hat für gewisse Anwendungsbereiche aber einige Nachteile. So müssen z. B. die eingefügten Elemente sortierbar sein, d. h., sie müssen das `Comparable`-Interface implementieren oder ein `Comparator` muss mit angegeben werden.

Man kann auch aus einer `ConcurrentHashMap` ein Thread-sicheres `Set`-Objekt erzeugen, das eine *Hashtabelle* als die zugrunde liegende Datenstruktur benutzt:

```
Map<K, Boolean> concurrentMap = new ConcurrentHashMap();
Set<K> concurrentSet = Collections.newSetFromMap(concurrentMap);
```

Hierbei ist allerdings zu beachten, dass im weiteren Verlauf auf die `ConcurrentMap` **nur über die** `concurrentSet`-Referenz zugegriffen wird.

## 9.3 Zusammenfassung

Um Datenstrukturen Thread-sicher zu gestalten, kann man Folgendes tun:

1. Den Zugriff auf herkömmliche Java-Collections mit entsprechenden Hüllklassen synchronisieren. Das Problem ist die Einschränkung der Parallelität, weil nur ein Monitor verwendet wird. Ein weiteres Problem tritt bei der Verwendung von Iteratoren auf.
2. Die neuen Klassen von `java.util.concurrent` verwenden. Mit `CopyOnWriteArrayList` hat man eine gute Performance, wenn die Anzahl der schreibenden Zugriffe sehr klein im Vergleich zu der Anzahl der lesenden ist. Die Implementierungen von `ConcurrentSkipListMap` und `ConcurrentHashMap` erlauben parallele Operationen bei `Map`-Containern, die von `CopyOnWriteArraySet` und `ConcurrentSkipListSet` bei `Set`-Containern.

`CopyOnWriteArraySet` und `ConcurrentSkipListSet` benutzen intern die gleichen Datenstrukturen wie `CopyOnWriteArrayList` bzw. `ConcurrentSkipListMap` und besitzen somit das gleiche Zugriffsverhalten. Generell muss man die Anwendung und insbesondere das Zugriffsmuster auf die Datenstrukturen analysieren, um den passenden Container auswählen zu können.

### Hinweis

Die Thread-Sicherheit der hier vorgestellten Container bezieht sich immer nur auf die Container selbst, nicht aber auf deren enthaltene Elemente.

# Teil III

## Ergänzende Synchronisationsmechanismen

# 10 Exchanger und BlockingQueue

Sollten Threads miteinander kommunizieren, so können sie sich z. B. gegenseitig referenzieren und entsprechende Methoden aufrufen. Diese Art der Kommunikation erfordert aber einen abgestimmten Ablauf. Neben dieser methodenbasierten, synchronen Kommunikation gibt es auch die Möglichkeit einer nachrichtenbasierten. Hierbei können ein oder mehrere Threads Nachrichten (*messages*) in eine spezielle Datenstruktur (häufig eine *FIFO-Queue*) stellen, die von einem oder mehreren anderen Teilnehmern ausgelesen und abgearbeitet werden. Das Senden und die Abarbeitung geschehen hierbei asynchron.

Ein Spezialfall ist der synchrone Austausch von Daten zwischen zwei Threads. Das Konzept funktioniert wie bei einem gewöhnlichen Tauschgeschäft. Die beiden Teilnehmer treffen sich und tauschen dabei ihre Gegenstände. Sie müssen dabei ggf. aufeinander warten.

Java bietet für die synchrone, nachrichtenbasierte Kommunikation die Klasse `Exchanger` und für die asynchrone verschiedene Implementierungen des Interface `BlockingQueue` an.

## 10.1 Exchanger

Ein `Exchanger` entspricht einem synchronen Austauschkanal (oft auch als *Rendezvous-Punkt* bezeichnet) zwischen zwei Teilnehmern. Über die `exchange`-Methode können die beiden Beteiligten zeitgleich ihre Objekte austauschen. Ist einer der Teilnehmer noch nicht bereit, muss der andere warten. Man kann mit dem Konzept eine spezielle Variante des Erzeuger-Verbraucher-Musters (*producer consumer pattern*) mit genau einem Erzeuger und einem Verbraucher realisieren. Anders als die Lösung mit der `BlockingQueue` (siehe unten) wartet der Erzeuger ggf. so lange, bis sein Produkt abgenommen wird.

Abbildung 10-1 zeigt schematisch die Arbeitsweise. Thread 1 hat seine Aufgabe erledigt und die auszutauschenden Daten in ein Objekt abgelegt (*data 1*). Er ruft die `exchange`-Methode auf und wartet, bis ein anderer mit ihm das Objekt tauscht. Thread 2 übernimmt von Thread 1 dessen Objekt,

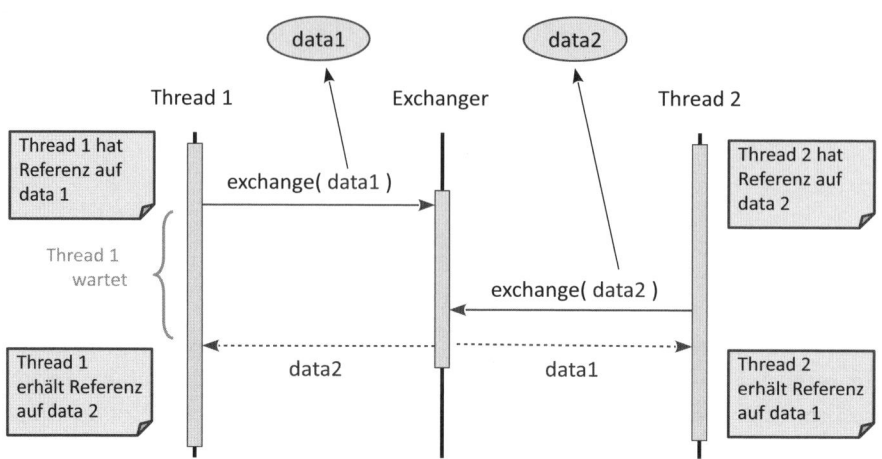

**Abbildung 10-1:** Die Funktionsweise des Exchanger

Thread 1 erhält im Gegenzug eines (vom selben Typ) von Thread 2. Danach können beide unabhängig weiterarbeiten.

Zur Veranschaulichung betrachten wir ein Beispiel. Der Erzeuger (Klasse `RandomStringProducer`) füllt ein Array mit Zufallsstrings, das er über einen `Exchanger` mit dem Array des Verbrauchers (Klasse `RandomStringConsumer`) austauscht. Der Empfänger wertet daraufhin die Häufigkeit der vorkommenden Buchstaben aus.

Codebeispiel 10.1 zeigt die Implementierung der Klasse `RandomStringProducer`. Ein `RandomStringProducer`-Objekt erhält über das Konstruktor-Argument Zugriff auf einen `Exchanger` (❶). Nachdem ein internes String-Array gefüllt wird, wird es an den `Exchanger` (❷) übergeben. Im Gegenzug erhält der Erzeuger ein String-Array zurück, dessen Inhalt er überschreibt. Das Ende des Austauschs wird durch die Übergabe von `null` signalisiert (❸).

```
public class RandomStringProducer implements Runnable
{
  private final Exchanger<String[]> exchanger = null;
  private String[] data = new String[100];

  public RandomStringProducer(Exchanger<String[]> exchanger)          ❶
  {
    this.exchanger = exchanger;
  }


  public void run()
  {
```

```
    try
    {
      for (int j = 0; j < 10; j++)
      {
        for (int i = 0; i < data.length; i++)
        {
          data[i] = Util.getRandomString(100);
        }

        // Rendezvous-Punkt
        data = exchanger.exchange(data);              ❷
      }

      // Signalisiert das Ende des Austauschs
      exchanger.exchange(null);                       ❸
    }
    catch (InterruptedException exce)
    {
      exce.printStackTrace();
    }
  }
}
```

**Codebeispiel 10.1:** Erzeuger-Klasse mit einem Exchanger

Die Erzeugung von Zufallsstrings kann wie folgt geschehen:

```
public class Util
{
  public static final String BUCHSTABEN               ❶
                   = "abcdefghijklmnopqrstuvwxyzüöäß";

  public static String getRandomString(int len)
  {
    StringBuilder sb = new StringBuilder(len);
    for (int i = 0; i < len; i++)
    {
      int idx = ThreadLocalRandom.current()           ❷
                       .nextInt(BUCHSTABEN.length());
      sb.append(BUCHSTABEN.charAt(idx));
    }
    return sb.toString();
  }
}
```

Das Attribut BUCHSTABEN enthält den verwendeten Zeichenvorrat (❶). Es
werden dann daraus zufällig Buchstaben ausgewählt (❷).

Codebeispiel 10.2 zeigt die Implementierung des Verbrauchers. Auch er
erhält Zugriff auf einen Exchanger. Am Rendezvous-Punkt tauscht er sein
String-Array mit dem Erzeuger aus (❷). Erhält er eine null-Referenz, beendet er seine Arbeit (❸) und gibt sein Ergebnis zurück (Future-Pattern).

```
public class RandomStringConsumer implements Callable<int[]>
{
  private Exchanger<String[]> exchanger = null;
  private String[] data = new String[100];

  public RandomStringConsumer(Exchanger<String[]> exchanger)        ❶
  {
    this.exchanger = exchanger;
  }

  public int[] call()
  {
    try
    {
      int[] charFrequency
          = new int[Util.BUCHSTABEN.length()];

      while (true)
      {
        // Rendezvous-Punkt
        data = exchanger.exchange(data);                            ❷

        if (data == null)                                           ❸
        {
          break;
        }
        else
        {
          for (int i = 0; i < data.length; i++)
          {
            String str = data[i];
            for (int j = 0; j < str.length(); j++)
            {
              char c = str.charAt(j);
              int pos = Util.BUCHSTABEN.indexOf(c);
              if (pos != -1)
                charFrequency[pos]++;
            }
          }
        }
      }
      return charFrequency;
    }
    catch (Exception exce)
    {
      exce.printStackTrace();
      return null;
    }
  }
}
```

**Codebeispiel 10.2:** Verbraucher-Klasse mit einem Exchanger

Codebeispiel 10.3 zeigt die Verwendung der einzelnen Komponenten. Ein Exchanger mit entsprechender Typisierung wird erzeugt (❶) und an den Erzeuger und Verbraucher als Konstruktor-Argument übergeben. Danach wird der Erzeuger in einem eigenen Thread gestartet (❷). Der Verbraucher wird ebenfalls nebenläufig gestartet, wobei die Rückgabe über ein Future-Objekt organisiert wird (❸). Durch den Aufruf der get-Methode wird auf das Ergebnis der »Häufigkeitsanalyse« gewartet (❹).

```
ExecutorService executor = Executors.newFixedThreadPool(2);

Exchanger<String[]> exchanger = new Exchanger<String[]>();        ❶

RandomStringProducer producer = new RandomStringProducer(exchanger);
executor.submit(producer);                                        ❷

RandomStringConsumer consumer = new RandomStringConsumer(exchanger);
Future<int[]> result = executor.submit(consumer);                 ❸

int[] frequency = result.get();                                   ❹
executor.shutdown();

for(int i=0; i < frequency.length; i++)
{
   System.out.println( Util.BUCHSTABEN.charAt(i)  + " : "
                   + frequency[i]);
}
```

**Codebeispiel 10.3:** Das Hauptprogramm für das Exchanger-Beispiel

## 10.2    Queues

Warteschlangen (*Queues*) sind oft benutzte Datenstrukturen. Warteschlangen sollten immer dann zum Einsatz kommen, wenn mehr Anfragen bzw. Anforderungen pro Zeiteinheit an ein System gesendet werden, als es in derselben Zeit verarbeiten kann. Diese Situation tritt z. B. beim Erzeuger-Verbraucher-Muster auf. Java stellt verschiedene Varianten von Warteschlangen zur Verfügung, die in Multithreaded-Anwendungen eingesetzt werden können. Abbildung 10-2 zeigt die Interface-Hierarchie. Neben der BlockingQueue existieren noch die Varianten TransferQueue und BlockingDeque (Deque, *double ended queue*).

Die wichtigsten Methoden von Queue und ihrer Erweiterung BlockingQueue für das Einfügen und Entnehmen von Elementen sind in Tabelle 10-1 aufgelistet. Darunter sind auch die folgenden Methoden, generisch typisiert durch E:

- `boolean offer(E e)`: Fügt ein Element am Ende der Queue ein. Die Rückgabe gibt an, ob die Operation erfolgreich war. Die Rückgabe ist insbesondere bei platzbeschränkten Queues wichtig. Durch `false` wird signalisiert, dass das Element nicht aufgenommen werden konnte.
- `boolean offer(E e, long timeout, TimeUnit unit)`: Die Wirkung ist wie bei `offer(E e)` mit dem Unterschied, dass die maximale Wartezeit durch die beiden letzten Parameter spezifiziert wird.
- `E poll()`: Entnimmt ein Element vom Anfang der Queue. Liefert `null`, falls kein Element vorhanden ist.
- `E poll(long timeout, TimeUnit unit)`: Die Wirkung ist wie bei `poll()`, wobei hier die maximale Wartezeit angegeben wird.
- `void put(E e)`: Fügt ein Element in die Queue ein und wartet ggf., bis ein entsprechender Platz in der Queue vorhanden ist.
- `E take()`: Entnimmt ein Element vom Anfang der Queue und wartet (blockiert) ggf., bis ein Element vorhanden ist.

Blockierende Methoden, also `take`, `put` und alle Methoden mit einer Wartezeitangabe, werfen bei einer Unterbrechung eine `InterruptedException`.

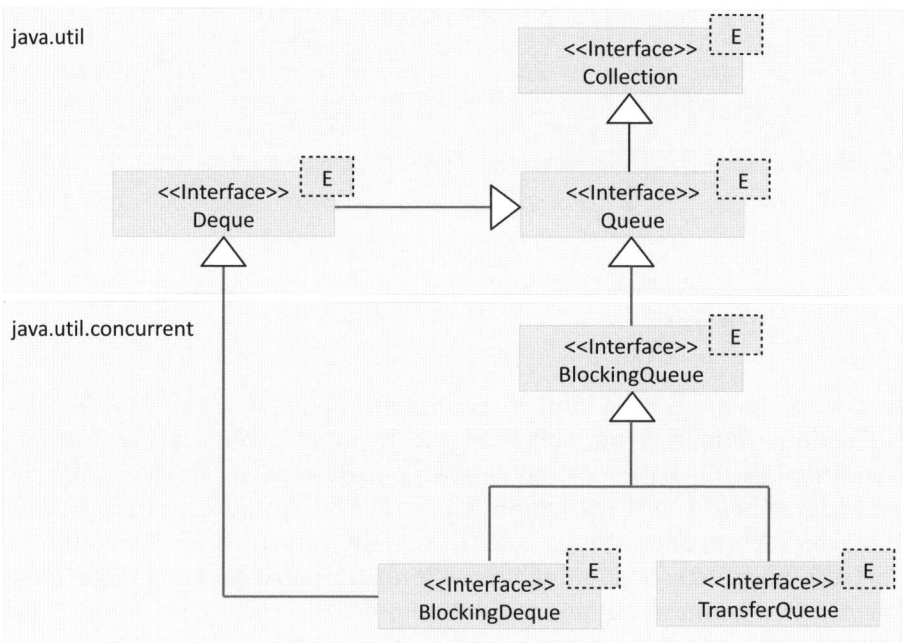

**Abbildung 10-2:** Hierarchie der Queue-Klassen

| | Mit Exception | Nicht blockierend | Blockierend | Timeout |
|---|---|---|---|---|
| Einfügen | `add(e)` | `offer(e)` | `put(e)` | `offer(e, time, unit)` |
| Auslesen | `remove()` | `poll()` | `take()` | `poll(time, unit)` |
| Überprüfen | `element()` | `peek()` | nicht def. | nicht def. |

**Tabelle 10-1:** Wichtige Methoden von `BlockingQueue`

Für die `BlockingQueue` gibt es je nach Einsatzzweck verschiedene Implementierungen (vgl. Abb. 10-3). Mit Ausnahme von `PriorityQueue` und deren Verwandten werden Elemente immer am Ende der Queue eingefügt, entnommen werden sie immer am Beginn (FIFO-Prinzip).

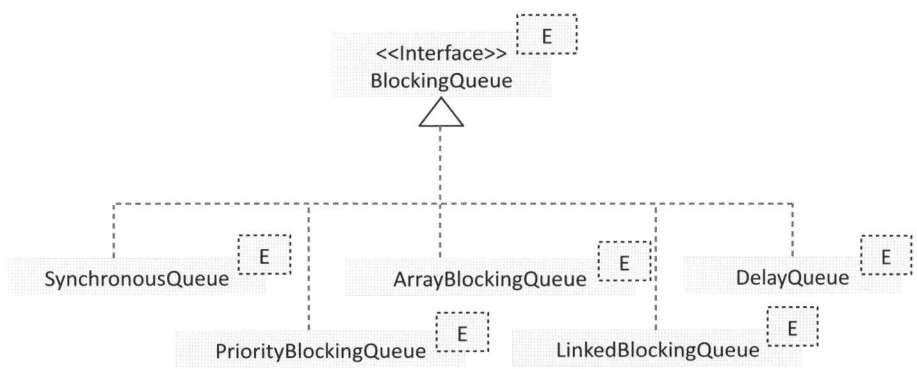

**Abbildung 10-3:** Implementierungen des Interface `BlockingQueue`

**ArrayBlockingQueue<E>** ist eine Queue mit einer festen Größe (Kapazität). Intern wird ein klassischer beschränkter Ringpuffer verwendet.

**LinkedBlockingQueue<E>** existiert sowohl als kapazitätsbeschränkte als auch als unbeschränkte Queue. Der Name deutet auch darauf hin, dass sie mithilfe einer (doppelt) verketteten Liste implementiert ist.

**DelayQueue<E>** kann nur Objekte aufnehmen, deren Klasse das Interface `Delayed` implementiert. Für die interne Organisation werden die Methoden `compareTo` und `getDelay` verwendet.

**PriorityBlockingQueue<E>** sortiert mithilfe der `compareTo`-Methode bzw. mit dem explizit angegebenen `Comparator`-Objekt ihre verwalteten Elemente.

**SynchronousQueue<E>** ist eine blockierende Queue, bei der die beiden beteiligten Threads aufeinander warten müssen. Zu bemerken ist, dass eine `SynchronousQueue` keine Kapazität hat. Die Kommunikation der beiden Partner muss wie bei `Exchanger` synchron stattfinden. Einige Methoden des `BlockingQueue`-Interface (wie `poll`, `peek` etc.) haben keine Bedeutung (sie liefern zum Beispiel immer `null` zurück).

Mithilfe einer Queue kann das Erzeuger-Verbraucher-Muster sehr einfach realisiert werden.

## Hinweis

Das Interface `Queue` erweitert `Collection` und bietet daher auch dessen Methode `add` zum Aufnehmen eines Elements in den Container an. Im Unterschied zu `offer` wird `add` eine `IllegalException` auslösen, wenn das Einfügen nicht möglich ist. Da in der Praxis Queues mit einer festen Größe der Normalfall sind, sollte die Methode `offer` bevorzugt werden. Analog löst `remove` im Vergleich zu `poll` im Falle einer leeren Queue eine `NoSuchElementException` aus.

## 10.3   Das Erzeuger-Verbraucher-Muster

Das Erzeuger-Verbraucher-Muster (*producer consumer pattern*) entkoppelt zwei Tasks, die nebenläufig ausgeführt werden. Der erste Task stellt dabei Daten für den zweiten zur weiteren Verarbeitung zur Verfügung, wobei der Austausch über eine Queue stattfindet (vgl. Abb. 10-4).

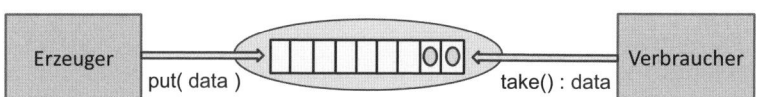

**Abbildung 10-4:** Funktionsweise des Erzeuger-Verbraucher-Musters

Durch die Verwendung einer Queue kann die Reihenfolge der Verarbeitung der Daten erhalten bleiben. In der einfachsten Variante, wie in Abbildung 10-4, ist das Muster nicht skalierbar, d.h., die Queue kann sich als Flaschenhals erweisen.

Als Anwendungsbeispiel betrachten wir eine Variante der obigen Häufigkeitsanalyse von Buchstaben bei Zufallsstrings. Zur Kommunikation kommt statt eines `Exchanger` eine `ArrayBlockingQueue` zum Einsatz.

Das Ende wird durch ein definiertes Stopp-Token (*poison pill*) signalisiert
(❶). Der Unterschied zur obigen Implementierung ist, dass der Erzeuger
im Normalfall nicht warten muss. Er wird nur bei einer vollen Queue blockiert. Der Verbraucher muss blockiert pausieren, wenn es kein Element zu
entnehmen gibt.

```java
public class RandomStringProducer implements Runnable
{
  private final BlockingQueue<String> queue = null;
  private final String endToken = null;

  public RandomStringProducer(BlockingQueue<String> queue,
                              String endToken)
  {
    this.endToken = endToken;
    this.queue = queue;
  }

  public void run()
  {
    try
    {
      for (int i = 0; i < 2000; i++)
      {
        queue.put(Util.getRandomString(200000));
      }
      queue.put( endToken );                          ❶
    }
    catch (InterruptedException ex)
    {
      ex.printStackTrace();
    }
  }
}
```

**Codebeispiel 10.4:** Ein Erzeuger für Zufallsstrings

Listing 10.5 zeigt die Implementierung des Verbrauchers. Er liest die Zufallsstrings aus der Queue aus und analysiert die Häufigkeiten der Klein-
buchstaben, bis er auf das Stopp-Token stößt (❶).

```java
public class RandomStringConsumer implements Callable<int[]>
{
  private final BlockingQueue<String> queue = null;
  private final String endToken = null;

  public RandomStringConsumer(BlockingQueue<String> queue, String
      endToken)
  {
    this.queue = queue;
    this.endToken = endToken;
  }
```

```
public int[] call()
{
  try
  {
    int[] charFrequency = new int[Util.BUCHSTABEN.length()];

    String str = null;
    while (true)
    {
      str = queue.take();
      if (str.equals(endToken))  break;                           ❶

      count(charFrequency, str);
    }

    return charFrequency;
  }
  catch (Exception ex)
  {
    ex.printStackTrace();
    return null;
  }
}

private static void count(int[] charFrequency, String str)
{
  for (int i = 0; i < str.length(); i++)
  {
    char c = str.charAt(i);
    int pos = Util.BUCHSTABEN.indexOf(c);
    if (pos != -1)
      charFrequency[pos]++;
  }
}
}
```

**Codebeispiel 10.5:** Ein Verbraucher zur Ermittlung der Buchstabenhäufigkeiten

Codebeispiel 10.6 zeigt die Verwendung der beiden Klassen. Das Beispiel benutzt den `ExecutorService`, über den der Erzeuger und der Verbraucher gestartet werden. Die beiden erhalten als Argumente die `BlockingQueue` und das Stopp-Token (❶). Da der Verbraucher einen Wert zurückliefert, wird hier ein `Future` eingesetzt (❷).

```
final String END_TOKEN = "_STOPP";

ExecutorService executor = Executors.newFixedThreadPool(2);
BlockingQueue<String> queue = new ArrayBlockingQueue<String>(1000);

RandomStringProducer producer
        = new RandomStringProducer(queue, END_TOKEN);           ❶
executor.submit(producer);
```

```
RandomStringConsumer consumer
        = new RandomStringConsumer(queue, END_TOKEN);        ❶
Future<int[]> result = executor.submit(consumer);            ❷

// Ergebnis holen und ausgeben
int[] freq = result.get();
executor.shutdown();

for (int i = 0; i < freq.length; i++)
{
  System.out.println(Util.BUCHSTABEN.charAt(i) + " : " + freq[i]);
}
```

**Codebeispiel 10.6:** Das Hauptprogramm für das Erzeuger-Verbraucher-Beispiel

## 10.4    Varianten

Die Einsatzmöglichkeiten einer `BlockingQueue` sind sehr vielfältig. Neben dem klassischen Erzeuger-Verbraucher-Muster gibt es verschiedene Varianten bzw. Ausbauformen, von denen im Folgenden einige vorgestellt werden.

### 10.4.1    Pipeline von Erzeugern und Verbrauchern

Erzeuger und Verbraucher können auf vielfältige Art und Weise zusammengefügt werden. Abbildung 10-5 zeigt den Aufbau einer Verarbeitungskette. Das mittlere Glied ist hier sowohl Verbraucher als auch Erzeuger und hat den Zugang zu zwei `Queue`-Objekten.

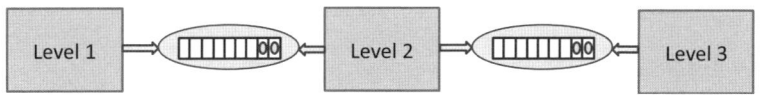

**Abbildung 10-5:** Kette aus Erzeugern und Verbrauchern

Abbildung 10-6 zeigt, wie das Muster »vertikal« skaliert werden kann. An eine `Queue` können sowohl mehrere Erzeuger als auch Verbraucher angeschlossen werden. Hierbei ist nun zu beachten, dass am Ende der Verarbeitung ggf. so viele *End-Tokens* in die `Queue` geschrieben werden, wie Verbraucher vorhanden sind. Wenn die Teilnehmer dynamisch hinzugefügt oder entfernt werden, empfiehlt es sich, dies über eine zentrale Klasse zu steuern, sodass bei Bedarf die richtige Anzahl von *End-Tokens* gesendet werden kann.

Aus den beiden obigen Varianten lassen sich nun auch komplexere Strukturen aufbauen. Abbildung 10-7 zeigt eine Verarbeitungskette, bei der der mittlere Verarbeitungsschritt *skaliert* ist. Dies ist dann sinnvoll, wenn

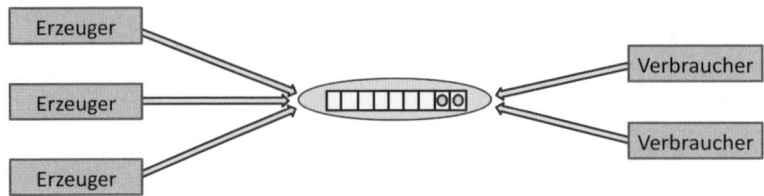

**Abbildung 10-6:** Skalierungsmöglichkeiten durch den Einsatz von parallelen Erzeugern und Verbrauchern

blockierende Aufrufe, wie z. B. Netzwerk-Requests vorkommen. Durch die *vertikale* Skalierung kann der Durchsatz erhöht werden. Man beachte, dass dadurch die Reihenfolge der Ergebnisse nicht mehr mit der der Aufträge übereinstimmt. Bei vielen Anwendungen stellt das keine Limitierung dar. Bei Bedarf kann aber z. B. durch die Verwendung von eindeutigen Auftrags-IDs am Ende die ursprüngliche Reihenfolge wieder hergestellt werden.

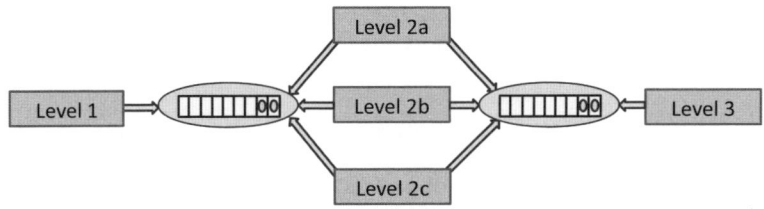

**Abbildung 10-7:** Komplexes Netzwerk aus Erzeugern und Verbrauchern

## 10.4.2    Erzeuger-Verbraucher-Muster mit Empfangsbestätigung

Die `TransferQueue` erweitert die `BlockingQueue` im Wesentlichen um die Methode `transfer(E elem)` (vgl. Abb. 10-8). Sie kann nur von einem Erzeuger benutzt werden. Die `transfer`-Methode kehrt erst dann zurück, wenn das übergebene Element abgeholt wird. Neben der `transfer`-Methode existieren noch die nicht blockierenden Varianten `tryTransfer(E elem)` und `tryTransfer(E elem, long timeout, TimeUnit unit)`, die über eine boolesche Rückgabe signalisieren, ob das übergebene Objekt von einem (wartenden) Verbraucher entnommen wurde. Wartet kein Abholer darauf (Rückgabe `false`), wird das Element nicht in die `Queue` gelegt.

Mit `hasWaitingConsumer` bzw. `getWaitingConsumerCount` kann ein Erzeuger abfragen, ob aktuell Interessenten an der `TransferQueue`

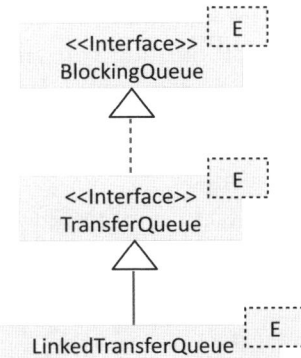

**Abbildung 10-8:** Klassenhierarchie für `TransferQueue`

warten. Entsprechend verwendet ein Verbraucher, je nach Anwendung, die Methode `take` bzw. `poll`.

### 10.4.3  Erzeuger-Verbraucher-Muster mit Work-Stealing

Bei einer `Deque` (*double ended queue*) können Elemente sowohl am Anfang als auch am Ende eingefügt bzw. entnommen werden. So gibt es z. B. neben `put` und `take` jeweils die Methoden `putFirst` und `putLast` bzw. `takeFirst` und `takeLast`, wobei `put` äquivalent zu `putLast` und `take` zu `takeFirst` ist.

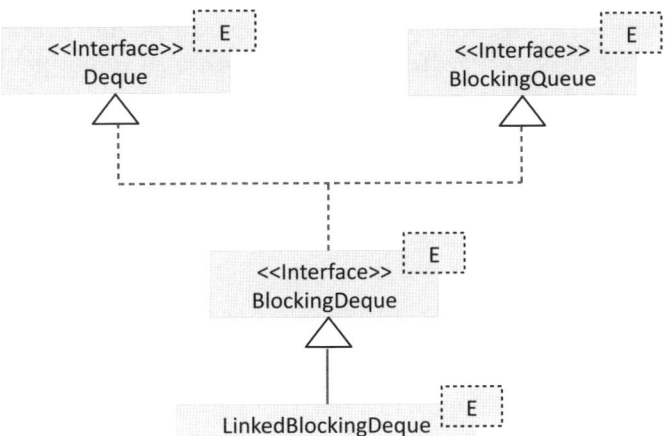

**Abbildung 10-9:** Klassenhierarchie für `BlockingDeque`

Ein wichtiges Anwendungsgebiet für `Deque`-Warteschlangen ist die Implementierung von *Work-Stealing*-Verfahren. Als Beispiel betrachten wir die

Ermittlung der Anzahl von Dateien in einem Verzeichnis inklusive der Unterverzeichnisse. Die Arbeit soll parallel von vier Tasks übernommen werden (vgl. Abb. 10-10). Statt einer rekursiven Variante verwenden wir eine stackbasierte, wobei jeder Task eine eigene `Deque` als Stack benutzt.

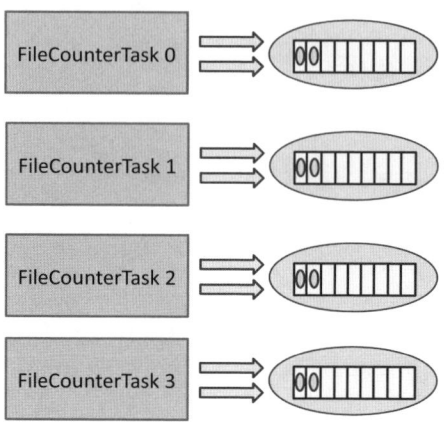

**Abbildung 10-10:** Zählen von Dateien mit vier parallelen Tasks

Bei dem Verfahren wird der Inhalt eines Verzeichnisses ausgelesen, die Anzahl der Datei gezählt und gefundene Unterverzeichnisse auf den Stack abgelegt (Codebeispiel 10.7). Ein Task verwaltet seine zu untersuchenden `File`-Objekte in einer `BlockingDeque`. Solange Elemente vorhanden sind, liest er das entsprechende Verzeichnis aus. Hat er ein Unterverzeichnis gefunden, legt er ein entsprechendes `File`-Objekt auf seinen Stack (❶). Ist das Verzeichnis abgearbeitet, prüft er, ob noch weitere zu untersuchen sind (❷).

```
file = this.workDeque[this.nr].pollFirst();
...
// Prüfe, ob in der dem Task zugeordneten Queue
// ein Element vorhanden ist
while (file != null)
{
  File[] files = file.listFiles();
  for (File f : files)
  {
    if (f.isDirectory())
      this.workDeque[this.nr].offerFirst(f);           ❶
    else
      count++;
  }
  file = this.workDeque[this.nr].pollFirst();           ❷
}
```

**Codebeispiel 10.7:** Verwaltung der Verzeichnisse auf einem Stack

Die Idee des *Work-Stealing* ist, dass ein Task, wenn er keine Elemente mehr auf seinem Stack hat, bei anderen nachschaut, ob diese noch Aufgaben zu bearbeiten haben. Falls ja, holt er sich eines, meist vom Ende der Queue, und bearbeitet es.

Codebeispiel 10.8 zeigt dieses Verfahren. Wenn sein eigener Stack leer ist (`file == null`), durchläuft der Task der Reihe nach die Stacks der anderen (❶) und prüft, ob dort noch `File`-Objekte auf die Bearbeitung warten (❷). Falls ja, holt er sich eines und bearbeitet es (❸). Wenn er Unterverzeichnisse findet, legt er die korrespondierenden `File`-Objekte dann wieder auf seinen eigenen Stack.

```
// Suche "Victim-Queue", Strategie Round-Robin
for (int i = 1; i < len; i++)                                  ❶
{
    int victimQueue = (this.nr + i) % len;
    if (this.workDeque[victimQueue].isEmpty() == false)        ❷
    {
        // Hole Item aus der Victim-Queue
        file = this.workDeque[victimQueue].pollLast();         ❸
        if(file != null)
            break;
    }
}
```

**Codebeispiel 10.8:** Work-Stealing

Der Code ist noch unvollständig bzw. noch nicht korrekt. Ein Problem ist das sichere koordinierte Beenden des Zählvorgangs. Die Tasks dürfen erst dann beendet werden, wenn keiner mehr aktiv ist. Die Bedingung, dass alle Stacks leer sind, reicht nicht, da ja ein Task gerade noch einen Auftrag bearbeiten könnte und dieser dann wieder viele neue Aufgaben produziert.

Zum koordinierten Beenden der Tasks kann ein *Terminierungsmonitor* benutzt werden, der im Wesentlichen einer Zählvariablen entspricht. Codebeispiel 10.9 zeigt eine Implementierung mit einem `AtomicInteger`-Objekt.

```
class TerminationMonitor
{
    private final AtomicInteger count;

    TerminationMonitor()
    {
        this.count = new AtomicInteger(0);
    }

    void setActive(boolean active)
    {
        if (active)
            count.getAndIncrement();
```

```
         else
            count.getAndDecrement();
      }

   boolean isTerminated()
   {
      return count.get() == 0;
   }
}
```

**Codebeispiel 10.9:** Zähler zum koordinierten Beenden der Tasks

Codebeispiel 10.10 zeigt die komplette Implementierung. Zu Beginn der `call`-Methode bzw. nach der Abarbeitung seines eigenen Stacks signalisiert jeder Task seinen Zustand (❶,❷). Bei Bedarf sucht er bei den anderen nach Aufgaben. Hat er eine gefunden und sie an sich genommen, ist er wieder aktiv (❸) und verarbeitet sie. Erst wenn kein Task mehr aktiv ist, beenden sich alle (❹).

```
public class FileCountTask implements Callable<Integer>
{
   private static final FileFilter fileFilter = new FileFilter()
   {
      public boolean accept(File f)
      {
         return f.isDirectory() || f.isFile();
      }
   };

   private final int nr;
   private final BlockingDeque<File>[] workDeque;
   private final TerminationMonitor barrier;

   private FileCountTask(int nr,
                         BlockingDeque<File>[] workQueues,
                         TerminationMonitor barrier)
   {
      this.nr = nr;
      this.workDeque = workQueues;
      this.barrier = barrier;
   }

   @Override
   public Integer call() throws Exception
   {
      int len = this.workDeque.length;
      int count = 0;
      File file = null;

      this.barrier.setActive(true);                              ❶
```

```java
      // Hole Elemente aus der dem Thread zugeordneten Queue
      file = this.workDeque[this.nr].pollFirst();
      while (true)
      {
        // Prüfe, ob in der dem Task zugeordneten Queue
        // Elemente vorhanden sind
        while (file != null)
        {
          File[] files = file.listFiles(fileFilter);
          for (File f : files)
          {
            if (f.isDirectory())
            {
              this.workDeque[this.nr].offerFirst(f);
            }
            else
            {
              count++;
            }
          }
          file = this.workDeque[this.nr].pollFirst();
        }
        // Queue ist jetzt leer
        this.barrier.setActive(false);                           ❷
        // Work-Stealing-Procedure
        while (file == null)
        {
          // Wenn es nur einen Task gibt, ist Work-Stealing sinnlos
          if (len == 1) break;

          // Suche "Victim-Queue", Strategie Round-Robin
          for (int i = 1; i < len; i++)
          {
            int victimQueue = (this.nr + i) % len;
            this.barrier.setActive(true);                        ❸
            // Hole Element aus der Victim-Queue
            file = this.workDeque[victimQueue].pollLast();
            if (file != null)
            {
              break;                    // Element war vorhanden
            }
            this.barrier.setActive(false);
          }
          // Alle Elemente sind abgearbeitet
          if (this.barrier.isTerminated())                       ❹
          {
            return count;
          }
        }
      }
    }
  }
}
```

**Codebeispiel 10.10:** Stackbasierter Task zur Ermittlung der Dateianzahl

Man beachte, dass bei dieser Implementierung ein nach Arbeit suchender Task ständig die anderen Queues abfragt. Eine Alternative wäre die Verwendung von `pollLast` mit Timeout.

Codebeispiel 10.11 zeigt die Verwendung von `FileCountTask`-Objekten.

```
// Anzahl der parallelen Tasks
final int WORKER = 4;

// Startverzeichnis
final File root = new File(".....");


TerminationMonitor barrier = new TerminationMonitor();

// Erzeugen der Queues für die Worker
@SuppressWarnings("unchecked")
BlockingDeque<File>[] queues = new LinkedBlockingDeque[WORKER];
for (int i = 0; i < WORKER; i++)
{
  queues[i] = new LinkedBlockingDeque<>();
}
// Gebe Startverzeichnis dem ersten Worker
queues[0].offerFirst(root);

// Starten der Worker
List<FileCountTask> worker = new ArrayList<>();
for (int i = 0; i < WORKER; i++)
{
  worker.add(new FileCountTask(i, queues, barrier));
}
ExecutorService threadpool = Executors.newFixedThreadPool(WORKER);
List<Future<Integer>> futures = threadpool.invokeAll(worker);

// Sammeln der Ergebnisse
int count = 0;
for (Future<Integer> f : futures)
{
  count += f.get();
}
System.out.println("Anzahl der Dateien : " + count);

threadpool.shutdown();
```

**Codebeispiel 10.11:** Starten des Zählvorgangs

Neben der Implementierung von *Work-Stealing*-Verfahren kann eine `Deque` auch z. B. für die Implementierung von *Undo-Redo*-Mechanismen, Browser-Histories oder Palindromprüfungen eingesetzt werden.

**Hinweis**

Die hier vorgestellten Varianten sind denen von *Messaging-Systemen* sehr ähnlich, deren Einsatzgebiete sowohl komplexe Systemlandschaften als auch die Integration verschiedener Anwendungen umfassen (vgl. [24]).

# 10.5   Zusammenfassung

Mit einem `Exchanger`-Objekt können zwei Threads synchron Daten austauschen. Für allgemeine Erzeuger-Verbraucher-Anwendungen mit asynchroner Kommunikation stehen verschiedene Queue-Klassen zur Verfügung. Das Blockieren und die beschränkte Kapazität garantieren, dass die Queue-Länge nicht unendlich wächst. Dadurch wird auch der Erzeuger ggf. gebremst. Auf eine Queue dürfen mehrere Threads sowohl lesend als auch schreibend zugreifen. Dadurch ist das Erzeuger-Verbraucher-Muster sehr flexibel einsetz- und skalierbar.

# 11 CountDownLatch und CyclicBarrier

Im Alltag kommt es oft vor, dass Teilnehmer aufeinander warten müssen, bevor sie mit der nächsten Aktion weitermachen können. Eine Reisegruppe muss z.B. auf einen Museumsführer warten, bevor sie Einlass in die Ausstellung erhält. Im Allgemeinen handelt es sich hier um einen sogenannten *Rendezvous-Punkt*, an dem sich die Teilnehmer treffen, bevor weitere Aktivitäten durchgeführt werden.

Analog kommt es auch bei der nebenläufigen Programmierung vor, dass Threads auf ein bestimmtes Ereignis warten müssen (bis z.B. bestimmte Initialisierungen beendet sind), bevor sie mit ihrer Arbeit weitermachen können. Java bietet für solche Synchronisationsaufgaben drei verschiedene Hilfsklassen an: CountDownLatch, CyclicBarrier und Phaser. In diesem Kapitel besprechen wir CountDownLatch und CyclicBarrier und im nächsten den Phaser.

## 11.1 CountDownLatch

Ein CountDownLatch-Objekt realisiert eine einfache Schranke, an der beliebig viele Threads warten können. Bei der Erzeugung wird ihm ein Startwert für einen internen Zähler mitgegeben, der mit der countDown-Methode erniedrigt werden kann. Sobald der Wert null erreicht wird, öffnet sich die Schranke und alle daran wartenden Threads können weiter laufen.

Möchte ein Thread an der Schranke auf das Startsignal warten, so ruft er an dem CountDownLatch dessen await-Methode auf. Ein CountDownLatch entspricht somit im übertragenen Sinn einer Startlinie, wie man sie von verschiedenen Rennen kennt. Das Setzen des Zählers auf null entspricht dem Startschuss für die Wartenden. Danach können auch verspätet ankommende Threads die Linie ohne Verzögerung passieren (vgl. Abb. 11-1).

In Tabelle 11-1 sind die Methoden eines CountDownLatch-Objckts aufgelistet. Man beachte, dass die beiden await-Methoden unterbrechbar sind, d.h. eine InterruptedException werfen können. Ein CountDownLatch führt kein Buch über die Anzahl der an ihm wartenden Threads. Man bezeichnet await als *wait-only-* und countDown als *signal-only*-Methode.

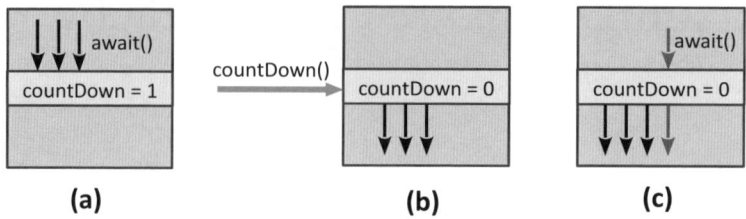

**(a)**                    **(b)**                    **(c)**

**Abbildung 11-1:** Wirkung von `CountDownLatch`

| Methode | Beschreibung |
|---|---|
| `void await()` | Hält den aufrufenden Thread an, solange der interne Zähler größer null ist und der Thread nicht unterbrochen wurde (`interrupted`). |
| `boolean await(` `long timeout,` `TimeUnit unit)` | Wie `await()` aber mit einem Timeout. Ist die übergebene Zeitspanne verstrichen, wird der Programmfluss fortgesetzt und die Methode liefert `false` zurück, ansonsten wird `true` zurückgegeben. |
| `void countDown()` | Zählt den internen Zähler um eins herunter. |
| `long getCount()` | Liefert den Stand des internen Zählers. |

**Tabelle 11-1:** Einige Methoden der `CountDownLatch`-Klasse

## Hinweis

Ein `CountDownLatch` kann nur einmal verwendet werden. Der interne Zählerstand kann nicht wieder hochgezählt bzw. zurückgesetzt werden.

Der Aufruf von `countDown` blockiert den Aufrufer nicht. Ein `CountDownLatch` ist in diesem Sinne »vorrückbar« (*advanceable*).

Eine typische Anwendung für diesen Mechanismus ist das gleichzeitige Loslaufen mehrerer Threads. Im Codebeispiel 11.1 wird ein Laufwettkampf simuliert. Ein `CountDownLatch` übernimmt hier die Rolle der Startlinie. Die jeweiligen Läufer werden durch Objekte der Klasse `Athlet` repräsentiert (❶). Sie erhalten über den Konstruktor den Zugriff auf ein `CountDownLatch`-Objekt, dessen `await` zu Beginn der `run`-Methode von jedem Thread aufgerufen wird (❷).

```java
public class CountDownDemo1
{
  static class Athlet implements Runnable                         ❶
  {
    private String name;
    private CountDownLatch latch;

    public Athlet(String name, CountDownLatch latch)
    {
      this.name  = name;
      this.latch = latch;
    }

    @Override
    public void run()
    {
      System.out.println(name + " ist bereit ....");
      try
      {
        // Warte auf das Startsignal
        latch.await();                                            ❷
        TimeUnit.MILLISECONDS.sleep(
                ThreadLocalRandom.current().nextInt(1000));
        System.out.println(name + " ist am Ziel ");
      }
      catch (InterruptedException ex)
      {
        System.out.println("Wettkampf abgebrochen!");
      }
    }
  }

  public static void main(String[] args) throws InterruptedException
  {
    ExecutorService executor = Executors.newFixedThreadPool(3);

    CountDownLatch startlinie = new CountDownLatch(1);            ❸
    Athlet a1 = new Athlet("Carl Lewis", startlinie);
    Athlet a2 = new Athlet("Maurice Greene", startlinie);
    Athlet a3 = new Athlet("Usain Bolt", startlinie);

    executor.execute(a1);
    executor.execute(a2);
    executor.execute(a3);

    TimeUnit.MILLISECONDS.sleep(500);
    System.out.println("Los!");
    startlinie.countDown();                                      ❹

    executor.shutdown();
  }
}
```

**Codebeispiel 11.1:** CountDownLatch mit dem Startsignal vom `main`-Thread

Der Startschuss kommt im Codebeispiel 11.1 nach der festgelegten Wartezeit vom `main`-Thread (❹). Kommt einer der Teilnehmer verspätet an, wird darauf keine Rücksicht genommen. Möchte man sicherstellen, dass alle Läufer (Threads) erst bei Vollzähligkeit loslaufen, kann man den `CountDownLatch` (❸) mit der Anzahl der zu synchronisierenden Threads initialisieren:

```
CountDownLatch startlinie = new CountDownLatch(3);
```

Jeder Thread erniedrigt dann den Zähler, bevor er an die Startlinie kommt.

```
latch.countDown();
latch.await();
```

Der zuletzt ankommende setzt den Zähler dadurch auf null und alle laufen los.

Wird ein an einem `CountDownLatch` wartender Thread durch `interrupt` unterbrochen, so hat das keinerlei Auswirkungen auf die Schranke bzw. auf die anderen daran wartenden Threads. Der `CountDownLatch` kann ohne Einschränkung weiter benutzt werden, da er keinerlei Information über die an ihm wartenden Threads hat. Die im nächsten Abschnitt besprochene `CyclicBarrier` reagiert in einem solchen Fall völlig anders.

## 11.2   CyclicBarrier

Eine `CyclicBarrier` ist ein weiteres Synchronisationsmittel, das dem `CountDownLatch` in mancher Hinsicht ähnlich ist. Eine `CyclicBarrier` entspricht ebenfalls einer Synchronisationsschranke (Barriere), wobei hier eine im Vorfeld festgelegte Anzahl von Threads ankommen muss, damit sich die Schranke öffnet. Bevor alle loslaufen, kann optional noch eine `Runnable`-Aktion ausgeführt werden. Die Barriere ist im Unterschied von `CountDownLatch` zyklisch, weil sie mehrmals verwendet werden kann.

Die Klasse `CyclicBarrier` besitzt zwei Konstruktoren, wobei jeweils die Anzahl der zu koordinierenden Threads festgelegt wird:

- `CyclicBarrier(int parties)`: Erzeugt eine `CyclicBarrier`, die `parties` Threads synchronisieren kann.
- `CyclicBarrier(int parties, Runnable barrierAction)`: Erzeugt eine `CyclicBarrier`, die `parties` Threads synchronisieren kann. Beim »Schalten« der Barriere wird vor dem Loslaufen der Threads das Runnable `barrierAction` ausgeführt.

Mit dem `await`-Aufruf kann sich ein Thread an der Barriere registrieren. Er kann dann erst weiterlaufen, wenn die vorher festgelegte Anzahl von Teilnehmern (Anzahl der Aufrufe von `await`) erreicht wurde. Die `await`-Methode ist eine sogenannte *signal-wait*-Methode. Sie signalisiert die Ankunft an einer Barriere und wartet anschließend auf die Freischaltung. Aus diesem Grund ist eine `CyclicBarrier` nicht vorrückbar (*not advanceable*).

Abbildung 11-2 und Abbildung 11-3 zeigen das zyklische Vorgehen schematisch.

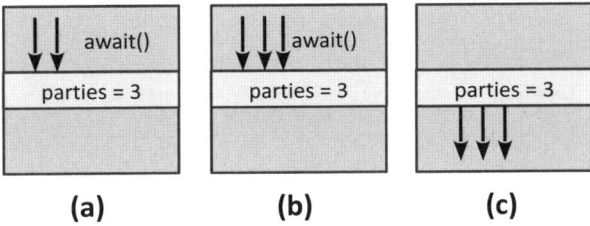

**Abbildung 11-2:** Koordination von drei Threads mit einer `CyclicBarrier`

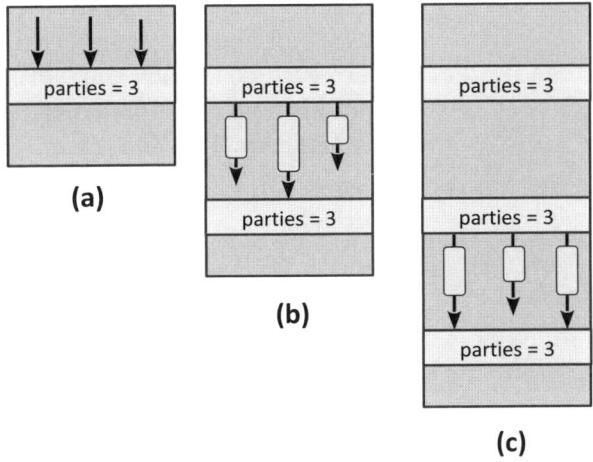

**Abbildung 11-3:** Zeitlicher Ablauf an einer `CyclicBarrier`

Tabelle 11-2 gibt einen Überblick über die Methoden der Klasse. Der Umgang mit Fehlern ist bei der `CyclicBarriere` komplizierter als bei dem `CountDownLatch`, da sie an eine feste Anzahl von Threads gebunden ist und ein `await`-Aufruf ihren internen Wartezähler ändert. Die Barriere kann auf vielfältige Art gebrochen werden:

■ Wenn auf einem wartenden Thread `interrupted` aufgerufen wird, führt das zum Bruch der Barriere. Alle anderen wartenden erhalten dadurch eine `BrokenBarrierException` und verlassen den *wait*-Zustand.

- Wird `reset` auf der Barriere aufgerufen, erhalten ebenfalls alle wartenden Threads eine `BrokenBarrierException`.
- Wenn einer der wartenden Threads eine `TimeoutException` erhält, weil er `await(long timeout, TimeUnit unit)` aufgerufen hat, führt das zu einem Bruch der Barriere.

Es empfiehlt sich, gebrochene Barrieren nicht weiter zu verwenden, sondern mit einer neu erzeugten und initialisierten den Ablauf fortzusetzen.

| Methode | Beschreibung |
|---------|--------------|
| `int await()` | Der Thread wartet, bis alle `parties` an der Barriere angekommen sind. Als Rückgabe erhält man die Anzahl der noch zu erwartenden Threads. |
| `int await(long timeout, TimeUnit unit)` | Wie `await()` aber mit einem Timeout. Ist die Zeitspanne verstrichen, wird eine `TimeoutException` geworfen und die Barriere wird gebrochen. Im Normalfall erhält man als Rückgabe die Anzahl der noch zu erwartenden Threads. |
| `int getParties()` | Liefert die Anzahl der notwendigen Threads. |
| `int getNumberWaiting()` | Liefert die Anzahl der aktuell wartenden Threads. |
| `boolean isBroken()` | Gibt an, ob die Barriere gebrochen wurde. |
| `void reset()` | Setzt die Barriere auf den Initialzustand zurück. Eventuell wartende Threads werden durch eine `BrokenBarrierException` unterbrochen. |

**Tabelle 11-2:** Einige Methoden einer `CyclicBarrier`

Eine `CyclicBarrier` kann dann bevorzugt eingesetzt werden, wenn sich eine Aufgabe in mehrere nebenläufig ausführbare Schritte unterteilen lässt. Sobald alle Teilprobleme gelöst sind, können z. B. deren Ergebnisse in einer angegebenen `Runnable`-Aktion zu einer Gesamtlösung zusammengeführt werden.

Das Codebeispiel 11.2 zeigt die Verwendung einer `CyclicBarrier`. Hier liefern sich die drei Athleten einen Wettkampf, der aus drei aufein-

anderfolgenden Rennen besteht. Der Eintritt in jede Runde erfolgt synchronisiert (❶) an einer `CyclicBarrier`. Sie wird für 3 Threads (`taskCount`)
konfiguriert (❷). Zusätzlich wird ihr noch ein `Runnable`-Objekt zugewiesen (❸), das ausgeführt wird, wenn alle drei ankommen. Danach wird die
Barriere für den nächsten Lauf freigeschaltet (vgl. Abb. 11-4).

```java
public class CyclicBarrierDemo
{
  static class Athlet implements Runnable
  {
    private final String name;
    private final CyclicBarrier barrier;

    public Athlet(String name, CyclicBarrier barrier)
    {
      this.name    = name;
      this.barrier = barrier;
    }

    @Override
    public void run()
    {
      System.out.println(name + " ist bereit ....");
      try
      {
        int time = 0;
        for(int i=0; i < ROUND; i++)
        {
          // Warte auf Mitläufer für eine neue Runde
          barrier.await();                                           ❶
          int lauf = ThreadLocalRandom.current().nextInt(1000);
          TimeUnit.MILLISECONDS.sleep( lauf );
          time += lauf;
        }

        // Warte auf das Ende des Wettkampfs
        barrier.await();
        System.out.println(name + " ist am Ziel : "
                                 + time + " Gesamtzeit");
      }
      catch (InterruptedException | BrokenBarrierException ex)
      {
        System.out.println("Wettkampf abgebrochen!");
      }
    }
  }

  private static final int ROUND = 3;

  public static void main(String[] args)
  {
    final int taskCount = 3;
```

```
   ExecutorService executor = Executors.newFixedThreadPool(taskCount);

   CyclicBarrier barrier = new CyclicBarrier(taskCount,            ❷
       new Runnable()                                              ❸
       {
           private int count = 1;

           @Override
           public void run()
           {
             if( count <= ROUND )
             {
               System.out.println(
                     "==> Starte in die Runde " + count++);
             }
           }
       });

   Athlet a1 = new Athlet("Carl Lewis", barrier);
   Athlet a2 = new Athlet("Maurice Greene", barrier);
   Athlet a3 = new Athlet("Usain Bolt", barrier);
   executor.execute(a1);
   executor.execute(a2);
   executor.execute(a3);

   executor.shutdown();
  }
}
```

**Codebeispiel 11.2:** Anwendung einer `CyclicBarrier`

## Hinweis

Eine gebrochene Barriere kann theoretisch weiterverwendet werden, indem
die `reset`-Methode aufgerufen wird. Häufig ist es aber sehr umständlich,
alle Threads wieder korrekt zu synchronisieren, insbesondere, wenn zum
Zeitpunkt des `reset`-Aufrufs noch nicht alle angekommen sind. Wird eine
Barriere gebrochen, sollte man sie folglich nicht weiterverwenden, sondern
besser eine neu erzeugte einsetzen.

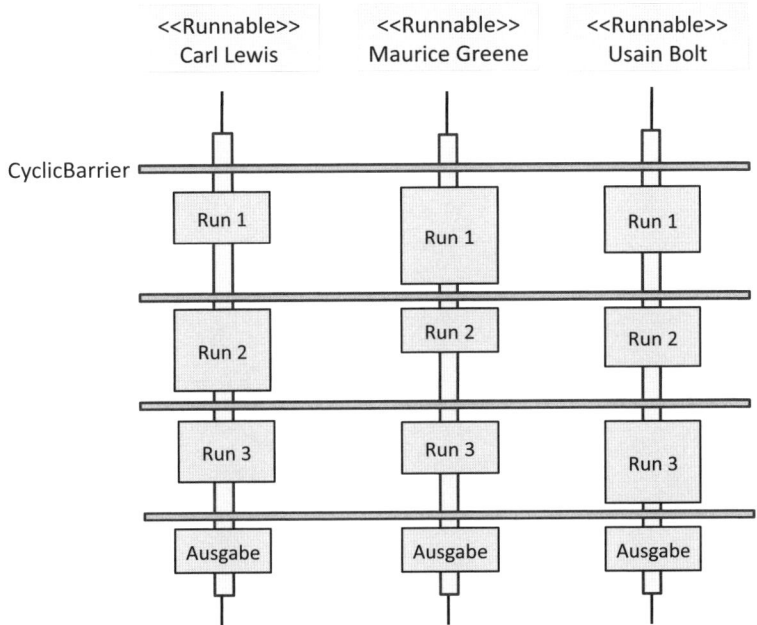

**Abbildung 11-4:** Ein Wettkampf mit drei Runden, koordiniert durch eine `CyclicBarrier`

## 11.3 Zusammenfassung

Mit den Klassen `CountDownLatch` und `CyclicBarrier` können mehrere Threads synchronisiert koordiniert werden.

Um ein einfaches Start- oder Stoppsignal für eine unbestimmte Anzahl von Threads zu realisieren, kann die Klasse `CountDownLatch` verwendet werden. Durch das Herunterzählen eines internen Zählers kann man die wartenden Threads koordiniert weiterlaufen lassen. Das Herunterzählen kann von »außen«, z. B. vom `main`-Thread, erfolgen oder durch die Threads selbst.

Wartet man auf eine bestimmte Anzahl von Threads und muss insbesondere die auszuführende Arbeit periodisch wiederholt werden, so ist der Einsatz von `CyclicBarrier` passender. Eine `CyclicBarrier` schaltet dann, wenn eine vorher festgelegte Anzahl von Beteiligten an ihr warten. Ihr kann zusätzlich ein `Runnable`-Objekt zugeordnet werden, das vor jeder Öffnung ausgeführt wird.

# 12 Phaser

Die Klasse `Phaser` wurde mit dem JDK 7 eingeführt und beseitigt die Beschränkungen von `CountDownLatch` (kann nur einmal verwendet werden) und `CyclicBarrier` (Anzahl der zu koordinierenden Threads muss bei der Erzeugung der Barriere bekannt sein). Des Weiteren arbeitet der `Phaser` sehr eng mit dem CommonPool zusammen.

## 12.1  Das Konzept des Phasers

Der `Phaser` besitzt sowohl die Eigenschaft eines `CountDownLatch` als auch die einer `CyclicBarrier`, was ihn auf den ersten Blick sehr komplex wirken lässt. Der `Phaser` stellt zum einen, wie `CountDownLatch`, *signal-only*- und *wait-only*-Methoden und zum anderen, wie `CyclicBarrier`, *signal-wait*-Methoden zur Verfügung.  Weiter gibt es die *wait-only*-Methoden in unterbrechbaren und nicht unterbrechbaren Varianten.

Neben der Anzahl `parties` der zu verwaltenden Threads besitzt der `Phaser` noch eine zweite interne Variable, in der die *Phase* (Anzahl der Schaltvorgänge) verwaltet wird (vgl. Abb. 12-1).

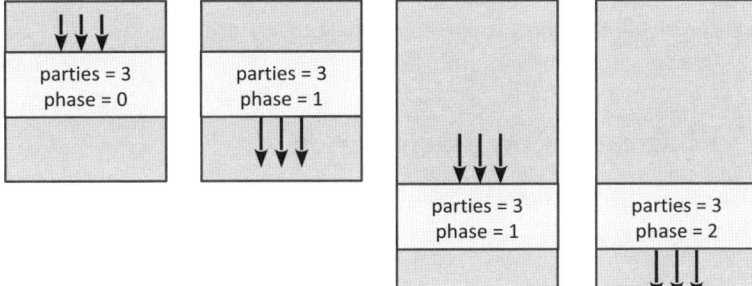

**Abbildung 12-1:** Schaltet ein `Phaser`, so wechselt er in die nächste Phase, wobei die Phasen durchgezählt werden.

Die `Phaser`-Klasse besitzt mehrere Konstruktoren. Für die Erzeugung einfacher `Phaser` gibt es folgende Konstruktoren:

- `public Phaser()`: Erzeugt ein neues `Phaser`-Objekt mit dem *Schwell-wert* 0, d.h., es werden keine Threads erwartet.
- `public Phaser(int parties)`: Erzeugt ein neues `Phaser`-Objekt mit `parties` Registrierungen, d.h., `parties` Threads können koordiniert werden.

Neben diesen Konstruktoren gibt es noch weitere, mit denen `Phaser`-Hierarchien aufgebaut werden können:

- `public Phaser(Phaser parent)`
- `public Phaser(Phaser parent, int parties)`

Hierarchische `Phaser` kommen dann zum Einsatz, wenn sehr viele Threads gesteuert werden müssen. Je mehr Threads von einer Barriere synchronisiert werden, desto aufwendiger ist die interne Verwaltung. So sollen z.B. beim Schalten der Barriere alle wartenden Threads nahezu gleichzeitig loslaufen. Je mehr Threads aber zu benachrichtigen sind, desto größer ist das Zeitintervall, bis alle wieder in Gang kommen. Um dem entgegenzuwirken, können `Phaser` auch hierarchisch angeordnet werden. Hier werden die Threads verschiedenen `Phaser` zugeordnet, wobei sich die beteiligten `Phaser` koordinieren müssen (vgl. Abb. 12-2).

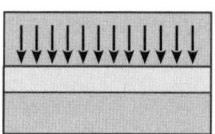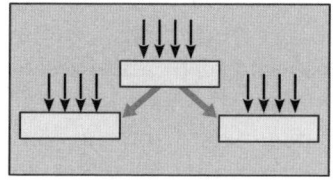

**Abbildung 12-2:** Müssen viele Threads synchronisiert werden, so kann ein `Phaser` (links) auch durch eine Hierarchie von `Phaser` ersetzt werden (rechts).

### 12.1.1   Phaser als CountDownLatch

Ein `Phaser` kann als wiederverwendbarer `CountDownLatch` benutzt werden. Er bietet hierfür die folgenden Methoden an:

- `int arrive()`: Signalisiert, dass ein Thread ankommt. Die Methode liefert die zugehörige Phasennummer zurück. Sie ist eine *signal-only*-Methode.
- `int awaitAdvance(int phase)`: Wartet auf das Ende der Phase `phase` und liefert die Nummer der als nächstes zu erreichenden Phase zurück oder einen negativen Wert, falls der `Phaser` terminiert ist. Diese Methode ist eine *wait-only*-Methode, d. h., sie ändert den internen

Zustand des `Phaser` nicht und kann von beliebig vielen Threads aufgerufen werden. Sie kehrt sofort zurück, wenn sich der `Phaser` nicht in der angegebenen `phase` befindet.

Für die `awaitAdvance`-Methode gibt es noch die beiden überladenen Versionen:

- `int awaitAdvanceInterruptibly(int phase)`
- `int awaitAdvanceInterruptibly(int phase, long timeout, TimeUnit unit)`

die eine `InterruptedException` bzw. eine `TimeoutException` werfen können. Der Auslösen einer dieser Exceptions beeinflusst den `Phaser` nicht, da es sich um eine *wait-only*-Methode handelt.

Alternativ zu Codebeispiel 11.1 kann man anstatt eines `CountDownLatch` einen `Phaser` verwenden.

```
Phaser startlinie = new Phaser(1);
```

Nach der Erzeugung befindet sich der `Phaser` in der Phase 0 und die drei gestarteten Threads warten auf deren Ende.

```
phaser.awaitAdvance(0);
```

Nach einer Zeitspanne ruft der `main`-Thread `arrive` auf, was die Phase 0 beendet.

Hierbei entspricht `arrive` der `countDown`-Methode und `awaitAdvance(0)` der `await`-Methode des `CountDownLatch`. Es ist kein weiteres explizites Exception-Handling notwendig, da `awaitAdvance` keine `InterruptedException` wirft.

Wird der `Phaser` mit der Anzahl der zu koordinierenden Threads initialisiert:

```
Phaser startlinie = new Phaser(3);
```

dann können die Tasks mit

```
phaser.arrive();
phaser.awaitAdvance(0);
```

das Ende der Phase 0 selbst einleiten. Die beiden Methodenaufrufe

```
phaser.arrive();
phaser.awaitAdvance(0);
```

können durch `arriveAndAwaitAdvance()` ersetzt werden.

Der `Phaser` kann nun als Latch weiterverwendet werden, indem einfach das nächste Phasenende als neuer Synchronisationspunkt benutzt wird. Codebeispiel 12.1 zeigt eine Simulation von fünf aufeinanderfolgenden Rennen. Der `Phaser` ist wieder für die Synchronisation der Threads verantwortlich und jeder Thread ruft auch hier wieder die `arrive`-Methode auf (❶).

```
class Athlet implements Runnable
{
  private static final int ROUND = 5;
  private final String name;
  private final Phaser phaser;

  public Athlet(String name, Phaser phaser)
  {
    this.name = name;
    this.phaser = phaser;
  }

  @Override
  public void run()
  {
    System.out.println(name + " ist bereit ....");

    int phase = 0;
    while( phase < ROUND)
    {
      phaser.arrive();                              ❶
      phase = phaser.awaitAdvance(phase);           ❷

      System.out.println(name + " startet ....");
      randomDelay(1000);
      System.out.println(name + " ist am Ziel ");
    }
  }

  private void randomDelay(int ms)
  {
    // ...
  }
}
```

**Codebeispiel 12.1:** `Phaser` als wiederverwendbarer `CountDownLatch`

Die Methode `awaitAdvance(phase)` liefert die nächste Phasennummer zurück, sodass `phase = phaser.awaitAdvance(phase)` einem Mitzählen der Phasennummer entspricht (❷).

## 12.1.2   Phaser als CyclicBarrier

Möchte man den `Phaser` als eine `CyclicBarier` einsetzen, so kann man hierfür auf die *signal-wait*-Methode `arriveAndAwaitAdvance` zurückgreifen.

Der folgende Code zeigt, wie ein `Phaser` als `CyclicBarrier` benutzt werden kann. Es wird zuerst ein `Phaser` erzeugt und dessen `onAdvance`-Methode überschrieben:

```
Phaser phaser = new Phaser(3){
    @Override
    protected boolean onAdvance(int phase, int parties)
    {
      if( phase > 5 )
        return true;
      else
        return false;
    }
  };
```

Die `onAdvance`-Methode wird bei jedem Schalten des `Phaser` aufgerufen, analog zum `Runnable` bei der `CyclicBarrier`. Sie erhält als Parameter die Phasennummer und die Anzahl der zu verwaltenden Threads. Der `Phaser` ist so lange verwendbar, solange die Methode `false` zurückliefert. Liefert sie `true`, wird er terminiert. In unserem Fall wird er also nach der sechsten Runde beendet.

Die jeweiligen Tasks laufen, solange der `Phaser` nicht terminiert hat (❷). Bei jedem Schleifenbeginn warten die Threads aufeinander (❶). Haben alle diesen Synchronisationspunkt erreicht, fahren sie mit ihrer Arbeit fort.

```
@Override
public void run()
{
  while (true)
  {
    this.phaser.arriveAndAwaitAdvance();                    ❶
    if( phaser.isTerminated() )                             ❷
      break;
    System.out.println(this.name + " startet in Runde "
                       + this.phaser.getPhase());
    randomDelay(1000);
  }
}
```

## 12.2    Phaser als variable Barriere

Bei einem `Phaser` kann nun sowohl bei der Erzeugung als auch im weiteren Verlauf die Anzahl der zu koordinierenden Threads (registrierten Parteien) verändert werden. Der `Phaser` verwaltet einen internen Zustand, der im Wesentlichen aus einer *Phasennummer* und einer zugehörigen Synchronisationsbarriere besteht, die immer dann geschaltet wird, wenn eine bestimmte Anzahl von zu koordinierenden Teilnehmern (*registered parties*) an ihr wartet.

Innerhalb einer Phase können verschiedene Zählvariablen abgefragt werden:

- `public int getRegisteredParties()`: Liefert die Anzahl der zu koordinierenden Threads.
- `public int getArrivedParties()`: Liefert die Anzahl der bereits eingetroffenen Threads.
- `public int getUnarrivedParties()`: Liefert die Anzahl der noch ausstehenden Threads.

Dabei ist die Summe der eingetroffenen und der noch zu erwartenden Threads gleich der Anzahl der zu koordinierenden Threads.

Wird der `Phaser` als variable Barriere eingesetzt, so kommen insbesondere folgende Methoden zum Einsatz:

- `int arriveAndAwaitAdvance()`: Der aufrufende Thread wartet auf das Ende der Phase, wobei er den internen Zähler der Barriere um eins erhöht. Wird der Schwellwert (*registered parties*) erreicht, können die wartenden Threads weiterlaufen und die nächste Phase beginnt. Der Zähler wird auf null zurückgesetzt. Als Rückgabe liefert diese Methode die nächste Phasennummer zurück.
- `int arriveAndDeregister()`: Der aufrufende Thread erhöht den internen Zähler der Barriere um eins und meldet sich am `Phaser` ab, d.h., der Schwellwert wird um eins erniedrigt. Beim Erreichen des Schwellwerts laufen die wartenden Threads weiter und die nächste Phase beginnt. Dabei wird der Zähler zurückgesetzt. Die nächste Phasennummer ist die Rückgabe.
- `int register()`: Registriert einen neuen Teilnehmer an der Barriere, d.h., der interne Schwellwert wird um eins erhöht. Die Methode liefert die aktuelle Phasennummer zurück.
- `int bulkRegister(int parties)`: Registriert `parties` neue Teilnehmer an der Barriere (Erhöhung des Schwellwerts um `parties`). Die Methode liefert die nächste Phasennummer zurück.

**Abbildung 12-3:** Schematische Funktionsweise eines Phasers

Abbildung 12-3 zeigt schematisch die Funktionsweise. Hier wurde ein `Phaser` durch `new Phaser(3)` erzeugt, d.h., der interne Schwellwert wurde auf drei gesetzt. Die Barriere hat einmal geschaltet. Danach wurde der Schwellwert um 2 erhöht. Die drei Threads warten nun auf das Ende der Phase 1 (`arriveAndAwaitAdvance`). Der `Phaser` schaltet erst dann, wenn insgesamt fünf Threads angekommen sind.

## Simulation eines Spiels

Als Beispiel für den flexiblen Einsatz eines `Phaser` betrachten wir die Simulation eines Würfelspiels. An dem Spiel nehmen N Spieler teil. Das Spiel dauert eine fest vorgegebene Anzahl von Spielrunden (RUNDEN), wobei folgende Spielregeln gelten:

1. Jeder Spieler würfelt genau einmal pro Runde. Hierbei addiert jeder Spieler für sich die gewürfelten Augen auf.
2. Würfelt ein Spieler die Eins, scheidet er aus dem Spiel aus.
3. Würfelt ein Spieler die Sechs, muss er zufällig 0, 1 oder 2 Runden aussetzen.
4. Gewonnen hat der Spieler, der nach RUNDEN Runden den höchsten Punktestand erreicht hat.

Bei der Simulation wird jeder Spieler durch einen eigenen Thread repräsentiert, wobei die Koordination über einen `Phaser` erfolgt. Die Spiellogik wird entsprechend in der `run`-Methode implementiert.

Codebeispiel 12.2 zeigt eine Implementierung einer `Spieler`-Klasse. Zu Beginn werden alle Spieler am `Phaser` synchronisiert (❶). Sind alle Spieler angekommen, geht es in die erste Spielrunde. Es wird bei jedem Durchlauf zuerst geprüft, ob das Spiel noch andauert (❷). Falls nicht, wird der aktuelle Punktestand auf die Konsole ausgegeben und die `run`-Methode verlassen. Nach dem Würfeln (❸) wird der Punktestand aktualisiert. Wurde eine Eins gewürfelt, muss der Spieler das Spiel verlassen (❹). Hierzu deregistriert er sich am `Phaser` (`arriveAndDeregister`). Wurde eine Sechs gewürfelt, wird zufällig eine Zahl zwischen 0 und inklusive 2 ausgewählt (❺). Der Spieler muss dann die entsprechende Rundenzahl aussetzen. Wenn das Spiel

während des Aussetzens zu Ende geht, macht der Spieler eine entsprechende Ausgabe auf der Konsole (❻). In allen anderen Fällen wartet der Spieler
auf die anderen. Haben alle eine Runde beendet, geht es in die nächste und
das Prozedere beginnt von vorne (❼).

```java
public class Spieler implements Runnable
{
  private final String name;
  private final Phaser phaser;
  private int punktestand = 0;

  public Spieler(String name, Phaser phaser)
  {
    this.name = name;
    this.phaser = phaser;
  }

  @Override
  public void run()
  {
    phaser.arriveAndAwaitAdvance();                              ❶

    while (true)
    {
      if (phaser.isTerminated())                                ❷
      {
        System.out.println("Spielende: " + name + " hat "
                                  + punktestand + " Punkte");
        return;
      }

      // würfeln
      int wurf = 1 + ThreadLocalRandom.current().nextInt(6);    ❸
      this.punktestand += wurf;

      if (wurf == 1)
      {
        System.out.println("- " + name + " ist ausgeschieden");
        phaser.arriveAndDeregister();                           ❹
        break;
      }
      else if (wurf == 6)
      {
        int wait = ThreadLocalRandom.current().nextInt(3);      ❺
        if( wait > 0 )
          System.out.println(" + " + name + " muss "
                                  + wait + " Runde(n) aussetzen");

        for (int i = 0; i < wait; i++)
        {
          phaser.arriveAndAwaitAdvance();
          if (phaser.isTerminated())                            ❻
          {
            System.out.println("Spielende: " + name + " hat "
```

```
                        + punktestand
                        + " Punkte und hat gerade ausgesetzt");
                return;
            }
          }
        }
        else
        {
          phaser.arriveAndAwaitAdvance();                    ❼
        }
      }
      return;
    }
}
```

**Codebeispiel 12.2:** Die Spieler-Klasse

Die Spielsteuerung ist im Codebeispiel 12.3 gezeigt. Der `main`-Thread erzeugt einen `Phaser`, bei dem die `onAdvance`-Methode überschrieben ist
(❶). In der `onAdvance`-Methode werden Rundeninformationen auf die Konsole ausgegeben. Ist die Runde `RUNDEN` erreicht, wird der `Phaser` terminiert (Rückgabe `true`) (❷). Außerdem werden alle Spieler, bevor sie gestartet werden, auf einmal registriert (❸).

```
public class PhaserGame
{
  public static void main(String[] args)
  {
    final int PLAYER = 10;
    final int RUNDEN = 8;

    ExecutorService threadpool = Executors.newCachedThreadPool();

    Phaser phaser = new Phaser()                            ❶
    {
        @Override
        protected boolean onAdvance(int phase, int parties)
        {
          if( phase == 0 )
          {
            System.out.println("Starte Spiel");
          }
          else
          {
            System.out.println("Nächste Rund mit "
                          + registeredParties + " Spieler");
          }

          return (phase == RUNDEN);                         ❷
        }
    };
```

```
    phaser.bulkRegister(PLAYER);                                     ❸
    for (int i = 0; i < PLAYER; i++)
    {
      threadpool.execute(new Spieler("Spieler " + i, phaser));
    }

    threadpool.shutdown();
  }
}
```

**Codebeispiel 12.3:** Starten des Spiels

## 12.3  Zusammenspiel mit dem ForkJoin-Threadpool

Die Klasse `Phaser` wurde zusammen mit dem ForkJoin-Threadpool einge-führt, der das sogenannte *Work-Stealing* unterstützt und insbesondere vom ForkJoin-Framework benutzt wird (siehe Kapitel 13).

Werden beim Arbeiten mit dem `Phaser` Threads aus einem `ForkJoinPool` benutzt, so wird sichergestellt, dass auch in dem Fall, dass die vorgegebene Thread-Anzahl durch Warten an der Barriere ausge-schöpft ist, das Programm nicht hängen bleibt.

Das Codebeispiel 12.4 veranschaulicht diesen Effekt. In dem Beispiel wird ein `ForkJoinPool` benutzt, der mit drei »Threads« initialisiert ist (❸). Die Tasks sind hier als `Callable` realisiert (❶) und warten, bis alle am `Phaser` angekommen sind (❷). Das Hauptprogramm erzeugt fünf Worker und initialisiert den `Phaser` entsprechend (❹), d. h., es gibt mehr Worker als Threads im Pool. Wartet allerdings ein Worker an einem `Phaser`, kann der korrespondierende Thread vom Pool *recycelt* werden, sodass es nicht zu einer Blockierung kommt. Da die Threads aus dem `ForkJoinPool` die *Daemon*-Eigenschaft haben, muss man in diesem Fall explizit auf das Ende der Worker warten (❺).

```
public class ForkJoinMitPhaser
{
  private static class Worker implements Callable<Void>            ❶
  {
    private final Phaser phaser;

    private Worker(Phaser phaser)
    {
      super();
      this.phaser = phaser;
    }
```

```
    @Override
    public Void call()
    {
        System.out.println("Wait : " + Thread.currentThread() );
        phaser.arrive();                                                    ❷
        phaser.awaitAdvance(0);
        System.out.println("End   : " + Thread.currentThread() );
        return null;
    }
}

public static void main(String[] args) throws Exception
{
    ForkJoinPool threadpool = new ForkJoinPool(3);                          ❸
    int threadNum = 5;                                                      ❹
    Phaser phaser = new Phaser(threadNum);
    List<Worker> worker = new ArrayList<Worker>();

    for(int i=0; i < threadNum; i++ )
    {
        worker.add( new Worker(phaser) );
    }
    List<Future<Void>> futures = threadpool.invokeAll(worker);
    for(Future<Void> future : futures )                                     ❺
    {
        future.get();
    }
}
}
```

**Codebeispiel 12.4:** Der `Phaser` mit ForkJoin-Pool

Tauscht man im Codebeispiel 12.4 z.B. den `Phaser` durch einen `CountDownLatch` aus, bleibt das Beispiel, nachdem der dritte Thread in der `run`-Methode in den Wartezustand gegangen ist, hängen, da im Pool keine weiteren Threads mehr zur Verfügung stehen.

Auch wenn man den `Phaser` beibehält, aber den `ForkJoinPool` durch einen `newFixedThreadPool` mit drei Threads ersetzt, bleibt das Programm nach dem Starten des dritten Threads hängen.

## 12.4   Zusammenfassung

Die `Phaser`-Klasse kann auch als wiederverwendbarer `CountDownLatch` oder als `CyclicBarrier` mit dynamischem Schwellwert benutzt werden. Auf den ersten Blick erscheint die Klasse etwas kompliziert, was leider dazu führt, dass sie nicht oft eingesetzt wird. Der `Phaser` hat aber noch den Vorteil, dass er hervorragend mit dem `ForkJoinPool` harmoniert und zu kürzerem Code führt, da in der Regel auf das Handling der `InterruptedException` verzichtet werden kann.

# Teil IV

## Parallelisierungsframeworks

# 13 Das ForkJoin-Framework

Das ForkJoin-Framework wurde mit Java 7 eingeführt und kann insbesondere für die Parallelisierung von *Divide-and-Conquer*-Algorithmen eingesetzt werden. Es verwendet intern einen Threadpool, der ein *Work-Stealing*-Verfahren implementiert, das dafür sorgt, dass die verfügbaren Rechenressourcen optimal ausgenutzt werden. Das ForkJoin-Framework realisiert das aus der Literatur bekannte *ForkJoin-Pattern* [15, 34, 37, 38].

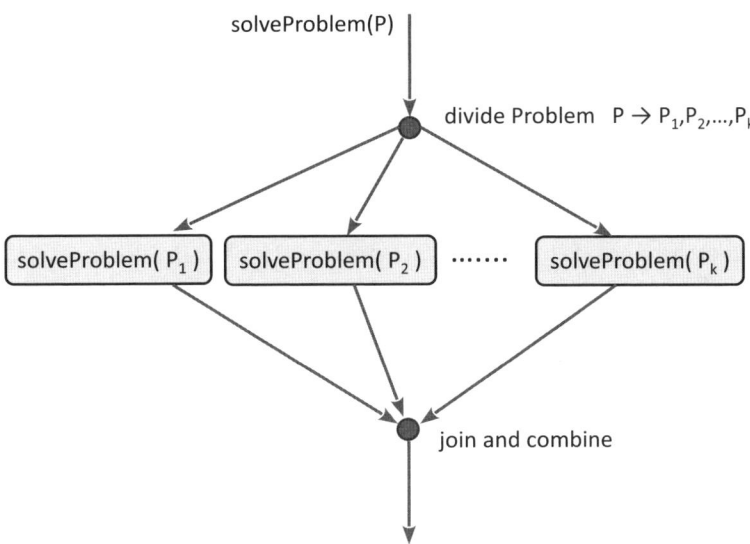

**Abbildung 13-1:** Der Kontrollfluss des ForkJoin-Patterns

## 13.1 Grundprinzip des ForkJoin-Patterns

Beim ForkJoin-Pattern wird der Kontrollfluss an einer dedizierten Stelle in mehrere nebenläufige Flüsse aufgeteilt (*fork*), die an einer späteren Stelle alle wieder vereint (*join*) werden (vgl. Abb. 13-1). Die Vereinigung entspricht einem Synchronisationspunkt. Wenn alle Teilaufgaben erledigt sind, wird das Programm danach fortgesetzt.

Die Stärke bzw. die eigentliche Anwendung des ForkJoin-Patterns tritt bei der Umsetzung rekursiver *Divide-and-Conquer*-Algorithmen zutage. Ein typisches Programm-Muster ist im Algorithmus 1 zu sehen.

---

**Algorithmus 1** Pseudocode für den Einsatz des ForkJoin-Patterns

    **function** SOLVEPROBLEM(Problem $P$)
        **if** $P.size <$ THRESHOLD **then**
            solve P sequentially
        **else**
            divide $P$ in $k$ subproblems $P_1, P_2, \cdots, P_k$
            ▷ *fork to conquer each subproblem in parallel*
            fork solveProblem($P_1$)
            fork solveProblem($P_2$)
            fork $\cdots$
            fork solveProblem($P_k$)
            join
        **end if**
    **end function**

---

Abbildung 13-2 zeigt schematisch die rekursive Verzweigungs- und Vereinigungsstruktur. In der ersten Phase wird das Problem immer wieder zerkleinert (*Divide*-Phase). Ist eine entsprechende Problemgröße erreicht, werden die Teilaufgaben gelöst (*Work*-Phase) und anschließend das Ergebnis zusammengesetzt (*Combine*-Phase).

## 13.2   Programmiermodell

Die zentralen Komponenten des ForkJoin-Frameworks bestehen aus dem `ForkJoinPool`-Threadpool und den von `ForkJoinTask` abgeleiteten abstrakten Klassen `RecursiveAction`, `RecursiveTask` und `CountedCompleter` (vgl. Abb. 13-3). Die Basisklasse für Tasks ohne Rückgabe ist `RecursiveAction`. Soll ein Wert zurückgeliefert werden, müssen die Tasks von der Klasse `RecursiveTask` ableiten. Der bei Java 8 neu hinzugekommene `CountedCompleter` kann benutzt werden, wenn man z. B. das Warten auf das Ende der Sub-Tasks selbst steuern möchte.

Der `ForkJoinPool` wurde bereits in Abschnitt 6.5 kurz vorgestellt. Er besitzt die Konstruktoren `ForkJoinPool()`, `ForkJoinPool(int parallelism)` und einen, bei dem explizit eine `ThreadFactory`, ein `UncaughtExceptionHandler` und der Ausführungsmodus angegeben

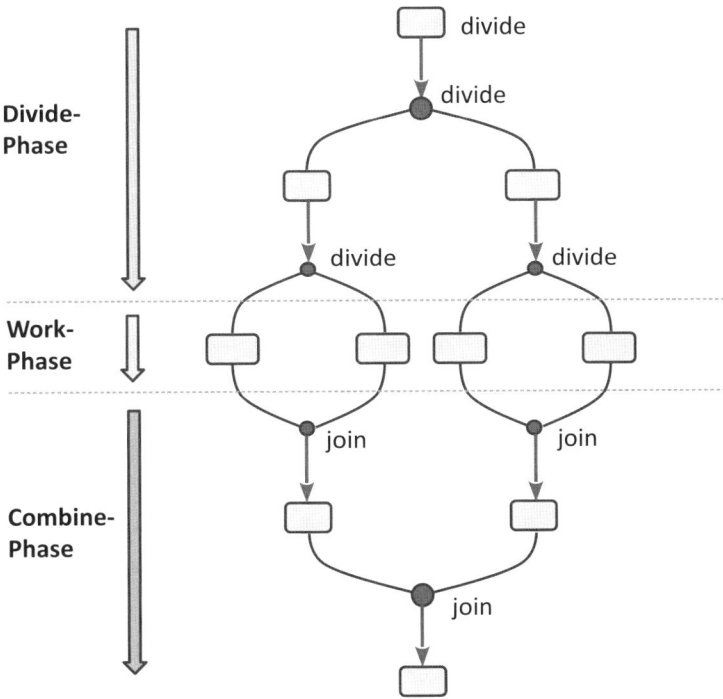

**Abbildung 13-2:** Rekursive Verwendung des ForkJoin-Patterns

werden. Die für den Umgang mit dem ForkJoin-Framework wichtigen
Methoden sind:

- `void execute(ForkJoinTask<?> task)`: Führt den übergebenen
  Task asynchron aus.
- `T invoke(ForkJoinTask<T> task)`: Startet die Ausführung des
  Tasks, wobei gewartet wird, bis er fertig ist (synchrone Ausführung).
- `ForkJoinTask<T> submit(ForkJoinTask<T> task)`: Führt den
  übergebenen Task asynchron aus und liefert ein `ForkJoinTask`-Objekt
  zurück, das auch ein `Future` ist und mit dem man z. B. auf den Rückga-
  bewert zugreifen kann.

Die von den Tasks zu implementierende Methode ist `compute`, in der die
Aufteilung des Problems und die Verzweigung in die Teilprobleme durchgeführt wird (vgl. Algorithmus 1).

Für die Verzweigung stehen die Methoden `fork` und `invoke` zur Verfügung. Mit `fork` wird die asynchrone, nicht blockierende Ausführung des
Tasks gestartet. Dagegen wartet `invoke` blockiert, bis alle Teilaufgaben erledigt sind. Mit `join` kann das Ergebnis der Verarbeitung abgeholt werden.

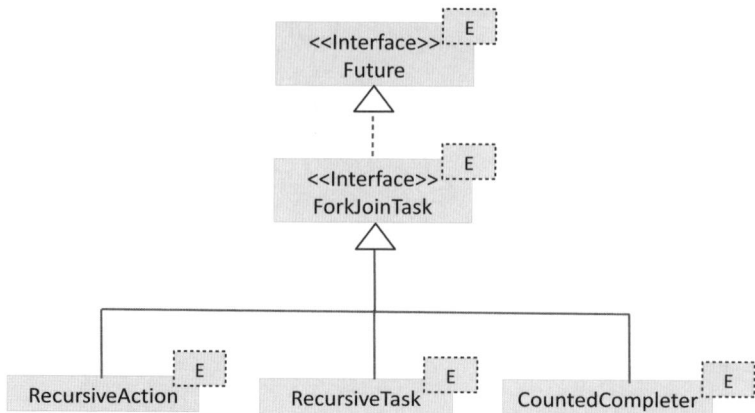

**Abbildung 13-3:** Hierarchie der `Task`-Klassen

Die von `Future` geerbte Methode `get` verhält sich wie `join`, wirft aber im Fehlerfall eine `InterruptedException` oder `ExecutionException`.

Tabelle 13-1 listet die gebräuchlichen Methoden auf, wobei unterschieden wird, wann und wo sie verwendet werden können. Die Methoden `execute`, `invoke`, `submit` dienen als Startpunkte. Dagegen werden `fork` und `invoke` innerhalb der `compute`-Methode aufgerufen und realisieren somit rekursive asynchrone bzw. synchrone Aufrufe.

| | Aufruf außerhalb eines ForkJoin-Tasks | Aufruf innerhalb eines ForkJoin-Tasks |
|---|---|---|
| Asynchrone Ausführung | `execute( ForkJoinTask)` | `ForkJoinTask.fork ()` |
| Synchrone Ausführung (blockierend) | `invoke( ForkJoinTask)` | `ForkJoinTask. invoke()` |
| Asynchrone Ausführung, Rückgabewert über Future-Objekt | `submit( ForkJoinTask)` | `ForkJoinTask.fork ()` |

**Tabelle 13-1:** Wichtige Methoden des ForkJoin-Frameworks

## 13.2.1   Einsatz von RecursiveAction

Beim Einsatz des ForkJoin-Frameworks findet man im Prinzip immer ein ähnliches Code-Template. Codebeispiel 13.1 zeigt ein `RecursiveAction`-Objekt, das je nach Fall in drei Sub-Tasks verzweigt. Die Methode `invokeAll` blockiert und kehrt erst zurück, wenn alle Teilaufgaben beendet sind (❶).

```
public class SimpleTask extends RecursiveAction
{
  // Member-Variablen
  // Konstruktoren

  @Override
  protected void compute()
  {
    if( ... )
    {
      // Serieller Algorithmus
    }
    else
    {
      // Definition von drei Sub-Tasks
      SimpleTask task1 = new SimpleTask(...);
      SimpleTask task2 = new SimpleTask(...);
      SimpleTask task3 = new SimpleTask(...);
      // task1, task2 und task3 werden asynchron ausgeführt
      invokeAll(task1,task2,task3);                              ❶
    }
  }
}
```

**Codebeispiel 13.1:** Schematische Verwendung des ForkJoin-Frameworks

Gestartet wird die Verarbeitung etwa wie folgt:

```
ForkJoinPool fjThreadPool = new ForkJoinPool();
SimpleTask  rootTask = new SimpleTask(...);
fjThreadPool.invoke( rootTask );
```

Der Threadpool muss hier nicht explizit beendet werden, da die Threads im `ForkJoinPool` die *Daemon*-Eigenschaft besitzen.

Codebeispiel 13.2 zeigt die Implementierung einer parallelen Array-Initialisierung. In der `compute`-Methode wird der zu initialisierende Bereich so lange halbiert, bis dessen Größe `THRESHOLD` erreicht hat (❶). Für die Teilbereiche werden jeweils neue Tasks erzeugt (❷).

```
class RandomInitTask extends RecursiveAction
{
  private final int THRESHOLD = 4;
  private final int[] array;
  private final int min;
  private final int max;
  private final int rdMax;

  RandomInitTask(int[] array, int min, int max, int rdMax)
  {
    this.array = array;
```

```
      this.min = min;
      this.max = max;
      this.rdMax = rdMax;
    }


    @Override
    protected void compute()
    {
      if( (max - min) <= THRESHOLD )                                    ❶
      {
        for(int i = min; i < max; i++)
        {
          array[i] = ThreadLocalRandom.current().nextInt(rdMax);
        }
      }
      else
      {
        int mid = min + (max-min)/2;                                   ❷
        RandomInitTask left = new RandomInitTask(array,min, mid, rdMax);
        RandomInitTask right = new RandomInitTask(array,mid, max, rdMax);
        invokeAll(left, right);
      }
    }
}
```

**Codebeispiel 13.2:** `RecursiveAction` für die Initialisierung eines `int`-Arrays

Das folgende Codebeispiel zeigt die Verwendung:

```
int[] array = new int[42];

ForkJoinPool fjPool = new ForkJoinPool();
RandomInitTask root = new RandomInitTask(array,0, array.length, 100);
fjPool.invoke(root);

System.out.println(Arrays.toString(array));
```

Die Initialisierung benutzt hierbei einen explizit erzeugten `ForkJoinPool`.
Möchte man den ab Java 8 zur Verfügung gestellten internen Common-
Pool (`ForkJoinPool.commonPool`) benutzen, so kann man direkt auf dem
Task-Objekt `invoke` aufrufen:

```
int[] array = new int[42];

RandomInitTask root = new RandomInitTask(array,0, array.length, 100);
root.invoke();

System.out.println(Arrays.toString(array));
```

Klassische Anwendungen für `RecursiveAction` sind Divide-and-Conquer-Verfahren, bei denen kein Wert zurückgeliefert wird. Typische Beispiele sind Sortieralgorithmen, die *In-Place*-Ersetzungen durchführen. Die beiden bekanntesten sind Quick- und Mergesort.

## Hinweis

`THRESHOLD`-Werte sollten sorgfältig gewählt werden. Sind sie zu klein, überwiegt der Overhead der Zerlegung und Zusammenführung und dies führt zu einer schlechteren Performance.

## Praxistipp

Im Codebeispiel 13.2 werden beide `RandomInitTask`-Objekte durch `invokeAll(left, right)` asynchron gestartet. Es ist im Prinzip ausreichend, wenn nur ein Task asynchron ausgeführt wird und der andere direkt vom Aufrufer, wie im folgenden Codebeispiel:

```
RandomInitTask left = ...;
RandomInitTask right = ...;
left.fork();
right.compute();
left.join();
```

Hierbei ist zu beachten, dass das Starten des asynchronen Tasks (`fork`) vor dem direkten Ausführen des zweiten (`compute`) erfolgen muss. Außerdem darf man hier nicht vergessen, explizit auf das Ende des abgezweigten Tasks zu warten (`join`).

Die Variante mit `invokeAll` ist weniger fehleranfällig und sollte somit standardmäßig in der Praxis angewendet werden.

## 13.2.2 Einsatz von RecursiveTask

Soll durch die parallele Bearbeitung ein Ergebnis ermittelt werden, kann `RecursiveTask` eingesetzt werden. Man spricht in dem Zusammenhang auch oft von einer *Reduce*-Operation. Codebeispiel 13.3 zeigt einen `RecursiveTask` für die parallele Summation der Elemente eines `int`-Arrays.

```
class SumTask extends RecursiveTask<Integer>                    ❶
{
  private final int THRESHOLD = 4;

  private final int[] array;
  private final int min;
  private final int max;

  SumTask(int[] array, int min, int max)
  {
    this.array = array;
    this.min = min;
    this.max = max;
  }

  @Override
  protected Integer compute()                                   ❷
  {
    if( (max - min) <= THRESHOLD )
    {
      int count = 0;
      for(int i = min; i < max; i++)
      {
        count += array[i];
      }

      return count;                                             ❸
    }
    else
    {
      int mid = min + (max-min)/2;
      SumTask left = new SumTask(array,min, mid );
      SumTask right = new SumTask(array,mid, max );
      invokeAll(left, right);

      return left.join() + right.join();                        ❹
    }
  }
}
```

**Codebeispiel 13.3:** `RecursiveTask` für die Summation eines `int`-Arrays

Der `RecursiveTask` wird mit dem Rückgabetyp parametrisiert (❶). Die `compute`-Methode erhält dadurch eine explizite Rückgabe (❷). In der *Work*-Phase wird der aktuelle Bereich aufsummiert und das Ergebnis zurückgegeben (❸). In der *Combine*-Phase werden die Ergebnisse der Teilberechnungen addiert (❹). Abbildung 13-4 zeigt den schematischen Ablauf.

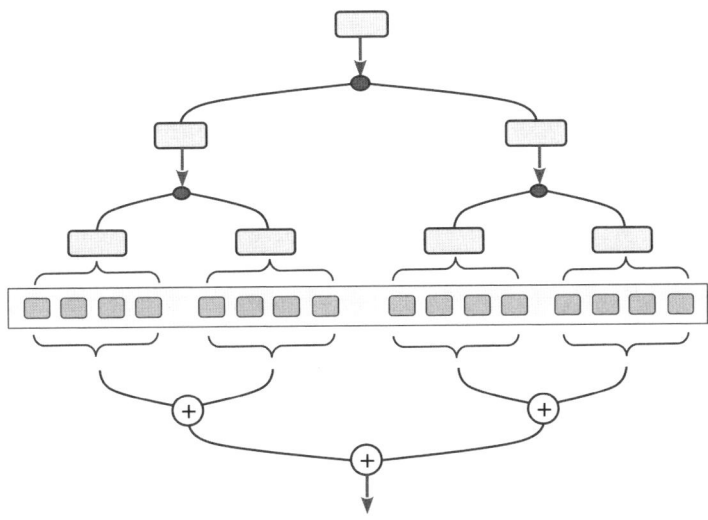

**Abbildung 13-4:** Parallele Summation eines Arrays

### 13.2.3 Einsatz von CountedCompleter

Die Klasse `CountedCompleter` hat gegenüber `RecursiveAction` bzw. `RecursiveTask` verschiedene Möglichkeiten, den rekursiven Ablauf zu steuern. Insbesondere können die Tasks manuell verwaltet werden. Die Klasse wird im Wesentlichen intern für die parallele Stream-Verarbeitung benutzt. Sie bietet unter anderem folgende Methoden an:

- `void addToPendingCount(int delta)`: Erhöht den internen Task-Zähler.
- `void tryComplete()`: Mit dieser Methode wird signalisiert, dass ein Task beendet ist und der interne Task-Zähler wird erniedrigt.
- `void quietlyCompleteRoot()`: Signalisiert dem Root-Task, dass ein Ergebnis vorliegt und dass er seine Blockierung aufheben kann.
- `E getRawResult()`: Die Methode stellt das Ergebnis der Berechnung bereit. Ist kein Ergebnis vorgesehen (die `CountedCompleter`-Klasse wurde mit `Void` parametrisiert), wird `Void` zurückgegeben.

Insbesondere kann mit diesen Methoden das Beenden (*completion*) einer parallelen Berechnung explizit kontrolliert werden.

Als Beispiel für den Einsatz von `CountedCompleter` betrachten wir eine Suche nach einem bestimmten Dateinamen. Sobald eine erste passende Datei gefunden wird, soll die Suche beendet und das Ergebnis ausgegeben werden. Das Suchmuster wird über einen regulären Ausdruck angegeben.

Codebeispiel 13.4 zeigt eine mögliche Implementierung. Die Klasse ist mit `Optional<File>` parametrisiert und überschreibt die beiden Metho-

den `compute` (❹) und `getRawResult` (❾). Das Suchergebnis wird in einer
`AtomicReference` verwaltet (❶). In der `compute`-Methode wird der Inhalt
eines Verzeichnisses ermittelt und durchlaufen (❹). Dabei wird immer zuerst geprüft, ob bereits ein Ergebnis vorliegt (❺). Falls ja, wird der Vorgang
beendet. Trifft man auf ein Verzeichnis, wird ein neuer Task abgezweigt,
wobei dem Framework dies explizit mit `addToPendingCount(1)` mitgeteilt wird (❻). Wurde eine Datei gefunden, wird geprüft, ob deren Name
dem regulären Ausdruck entspricht. Bei Übereinstimmung wird noch zusätzlich geprüft, ob bereits schon etwas gefunden wurde (❼). Falls nichts
vorliegt, wird das Ergebnis in der `AtomicReference` (❶) hinterlegt und
mit `quietlyCompleteRoot` dem Framework signalisiert, dass die Suche
erfolgreich ist. Die Blockierung des *Root*-Tasks wird hierdurch aufgehoben
und der Aufrufer erhält das Ergebnis. Mit `tryComplete` wird dem Framework mitgeteilt, dass sich ein Task beendet hat (❽).

In diesem Beispiel werden zwei Konstruktoren verwendet. Der eine, als
`public` deklariert, erhält als Parameter das Startverzeichnis für die Suche
und den regulären Ausdruck (❸). Der `private`-Konstruktor, der von dem
`public`-Konstruktor und in der `compute`-Methode benutzt wird, setzt über
den ersten Parameter `parent` eine Referenz auf den Erzeuger-Task. Somit
kann dann beim Aufruf von `quietlyCompleteRoot` intern das *Completed*-
Signal zum *Root*-Task durchgereicht werden.

```
public class FindTask extends CountedCompleter<Optional<File>>
{
  private static final FileFilter fileFilter=new FileFilter()
  {
    public boolean accept(File f){
      return f.isDirectory()||f.isFile();
    }
  };

  private final File dir;
  private final String regex;
  private final AtomicReference<File> result;                        ❶

  public FindTask(File dir, String regex)                            ❷
  {
    this( null, dir, regex, new AtomicReference<File>( null) );
  }

  private FindTask(CountedCompleter<?> parent, File dir,             ❸
                   String regex,
                   AtomicReference<File> result)
  {
    super(parent);
    this.dir = dir;
    this.regex = regex;
    this.result = result;
  }
```

```
@Override
public void compute()                                                  ❹
{
  File[] entries = dir.listFiles(fileFilter);

  if (entries != null )
  {
    for (File entry : entries)
    {
      if( result.get() != null )                                       ❺
        break;

      if (entry.isDirectory())
      {
        addToPendingCount(1);                                          ❻
        FindTask task =
              new FindTask(this, entry, this.regex, result);
        task.fork();
      }
      else
      {
        String tmp = entry.getPath();
        if( tmp.matches(regex)
            && result.compareAndSet( null, entry ) )                   ❼
        {
          quietlyCompleteRoot();
          break;
        }
      }
    }
  }
  tryComplete();                                                       ❽
}

@Override
public Optional<File> getRawResult()                                   ❾
{
  File res = result.get();
  if( res == null )
    return Optional.empty();
  else
    return Optional.of(res);
}
}
```

**Codebeispiel 13.4:** Ein Programm zur Dateisuche

Da eine Suche nicht immer einen Treffer liefert, wurde hier als Ergebnistyp ein `Optional<File>` benutzt, um `null` als Rückgabe zu vermeiden[1].

---

[1]`Optional` als Rückgabe einer Suche wird z. B. auch bei den entsprechenden `Stream`-Operationen verwendet (vgl. Kapitel 14).

Das folgende Codebeispiel zeigt die Verwendung der Klasse `FindTask`. Dabei wird direkt auf dem Task-Objekt die `invoke`-Methode aufgerufen und damit der CommonPool benutzt.

```
String search = ".*.java$";
File rootDir = new File("....");

FindTask root = new FindTask( rootDir, search );
root.invoke().ifPresent( System.out::println );

// Alternativer Aufruf
// root.invoke();
// root.join().ifPresent( System.out::println );

System.out.println("done");
```

## 13.3  Work-Stealing-Verfahren

In diesem Abschnitt wird das *Work-Stealing*-Verfahren an einem Beispiel näher erläutert. Das Verfahren ist das Rückgrat des ForkJoin-Frameworks. Würde man nämlich für jeden anfallenden Task einen neuen Thread starten, würde das zu einer exponentiell steigenden Anzahl von Threads führen.

Zum besseren Verständnis des Verfahrens betrachten wir die parallele Summation eines Arrays. Die abzuarbeitende Aufgabe wird hier, wie in Abbildung 13-5 gezeigt, in einzelne Tasks zerlegt. Der Root-Task entspricht $t_0$ und wird an das ForkJoin-Framework übergeben (vgl. hierzu auch Codebeispiel 13.3).

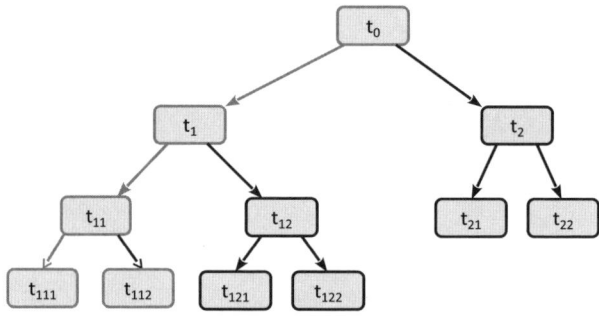

**Abbildung 13-5:** Parallele Summation eines Arrays

Unter der Annahme, dass zwei Threads zur Verfügung stehen, könnte dann die Aufgabe wie im folgenden Ablauf abgearbeitet werden. Dies ist nur eine von vielen Möglichkeiten, da die beiden Threads unabhängig voneinander arbeiten. Der hier gewählte quasisynchrone Ablauf dient lediglich der besseren Veranschaulichung.

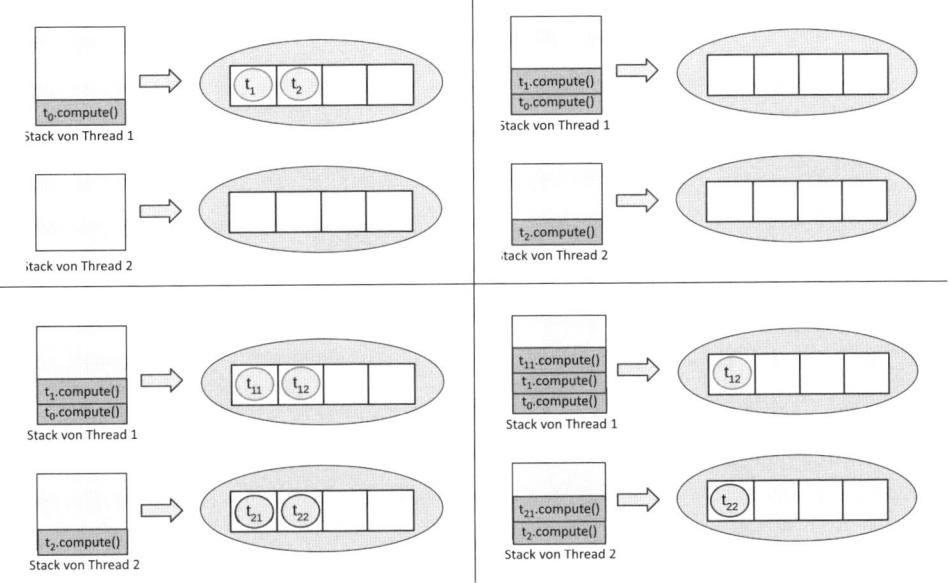

**Abbildung 13-6:** Der Beginn der Verarbeitung

Abbildung 13-6 bis 13-8 zeigen jeweils vereinfacht den Stack und die Workqueues der beiden Threads. Der zeitliche Ablauf ist zeilenweise jeweils von links nach rechts dargestellt.

Abbildung 13-6 zeigt die ersten Schritte. Durch die Übergabe des Tasks $t_0$ an das Framework, wird er in die Workqueue von `Thread 1` gestellt. Der Thread holt sich den Task und bearbeitet ihn. Das Problem wird in zwei neue Tasks zerteilt und in die Workqueue gestellt (`invokeAll(t1,t2)`, links oben). Thread 1 holt sich $t_1$ aus der Queue und bearbeitet ihn. Da Thread 2 nichts zu tun hat, holt er sich eine Arbeit vom Ende der Queue von Thread 1. In unserem Fall ist dies $t_2$ (rechts oben). Jetzt bearbeiten beide Threads ihre Aufgaben. Da sowohl $t_1$ als auch $t_2$ weiter zerlegt werden, werden die Workqueues mit neuen Task-Objekten (`invokeAll(t11,t12)` bzw. `invokeAll(t21,t22)`) gefüllt (vgl. Abb. links unten). Danach holt sich Thread 1 hier $t_{11}$ und Thread 2 $t_{21}$ (rechts unten).

Abbildung 13-7 zeigt die folgenden Verarbeitungsschritte und Abbildung 13-8 illustriert die Endphase der Verarbeitung.

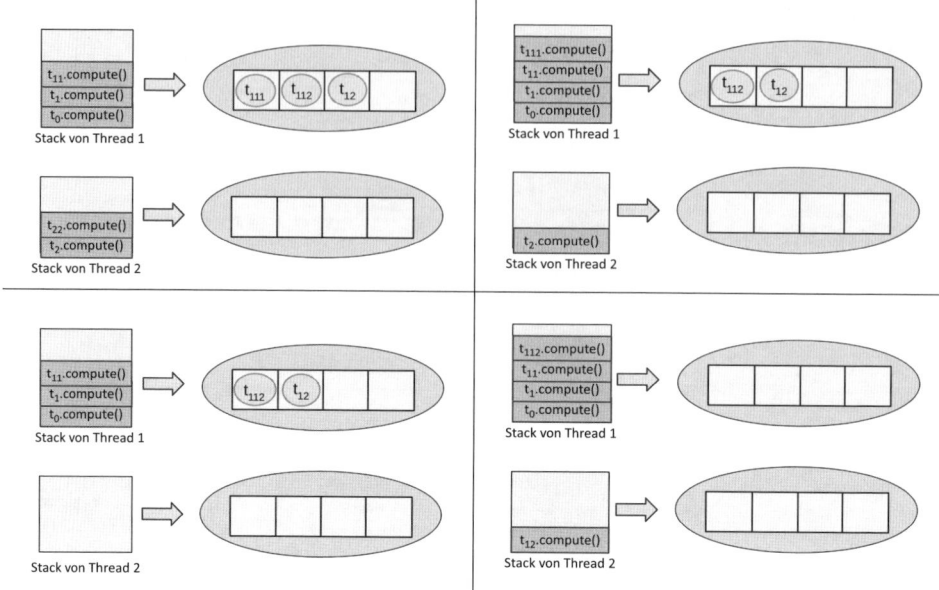

**Abbildung 13-7:** Weitere Schritte der Verarbeitung

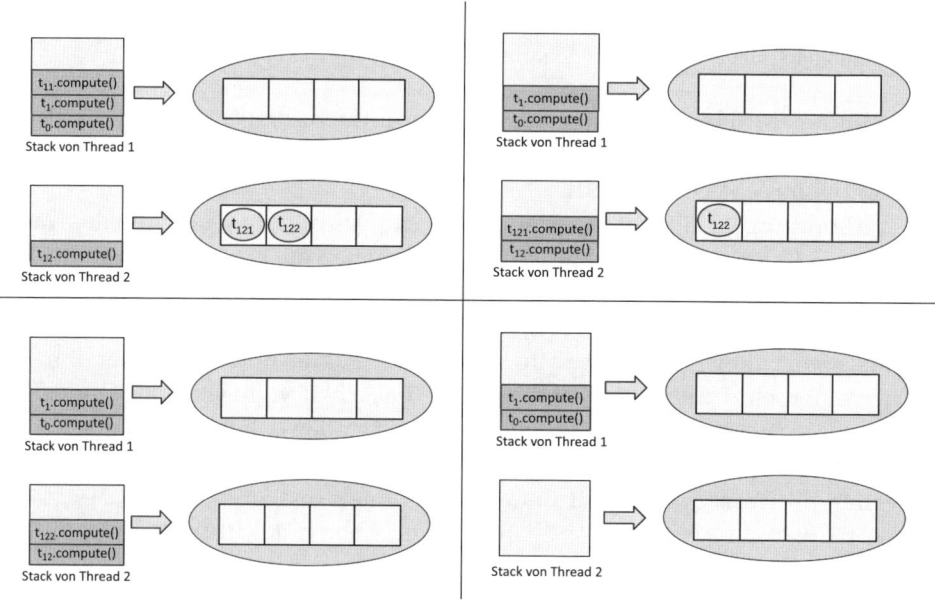

**Abbildung 13-8:** Endphase der Verarbeitung

## 13.4   Zusammenfassung

Mit dem ForkJoin-Framework steht ein leistungsfähiger Mechanismus zur Verfügung, mit dem Berechnungen nach dem Divide-and-Conquer-Verfahren parallel abgearbeitet werden können. Das Framework erweitert das Prinzip des `Future`-Patterns und stellt die Klassen `RecursiveAction`, `RecursiveTask` und `CountedCompleter` zur Verfügung, die entsprechend der zu parallelisierenden Aufgabe abgeleitet werden können.

Der mit dem ForkJoin-Framework eingeführte `ForkJoinPool` unterstützt das Work-Stealing-Verfahren, sodass mit einer kleinen Menge von Threads auch tiefe Task-Hierarchien und somit eine sehr große Anzahl an Tasks bewältigt werden können.

# 14 Parallele Array- und Stream-Verarbeitung

Mit Java 8 wurden sowohl für Arrays als auch für Collections parallele Verarbeitungsmöglichkeiten eingeführt.

In diesem Kapitel werden zuerst die Möglichkeiten mit Arrays vorgestellt. Im Anschluss wird das Arbeiten mit Streams sowie deren Funktionsweise erläutert, wobei der Fokus auf der dafür einzuhaltenden Rahmenbedingung liegt, insbesondere, wenn parallele Streams verwendet werden. Detaillierte Informationen über das umfangreiche Stream-API findet man z.B. in [25, 39, 51].

## 14.1  Parallele Array-Verarbeitung

Für die parallele Verarbeitung von Arrays stehen in der Klasse `Arrays` Methoden für das Transformieren (`parallelSetAll`), für das Sortieren (`parallelSort`) und für die Präfixbildung (`parallelPrefix`) zur Verfügung. Dabei werden alle Operationen *in-place* durchgeführt, d. h., der Inhalt des Arrays wird hierdurch verändert und es werden keine kostspieligen Speicherallokationen benötigt.

### 14.1.1  Parallele Transformation

Für das parallele Transformieren stehen verschiedene Überladungen der Methode `parallelSetAll` zur Verfügung. Neben dem eigentlichen Array muss als zweiter Parameter eine Funktion (*Lambda*-Ausdruck) angegeben werden.

Möchte man z. B. ein `int`-Array mit den Platznummern initialisieren, so kann dies wie folgt durchgeführt werden:

```
int[] array = new int[1000];
Arrays.parallelSetAll(array, i -> i );
```

Ein Füllen mit Zufallszahlen zwischen 0 und 100 (ausschließlich) erfolgt
z. B. durch:

```
int[] array = new int[1000];
IntUnaryOperator op = i -> ThreadLocalRandom.current().nextInt(100);
Arrays.parallelSetAll(array, op );
```

Wichtig ist, dass die Transformationsfunktion Thread-sicher sein muss,
d. h., sie hat keine Seiteneffekte. Sie ist im allgemeinen Fall eine
IntFunction<R>, die jedem int-Wert ein R-Objekt zuordnet. Möchte
man z. B. Strings in Großbuchstaben umwandeln, kann man dies wie folgt
durchführen:

```
String[] strArray = new String[] {"abc", "xyz" };
Arrays.parallelSetAll(strArray, i -> strArray[i].toUpperCase() );
```

Intern wird die parallelSetAll-Methode auf eine Stream-Verarbeitung
zurückgeführt. Ein entsprechend äquivalenter Code wäre:

```
IntStream.range(0, array.length)
        .parallel()
        .forEach(i -> { strArray[i] = strArray[i].toUpperCase(); });
```

In der Realisierung wird dabei auf das ForkJoin-Framework zurückgegriffen (siehe Abschnitt 14.3).

## 14.1.2   Paralleles Sortieren

Für das Sortieren von Arrays existieren verschiedene Überladungen von
parallelSort. Für primitive Typen wird die natürliche Ordnung verwendet und es stehen z. B. für int folgende Methoden zur Verfügung:

- parallelSort(int[] a)
- parallelSort(int[] a, int fromIndex, int toIndex)

Für Arrays von Objekten können

- parallelSort(T[] a), falls T das Interface Comparable implementiert, oder
- parallelSort(T[] a, Comparator<? super T> cmp) verwendet
  werden.

Auch für sie gibt es Überladungen, bei denen der Sortierbereich angegeben werden kann. Im folgenden Beispiel wird ein `String`-Array alphabetisch absteigend sortiert:

```
String[] strArray = ...;
Arrays.parallelSort(strArray, ( x, y ) -> y.compareTo( x ) );
```

### 14.1.3   Parallele Präfixbildung

Die Bildung von Präfixwerten ist eine klassische Problemstellung beim Entwurf paralleler Algorithmen. Als Stellvertreter betrachten wir die Bestimmung einer Präfixsumme, einer Aufsummation der Array-Elemente, wobei man zwischen *inklusiver* und *exklusiver* Summation unterscheidet (vgl. Abb. 14-1).

| Array | 1 | 3 | 2 | 1 | 2 | 1 | 4 | 2 |
|---|---|---|---|---|---|---|---|---|
| Inklusive *Präfixsumme* | 1 | 4 | 6 | 7 | 9 | 10 | 14 | 16 |
| Exklusive *Präfixsumme* | 0 | 1 | 4 | 6 | 7 | 9 | 10 | 14 |

**Abbildung 14-1:** Bildung einer inklusiven bzw. exklusiven Präfixsumme

Die inklusive Präfixsumme kann sequenziell durch eine Schleife berechnet werden:

```
int[] array = ...;
for( int i=1; i < array.length; i++ )
{
   array[i] = array[i] + array[i-1];
}
```

Diese Schleife lässt sich jetzt aber nicht ohne Weiteres parallelisieren, da die Berechnung im Schleifenblock immer den Wert des linken Nachbarn benötigt. Eine Idee zur Parallelisierung besteht nun darin, dass man das Array in kleine Teilbereiche aufteilt (Fork-Phase), auf denen jeweils sequenziell die Präfixsumme berechnet wird (Work-Phase). Anschließend nimmt man von jedem Teilbereich den größten Wert und berechnet auf deren Basis eine exklusive Präfixsumme. Die hier entstehenden Werte sind die Offsets, die anschließend zu den Teilbereichen addiert werden müssen.

Abbildungen 14-2 und 14-3 veranschaulichen die Berechnungen an einem konkreten Beispiel. Das Ausgangsarray wird in der Fork-Phase zweimal halbiert. Auf den vier Teilbereichen kann in der Work-Phase parallel jeweils sequenziell die Präfixsumme berechnet werden (vgl. Abb. 14-2). Anschließend wird mit den jeweiligen Array-Summen eine exklusive Präfixsumme berechnet, deren Werte dann als Offsets zu den einzelnen Teilbereichen hinzu addiert werden (vgl. Abb. 14-3).

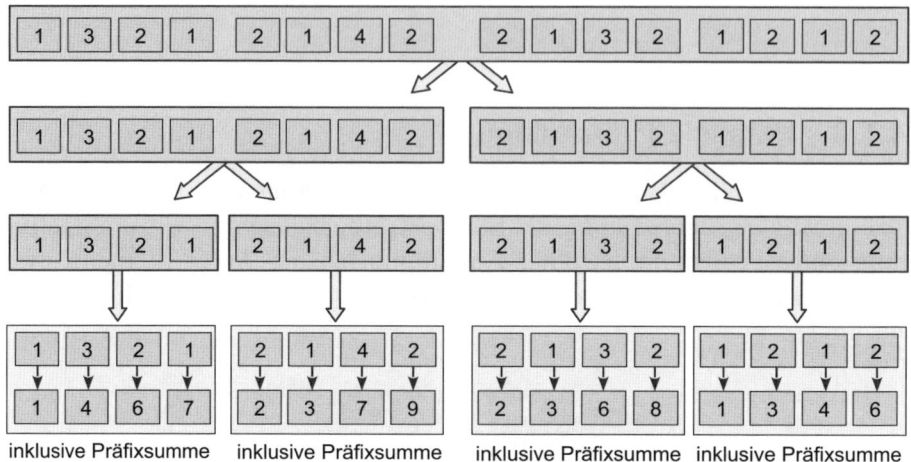

**Abbildung 14-2:** Parallele Berechnung der Präfixsumme: Fork- und Work-Phase

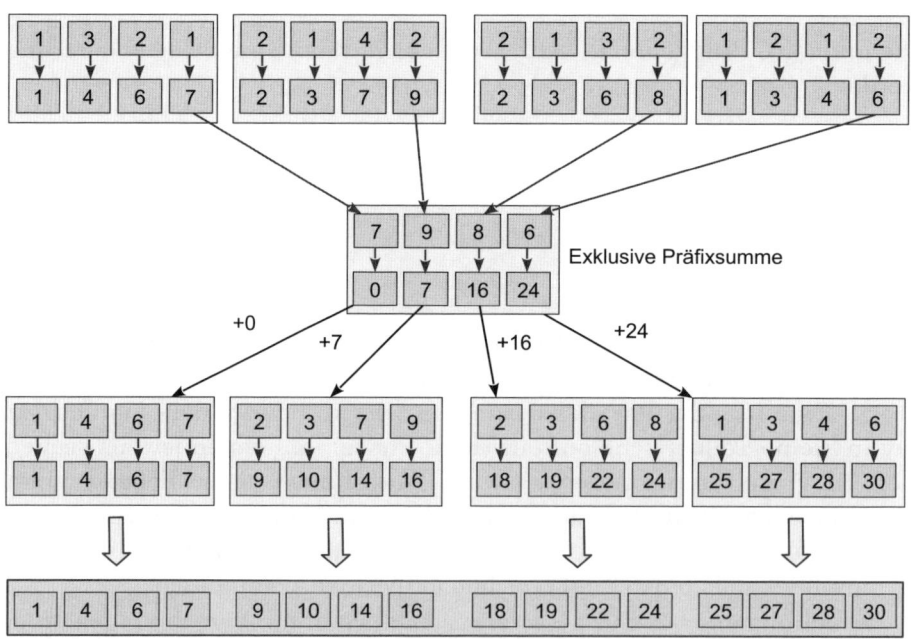

**Abbildung 14-3:** Parallele Berechnung der Präfixsumme: Work- und Combine-Phase

Für die parallele Berechnung von Präfixwerten gibt es verschiedene Überladungen von `parallelPrefix`. Neben dem eigentlichen Array und einem optionalen Ausführungsbereich muss noch ein entsprechender Binäroperator mit angegeben werden. Für `int`-Arrays stehen die folgenden Methoden zur Verfügung:

- `parallelPrefix(int[] array, IntBinaryOperator op)`
- `parallelPrefix(int[] array, int fromIndex, int toIndex, IntBinaryOperator op)`

Präfixbildungen werden in einigen Anwendungen benötigt. So entspricht z. B. in der Statistik eine empirische Verteilungsfunktion einer Präfixsumme der relativen Häufigkeiten:

```
double[] array = new double[]{0.1, 0.3, 0.4, 0.2};
Arrays.parallelPrefix(array, (i,j) -> i + j );
```

## 14.2 Funktionsprinzip der Stream-Verarbeitung

Das Collection-Framework wurde in Java 8 um neue Verarbeitungsmöglichkeiten, die sogenannten *Streams*, erweitert. Neben äußeren Iterationen unterstützen Collections jetzt mithilfe des Stream-Frameworks auch interne Iterationen, die eine »automatische« Nebenläufigkeit und somit eine parallele Verarbeitung der Datensammlung erlauben (Datenparallelität). Ohne Nutzung des Stream-Frameworks muss man normalerweise umständlich die in der Collection gehaltenen Daten portionieren und sie entsprechenden Threads zur Verarbeitung zuweisen. Der Ablauf der Threads muss hierbei koordiniert und die Einzelergebnisse müssen ggf. zusammengefügt werden, was sehr fehleranfällig ist.

Die Datenverarbeitung mit Streams besteht in der Regel aus drei Stufen: Der Erzeugung eines Streams (*Erzeugungsoperation*), der eigentlichen Verarbeitung bzw. Transformation der Elemente (*intermediäre Operationen*) und der Auswertung der Zwischenergebnisse (*terminale Operation*). Die einzelnen Schritte sind in Abbildung 14-4 schematisch dargestellt.

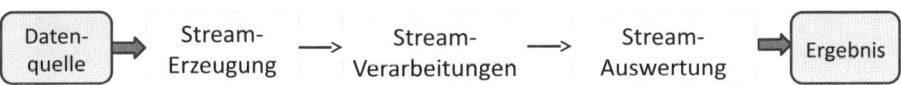

**Abbildung 14-4:** Verarbeitungsschritte beim Umgang mit Streams

## 14.2.1    Funktionale Interfaces

Bei der Stream-Verarbeitung kommen häufig für funktionale Interfaces Lambda-Ausdrücke zum Einsatz. Wir stellen deshalb in diesem Abschnitt den Umgang mit den Interfaces `Predicate`, `Function` und `Consumer` anhand von kleinen Beispielen kurz vor.

Ein `Predicate`-Ausdruck liefert für ein übergebenes Argument einen booleschen Wert zurück (`t -> boolean`). Das Interface kann z. B. zur Auswahl (Filterung) von Elementen eines Arrays eingesetzt werden. Eine Methode mit einem funktionalen Interface als Parameter wäre z. B. `<T> int count(T[] array, Predicate<T> pred)`.

Möchte man alle Strings mit der Länge drei in einem Array zählen, könnte man schreiben:

```
String[] str = ....;
int anzahl = count(str, s -> s.length() == 3 );
```

Eine mögliche Implementierung von `count` wäre:

```
public static <T> int count(T[] array, Predicate<T> pred)
{
  int count = 0;
  for( T t : array )
  {
    if( pred.test(t) )                                    ❶
      count++;
  }
  return count;
}
```

Zu beachten ist, dass ein `Predicate`-Ausdruck die `test`-Methode »implementiert« (❶).

Ein `Function`-Ausdruck berechnet aus dem ihm übergebenen Argument ein neues Element, ggf. von einem anderen Typ (`T -> R`). Folgendes Beispiel zeigt die Übertragung eines String- in ein Integer-Array, wobei die Elemente des Integer-Arrays den Längen der einzelnen Strings entsprechen:

```
String[]  str = ....;
Integer[] res = transfer( str, s -> s.length() );

//Implementierung
public static <T,R> R[] transfer(T[] array, Function<T,R> func)
{
  R[] res = (R[]) new Object[ array.length ];
  for(int i=0; i < array.length; i++ )
  {
```

```
      res[i] = func.apply( array[i] );                    ❶
   }
   return res;
}
```

Ein `Function`-Ausdruck implementiert die `apply`-Methode (❶).

Ein `Consumer`-Ausdruck verarbeitet das ihm übergebene Element und liefert `void` zurück (`t -> void`). Die `transfer`-Methode kann nun z. B. so erweitert werden, dass die durch `Function` erzeugten Elemente zusätzlich noch »verbraucht« werden:

```
String[] str = ....;
transferAndConsume( str, s -> s.length(), i -> System.out.println(i) );
// Alternative mit Methodenreferenz
transferAndConsume( str, s -> s.length(), System.out::println );


//Implementierung
public static <T,R> void transferAndConsume(T[] array,
                                 Function<T,R> func,
                                 Consumer<R> consumer )
{
   for(int i=0; i < array.length; i++ )
   {
     R r = func.apply( array[i] );
     consumer.accept(r);                                  ❶
   }
}
```

Das `Consumer`-Interface schreibt die Implementierung von `accept` vor (❶). Man beachte, dass `func` ein Element vom Typ `R` liefert und `consumer` deshalb `R` erwartet.

Weitere gängige Interfaces sind `BiConsumer`, `BiFunction` und `BinaryOperator`. Ausdrücke vom Typ `BiFunction` bzw. `BiConsumer` erwarten zwei Argumente und liefern ein neues Element bzw. `void`. Der `BinaryOperator` ist eine `BiFunction`, bei der sowohl die beiden Argumente als auch die Rückgabe vom selben Typ sind.

## 14.2.2  Erzeugung von Streams

Streams können auf vielfache Art und Weise erzeugt werden, wobei es vier Stream-Grundarten gibt: Streams für Objektreferenzen und Streams für die primitiven Typen `int`, `long` und `double` (vgl. Abb. 14-5).

Dabei sind `Stream`-Objekte keine Datencontainer oder Ähnliches, sondern eine Sequenz von Daten, die z.B. auf Basis einer Sammlung erzeugt werden kann. Ein `Stream`-Objekt entspricht eher einer *Pipeline*, über die

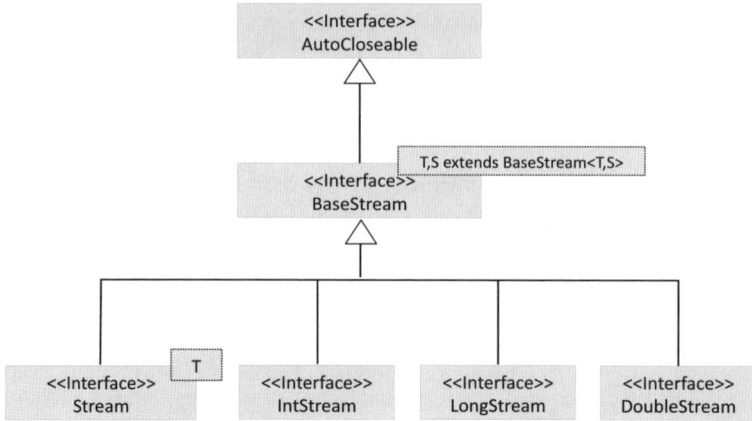

**Abbildung 14-5:** Die Grundtypen von Streams

implizit iteriert werden kann. Während der Iteration können dann verschiedene Operationen ausgeführt werden (analog zum Visitor-Pattern).

Am häufigsten wird ein `Stream` auf Basis einer `Collection` erzeugt. Hierzu wurde in Java 8 das `Collection`-Interface um die Defaultmethoden `stream` bzw. `parallelStream` und `spliterator` erweitert. Bevor die Arbeitsweise von `parallelStream` und das Konzept von `Spliterator` detailliert besprochen werden, stellen wir zuerst verschiedene Erzeugungsvarianten und das Arbeiten mit `Streams` vor.

Das folgende Codebeispiel erzeugt zunächst einen Stream aus einer `List<String>`-Collection. Auf den Elementen der Liste wird danach die `toUpperCase`-Methode aufgerufen und das Ergebnis auf die Konsole ausgegeben:

```
List<String> list = ....

list.stream()
    .map( String::toUpperCase )
    .forEach( System.out::println );
```

Neben dem `Collection`-Interface stellt auch die `Files`-Klasse verschiedene Methoden zur Erzeugung von Streams bereit. Die wichtigsten sind `list`, `walk` und `find`, wobei sie alle Objekte vom Typ `Stream<Path>` zurückliefern. Das Lesen einer Datei kann ebenfalls über einen Stream erfolgen. Mit `lines(Path path)` erhält man die Zeilen der Datei als `Stream<String>`. Auch die Klassen `JarFile` und `ZipFile` bieten entsprechende Erzeugungsmethoden an.

Verschiedene Fabrikmethoden der `Arrays`-Klasse können aus einem Array einen Stream generieren:

1. `Stream<T> stream(T[] array)`: Liefert einen Stream für das übergebene Array.
2. `Stream<T> stream(T[] array, int startInclusive, int endExclusive)`: Liefert einen Stream mit dem entsprechenden Bereich aus dem Array.

Es gibt für primitive Datentypen entsprechende Überladungen wie z. B. `IntStream stream(int[] array)` bzw. `IntStream stream(int[] array, int startInclusive, int endExclusive)`.

Die Klasse `Random` mit ihren beiden Unterklassen `SecureRandom` und `ThreadLocalRandom` und die Klasse `SplittableRandom` haben verschiedene Überladungen der `ints`-Methode zur Erzeugung eines `IntStreams`. Für `LongStream` bzw. `DoubleStream` existieren analoge Methoden.

Darüber hinaus stellt die `Stream`-Klasse selbst noch verschiedene Fabrikmethoden zur direkten Erzeugung von Streams zur Verfügung. Die Verknüpfungsoperation `Stream<T> concat(Stream<? extends T> a, Stream<? extends T> b)` erzeugt durch Verkettung der angegebenen Streams einen neuen. Weiter sind noch zu nennen:

- `Stream<T> empty()`: Diese Methode liefert einen leeren Stream. Eine Suchmethode kann ihn z. B. zurückgeben, um zu signalisieren, dass kein Ergebnis gefunden wurde.
- `static <T> Stream<T> of(T t)`: Liefert einen Stream mit einem Objekt.
- `static <T> Stream<T> of(T... values)`: Liefert einen Stream mit den übergebenen Objekten.

Alle bisher vorgestellten Methoden liefern jeweils einen endlichen `Stream`. Dagegen erhält man mit den folgenden Methoden unendliche Streams:

- `Stream<T> iterate(T seed, UnaryOperator<T> f)`: Erzeugt aus einem Startwert durch wiederholte Anwendung des `UnaryOperator` einen unendlichen Stream, der ggf. durch die `limit`-Methode begrenzt werden kann.
- `Stream<T> generate(Supplier<T> s)`: Erzeugt einen unendlichen Stream durch wiederholten Aufruf des übergebenen `Supplier`. Auch dieser Stream kann durch die `limit`-Methode begrenzt werden.

Streams über primitive Werte besitzen noch weitere Fabrikmethoden. So bietet `IntStream` z. B. die Methoden `range` und `rangeClosed` an, die ein `int`-Intervall als Stream liefern, wobei `rangeClosed` den Intervallabschluss noch mit enthält.

Codebeispiel 14.1 zeigt drei Varianten für die Erzeugung der ersten 10 Zahlen. Variante 1 benutzt die `iterate`-Methode der `Stream`-Klasse zur

Erzeugung eines `Stream<Integer>`. Variante 2 und Variante 3 verwenden jeweils die Möglichkeiten der Klasse `IntStream`.

```java
// Variante 1
Stream.iterate( 1 , i -> i+1 )
     .limit(10)
     .forEach( System.out::println );

//Variante 2
IntStream.iterate(1, i -> i+1 )
        .limit(10)
        .forEach( System.out::println );

// Variante 3
IntStream.rangeClosed(1, 10)
        .forEach( System.out::println );
```

**Codebeispiel 14.1:** Verschiedene Varianten zur Erzeugung der ersten 10 Zahlen

### 14.2.3 Transformations- und Manipulationsoperationen

Nach der Erzeugung eines Streams können die Elemente verarbeitet werden. Hierzu stehen mehrere sogenannte intermediäre Operationen zur Verfügung. In Tabelle 14-1 sind die Methoden für die Verarbeitung aufgelistet. Mit `filter` können Elemente mit einer bestimmten Eigenschaft ausgewählt werden und mit `map` werden sie transformiert. Falls das Ergebnis einer Transformation selbst ein `Stream<U>` ist, können sie alle mit `flatMap` in einen einzigen `Stream` überführt werden[1]. Die Methode `peek` kann zum Debugging bzw. Logging benutzt werden. Sie führt für jedes Element den bereitgestellten `Consumer` aus, ohne es zu verändern.

| Methode | Parameter | Rückgabe |
|---------|-----------|----------|
| filter | Predicate: T -> boolean | Stream<T> |
| map | Function: T -> U | Stream<U> |
| flatMap | Function: T -> Stream<U> | Stream<U> |
| peek | Consumer: T -> void | Stream<T> |

**Tabelle 14-1:** Methoden zur Verarbeitung der Elemente eines `Stream<T>`

Codebeispiel 14.2 zeigt ein Programm, das in allen Java-Dateien nach dem Wort `Thread` sucht[2]. Zuerst wird ein *Matcher* definiert (❶) und das Start-

---

[1] Die Anwendung von `map` würde ansonsten in so einem Fall einen `Stream<Stream<U>>` produzieren.

[2] Das Programm implementiert eine `grep`-Funktionalität.

verzeichnis festgelegt (❷). Danach wird ein `Stream` erzeugt (❸). Nur Dateien mit der `.java`-Endung werden akzeptiert und ausgelesen (❹,❺). Da `Files.readAllLines(path).stream()` (❼) einen `Stream<String>` liefert, kann die gewöhnliche `map`-Methode nicht benutzt werden, da sie einen `Stream<Stream<String>>` zurückgeben würde. Hier kommt `flatMap` zum Einsatz (❻). Diese Methode entpackt die inneren `Stream<String>`-Elemente, sodass das Ergebnis wiederum ein `Stream<String>` ist (vgl. Abb. 14-6). Im Fehlerfall wird ein leerer Stream zurückgeliefert (❽). Am Ende der Verarbeitungskette, vor der Ausgabe, werden die Zeilen selektiert, die das Wort `Thread` enthalten.

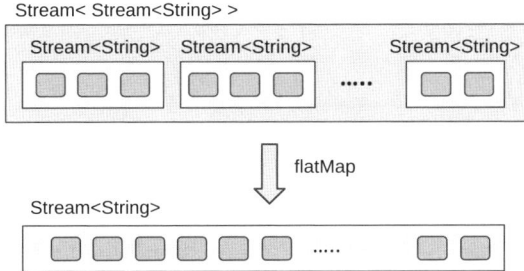

**Abbildung 14-6:** Wirkungsweise von `flatMap`

```
public static void main(String[] args) throws IOException
{
  PathMatcher javaMatcher = FileSystems.getDefault()          ❶
                            .getPathMatcher("glob:**.java");

  Path start = Paths.get("C:/JavaDev");                       ❷
  try(Stream<Path> pathStream = Files.walk(start) )           ❸
  {
    pathStream.filter( Files::isRegularFile)                  ❹
              .filter( javaMatcher::matches )                 ❺
              .flatMap( path -> {                             ❻
                 try
                 {
                   return Files.readAllLines(path).stream();  ❼
                 }
                 catch( IOException exce)
                 {
                   return Stream.empty();                     ❽
                 }
              })
              .filter(line -> line.contains("Thread"))        ❿
              .forEach( System.out::println );
  }
}
```

**Codebeispiel 14.2:** Implementierung einer grep-Funktionalität

Des Weiteren gibt es Möglichkeiten, Elemente in einem `Stream` zu sortieren, auf Teilbereiche zu beschränken oder Duplikate zu entfernen (vgl. Tabelle 14-2). Zu beachten ist, dass die zugrunde liegenden Daten dabei nicht sortiert bzw. geändert werden. Lediglich bei den späteren Zugriffen auf den Stream erhalten wir die Elemente in der entsprechenden Reihenfolge.

| Methode | Parameter | Rückgabe |
|---------|-----------|----------|
| sorted | void | Stream<T> |
| sorted | Comparator: (T,T) -> int | Stream<T> |
| skip | long | Stream<T> |
| limit | long | Stream<T> |
| distinct | void | Stream<T> |

**Tabelle 14-2:** Methoden zur Sortierung bzw. zur Begrenzung eines Streams

Werden mehrere Transformations- bzw. Manipulationsoperationen auf einen Stream angewendet, werden diese für jedes Element des Streams sequenziell ausgeführt. Abbildung 14-7 veranschaulicht die Arbeitsweise. Bei Filteroperationen werden Elemente, die die Bedingung nicht erfüllen, nicht weiter berücksichtigt. Es empfiehlt sich daher, möglichst »früh« zu selektieren. Man beachte weiter, dass die Ausführung und Erzeugung des Streams erst dann initiiert wird, wenn der Stream mit einer sogenannten *terminalen Operation* abgeschlossen wird.

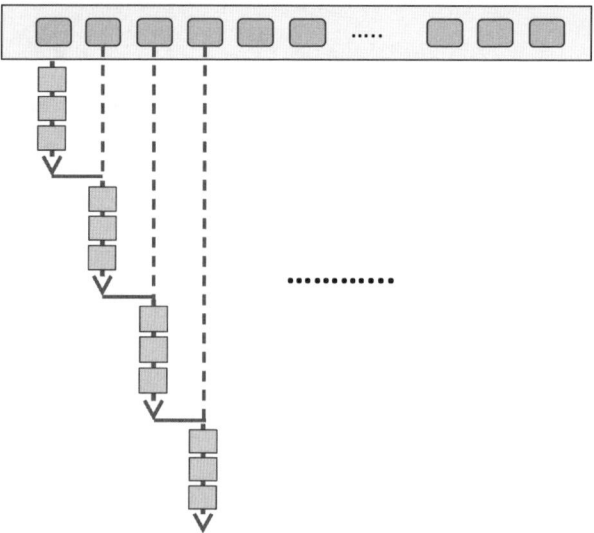

**Abbildung 14-7:** Arbeitsweise von sequenziellen Streams mit elementweise ausgeführten Zwischenoperationen

## 14.2.4   Auswertungen von Streams

Für die Auswertung von Streams stehen zahlreiche Methoden, sogenannte *terminale Operationen*, zur Verfügung. Nach einer Auswertung kann der Stream nicht mehr weiter benutzt werden. Die terminalen Operationen können in drei Kategorien eingeteilt werden:

**Traversierungen** dienen dazu, auf jedem Element einen `Consumer` anzuwenden (nicht zu verwechseln mit der `peek`-Methode, die den Stream nicht terminiert).

**Suchoperationen** können dazu benutzt werden, um zu prüfen, ob bestimmte Elemente vorgegebene Bedingungen erfüllen. Suchoperationen können dahingehend optimiert werden, dass nicht immer der komplette Stream durchlaufen wird.

**Reduzier- und Collector-Operationen** liefern in der Regel ein Objekt (*immutable reduction*) oder eine Collection (*mutable reduction*) zurück. In dieser Kategorie kann man auf eine Menge von vorgefertigten Methoden (*convenience methods*) zurückgreifen oder eigene Reduzier- bzw. Collector-Operationen implementieren.

Mit den Traversierungsmethoden `forEach` und `forEachOrdered` können Streams durch die Anwendung eines `Consumer` abgeschlossen werden. Dieses Vorgehen entspricht der klassischen Iteration über eine `Collection`. Man beachte, dass `forEach` im Gegensatz zu `forEachOrdered` bei parallelen Streams nicht seiteneffektfrei ist, d.h., es wird nicht garantiert, dass die `Consumer` synchronisiert ablaufen. Weiter ist nicht gewährleistet, dass `forEach` bei einem parallelen Stream eine vorgegebene Reihenfolge respektiert.

Tabelle 14-3 listet die zur Verfügung stehenden Suchoperationen auf. Mit `anyMatch` wird geprüft, ob mindestens ein Element das übergebene Prädikat erfüllt. Bei `allMatch` muss die Bedingung von allen und bei `noneMatch` von keinem Element erfüllt werden. Die Methoden `findFirst` und `findAny` suchen nach einem geeigneten Element im Stream. Sie werden häufig nach einer Filtermethode angewendet. Dabei ist `findFirst` nur bei geordneten Streams sinnvoll und sollte nur dann angewendet werden, wenn auch tatsächlich das erste Element benötigt wird.

Für die Reduzierung stehen verschiedene Basisoperationen (*convenience methods*) zur Verfügung. Für Streams von Objektreferenzen sind dies `count`, `min` und `max`. Die primitiven Streams `IntStream`, `LongStream` und `DoubleStream` besitzen noch die Methoden `sum`, `average` und `summaryStatistics`.

Im allgemeinen Fall funktioniert eine Reduzierung durch die Bereitstellung eines `BinaryOperator` (*accumulator*), der zwei Elemente verknüpft. Der verwendete Operator muss assoziativ und zustandslos sein (siehe den

| Methode | Parameter | Rückgabe |
|---------|-----------|----------|
| anyMatch | Predicate: T -> boolean | boolean |
| allMatch | Predicate: T -> boolean | boolean |
| noneMatch | Predicate: T -> boolean | boolean |
| findFirst | void | Optional<T> |
| findAny | void | Optional<T> |

**Tabelle 14-3:** Suchoperationen

Hinweis unten). Gegebenenfalls kann ein Initialwert angegeben werden und zusätzlich eine `BiFunction`, um die Elemente vorher noch zu verarbeiten. Abbildung 14-8 veranschaulicht die Funktionsweise. Das Ergebnis einer Reduzierung ist immer ein Wert bzw. ein Optional:

- `Optional<T> reduce(BinaryOperator<T> accumulator)`:    Der `accumulator` wird assoziativ auf die Elemente angewendet. Da nicht immer ein Ergebnis ermittelt werden kann, z.B. die Suche des Maximums in einem leeren Stream, wird ggf. ein `Optional` zurückgeliefert.
- `T reduce(T identity, BinaryOperator<T> accumulator)`: Der `accumulator` wird assoziativ auf die Elemente angewendet, wobei `identity` der »Startwert« ist. In der Regel ist der Startwert das »neutrale Element« der angewendeten Operation.

## Hinweis

Wichtig ist, dass `BinaryOperator` bzw. `BiFunction` keine Seiteneffekte haben und zustandslos sind. Außerdem müssen die Operationen assoziativ sein. Das bedeutet, dass die Reihenfolge der Reduktion keine Rolle spielt. Mathematisch ausgedrückt: $(a \oplus b) \oplus c = a \oplus (b \oplus c)$. Ist das nicht der Fall, kann dies bei der Anwendung auf parallele `Streams` zu Fehlern führen.

Neben der Reduzierung gibt es noch die Möglichkeit, Stream-Elemente in *Collections* aufzusammeln (*mutable reductions*). Hierzu stellen die Stream-Klassen unter anderem folgende Methode zur Verfügung:

- `R collect(Collector<? super T,A,R> collector)`

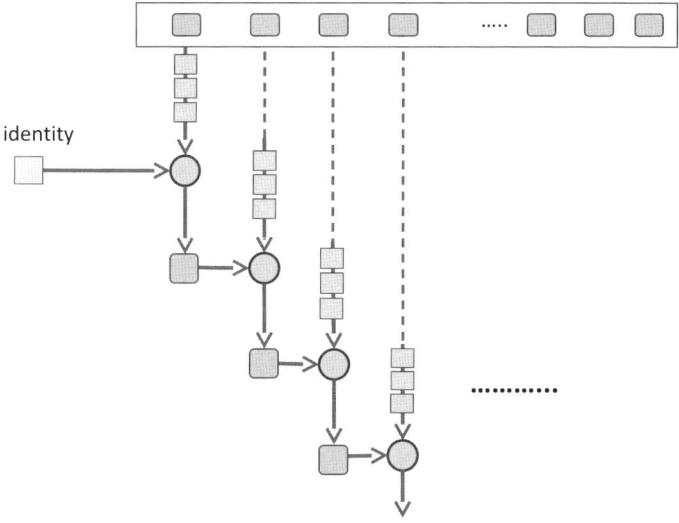

**Abbildung 14-8:** Reduzierung eines sequenziellen Streams

Um Elemente insbesondere in Standard-Collections zu sammeln, stellt die Klasse `Collectors` verschiedene Fabrikmethoden bereit (vgl. Abb. 14-9), die oft überladen sind, z. B. `joining`, `groupingBy` usw. Tabelle 14-4 zeigt einen Ausschnitt davon. Darüber hinaus gibt es noch die Möglichkeit, eigene *Collectoren* zu implementieren (vgl. Abschnitt 14.3.3).

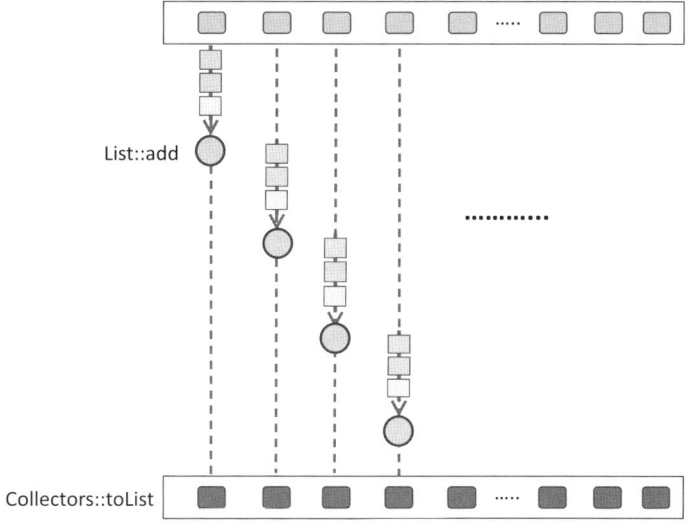

**Abbildung 14-9:** Sammeln von transformierten Elementen eines sequenziellen Streams in einer Collection

| Methode | Parameter |
|---|---|
| `toList` | |
| `toSet` | |
| `toMap` | `Func: T -> K, Func: T-> U` |
| `toConcurrentMap` | `Func: T -> K, Func: T-> U` |
| `joining` | `CharSequence` |
| `partitionBy` | `Pred: T -> boolean, Collector` |
| `groupingBy` | `Func: T-> K, Collector` |

**Tabelle 14-4:** Einige Fabrikmethoden der Klasse `Collectors`

Codebeispiel 14.3 auf Seite 216 zeigt einen Einsatz von `Collector`. Das Programm liest analog zu Listing 14.2 rekursiv eine Verzeichnisstruktur, wobei nur Java-Dateien berücksichtigt werden. Die voll qualifizierten Dateinamen, also Verzeichnisname plus Dateiname, werden nun in eine `Map<String,List<String>>` einsortiert, wobei der *Key* dem Verzeichnisnamen entspricht und der zugehörige *Value* einer Liste der darin gefundenen Dateien (❶). Man erhält die Einträge, die ungefähr so aussehen (vgl. auch Abb. 14-10):

```
C:\JavaDev\A    -> [C:\JavaDev\A\Datei1.java,C:\JavaDev\A\Datei2.java]
C:\JavaDev\B    -> [C:\JavaDev\B\File1.java,C:\JavaDev\B\File2.java]
C:\JavaDev\B\C -> [C:\JavaDev\B\C\Tmp1.java,C:\JavaDev\B\C\Tmp2.java]
```

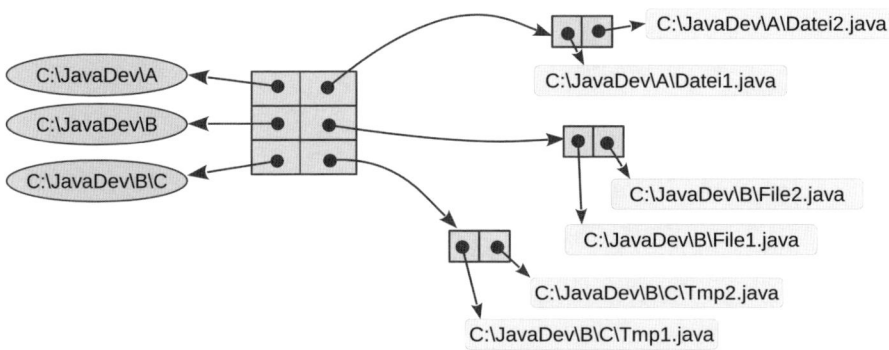

**Abbildung 14-10:** `Map<String,List<String>>`–Datenstruktur

Danach wird der *EntrySet*, also die Menge der *Key-Value*-Paare, extrahiert (vgl. Abb. 14-11) und darauf ein Stream erzeugt (❷). Jedes *Key-Value*-Paar wird nun auf einen String mit dem Format

`Verzeichnis => Dateiname1, Dateiname2, ...` abgebildet. Die Listenelemente (voll qualifizierte Dateinamen) werden per Stream ausgelesen (❸). Nachdem die Dateinamen um die Verzeichnisangabe gekürzt sind, werden sie mit `Collectors.joining`, getrennt durch Komma, verkettet (❹, vgl. Abb. 14-12). Am Ende wird das Ergebnis ausgegeben und man erhält:

```
C:\JavaDev\A   => Datei1.java, Datei2.java
C:\JavaDev\B   => File1.java, File2.java
C:\JavaDev\B\C => Tmp1.java, Tmp2.java
```

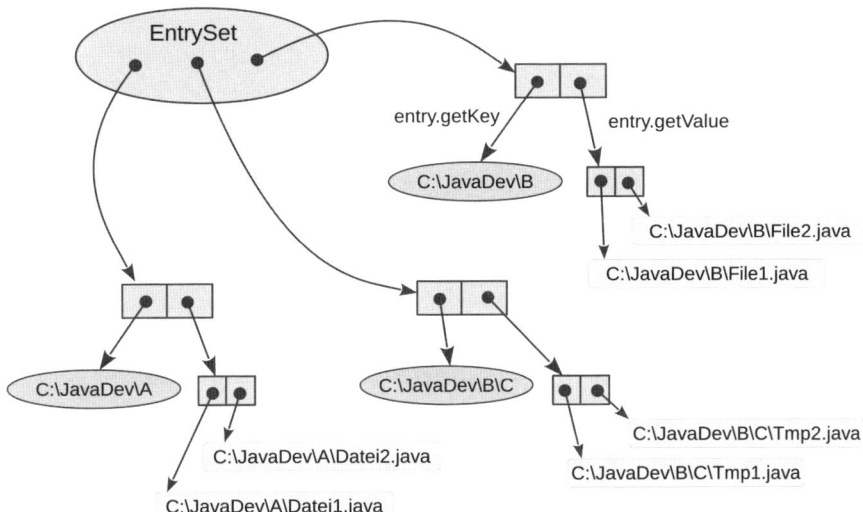

**Abbildung 14-11:** Der `EntrySet` der `Map`

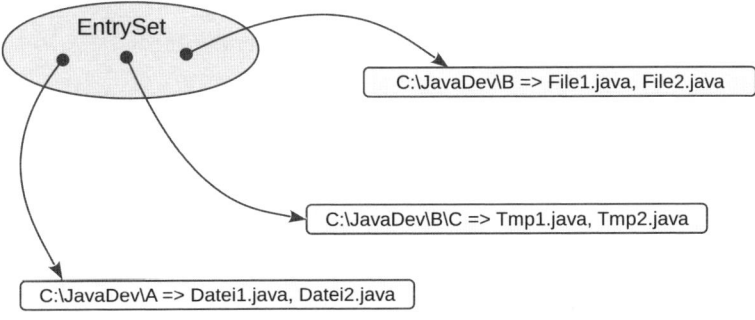

**Abbildung 14-12:** Transformierter `EntrySet`

```
PathMatcher javaMatcher = FileSystems.getDefault()
                          .getPathMatcher("glob:**.java");

Path start = Paths.get("C:/JavaDev");

try( Stream<Path> pathStream = Files.walk(start) )
{
  pathStream.filter( Files::isRegularFile)
      .filter( javaMatcher::matches )
      .map( file -> file.toString() )
      .collect( Collectors.groupingBy(                    ❶
              key -> key.substring(0, key.lastIndexOf(
                                        File.separator)) ,
              Collectors.toList() ) )
      .entrySet().stream()                                ❷
      .map( entry -> entry.getKey() + " => "
                + entry.getValue().stream()               ❸
                    .map( str -> str.substring(
                            str.lastIndexOf(File.separator)+1,
                                 str.length())))
                    .collect(Collectors.joining(", ")) )  ❹
      .forEach( System.out::println );
}
```

**Codebeispiel 14.3**: Verzeichnisweise Auflistung aller Java-Dateien

## 14.2.5    Eigenschaften und Operationsoptimierung

Streams besitzen inhärente Eigenschaften, die insbesondere bei der parallelen Verarbeitung und internen Optimierung eine Rolle spielen. Sie können ORDERED, SIZED, SORTED und DISTINCT sein. Ein Stream kann durch die Anwendung intermediärer Methoden seine Eigenschaft wechseln, wie das folgende Codebeispiel demonstriert:

```
Random rand = new Random();
IntStream randInt =
        rand.ints(100, 0, 9 )    // ORDERED, SIZED
           .filter( n -> n < 5 ) // ORDERED
           .sorted()             // ORDERED, SORTED
           .distinct()           // DISTINCT, ORDERED, SORTED
           .map( n -> 2*n )      // ORDERED
           .unordered();         // none
```

Je nach Quelle besitzt ein Stream bereits Grundeigenschaften. Streams, die aus Listen erzeugt sind, sind geordnet und haben eine bestimmte Größe (ORDERED, SIZED). Die SIZED-Eigenschaft wird von Collectors.toList bei der Collection-Erzeugung berücksichtigt, um das dynamische Wachsen zu vermeiden. Wird ein Stream aus einem Set erzeugt, so kann z. B. `distinct` komplett eliminiert werden, da alle Elemente verschieden sind. Wird `distinct` auf einem sortierten Stream (`SORTED`) aufgerufen, so sind Duplikate immer benachbart, sodass nicht der ganze Stream danach durchsucht werden muss.

## 14.3 Parallele Stream-Verarbeitung: Datenparallelität

Jeder Stream kann auch für die Parallelverarbeitung eingesetzt werden, wobei hier einige Dinge zu beachten sind. Die Parallelverarbeitung erfolgt im Wesentlichen dadurch, dass man anstatt eines gewöhnlichen einen parallelen Stream erzeugt. Dies kann z.B. bei den Collections durch die Benutzung von `parallelStream` erfolgen oder durch explizites »Parallelschalten«, d. h. durch Anwendung der Methode `parallel`. Codebeispiel 14.4 zeigt die beiden Möglichkeiten:

```
List<String> list = ....

list.parallelStream()
    .map( String::toUpperCase )
    .forEach( System.out::println );

IntStream.rangeClosed(1, 10)
        .parallel()
        .forEach( System.out::println );
```

**Codebeispiel 14.4:** Erzeugung von parallelen Streams

Zur Steuerung der Parallelverarbeitung stellt das `BaseStream`-Interface folgende Methoden bereit:

- `parallel()`: Die Methode setzt ein internes Flag auf »parallel« und liefert einen »parallelen« Stream.
- `sequential()`: Die Methode setzt ein internes Flag auf »sequenziell« und liefert einen entsprechenden Stream.
- `isParallel()`: Wertet das zugehörige Flag aus.

## Hinweis

Man beachte, dass das »Parallelflag« erst bei der Ausführung einer terminalen Operation ausgewertet wird. Das bedeutet, dass das zuletzt gesetzte

Flag gewinnt. Wie oben beschrieben, werden die intermediären Operationen zusammengefasst ausgeführt. Die folgende Stream-Verarbeitung wird also komplett sequenziell ausgewertet.

```
Stream<String> stream = ...

stream.parallel()
      .filter(....)
      .map( .... )
      .sequential()
      .map( ... )
      .collect(...);
```

## 14.3.1    Arbeitsweise und korrekte Benutzung

Bei der parallelen Stream-Verarbeitung können die intermediären Operationen und die abschließende terminale Operation parallel auf den Elementen des Streams ausgeführt werden (vgl. Abb. 14-13).

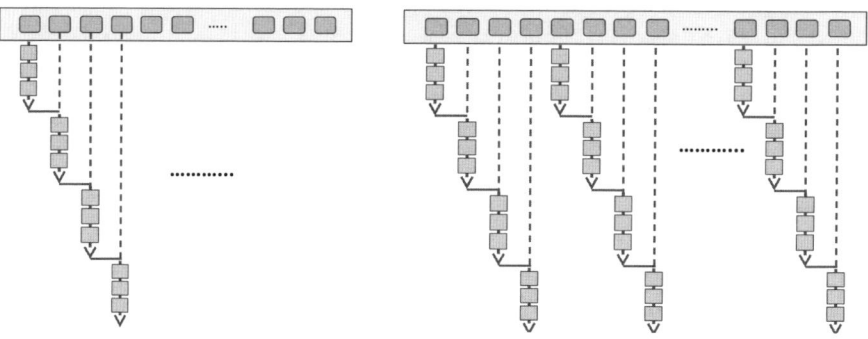

**Abbildung 14-13:** Sequenzielle (links) versus parallele (rechts) Stream-Verarbeitung

Zur Parallelisierung wird das ForkJoin-Framework und der CommonPool benutzt. Der Stream wird hierzu in Teilbereiche aufgesplittet, die nebenläufig bearbeitet werden. Für die Aufteilung sind sogenannte *Spliteratoren* zuständig (vgl. Abb. 14-14). Die Spliteratoren übernehmen neben der Aufteilung auch die Iteration über die einzelnen Teilbereiche (*chunks*). Jeder Chunk besitzt hierbei seinen eigenen Spliterator. Die Anzahl der Aufsplittungen, d.h., die Tiefe des Fork-Baums, hängt von der zur Verfügung stehenden Thread-Anzahl im CommonPool ab, die in der Regel `Runtime.getRuntime().availableProcessors() - 1` beträgt.

Sie kann aber, wie bereits in Abschnitt 6.5 erwähnt, auch über die Java-Umgebungsvariable explizit gesetzt werden.

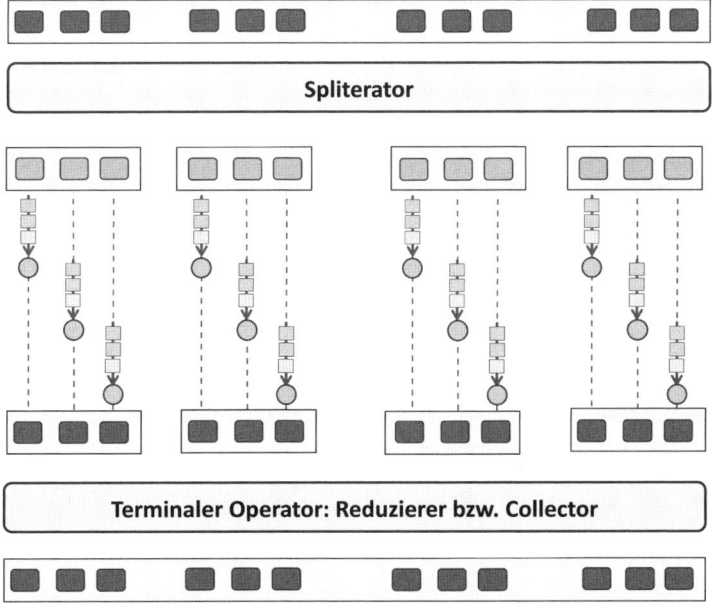

**Abbildung 14-14:** Spliterator spaltet auf, Reduzierer bzw. Collectoren fügen zusammen.

Nachdem die einzelnen Threads ihre Verarbeitung beendet haben, werden die Ergebnisse mithilfe von Reduzierern bzw. Collectoren »zusammengesetzt« und ein Ergebnis bereitgestellt. Spliteratoren werden wir in Abschnitt 14.3.4, Reduzierer bzw. Collectoren in den Abschnitten 14.3.2 und 14.3.3 detailliert besprechen.

## Hinweis

Generell ist bei der parallelen Ausführung zu beachten, dass die Lambda-Ausdrücke (der intermediären und terminalen Operationen) keine Seiteneffekte produzieren sollen. Das ermöglicht jederzeit das Umschalten zwischen sequenzieller und paralleler Verarbeitung.

## Praxistipp

Die intermediären Operationen `map` und `filter` können auf Streams mit bekannter Länge sehr effizient parallelisiert werden, die Operationen `sorted` und `distinct` dagegen weniger. Bei `sorted` und `distinct` müssen alle Elemente des Streams erst erzeugt werden, bevor die Operationen ausgeführt werden können. Operationen auf Streams unbekannter oder »unendlicher« Länge sind aufgrund der fehlenden Größeninformation nicht effizient parallelisierbar.

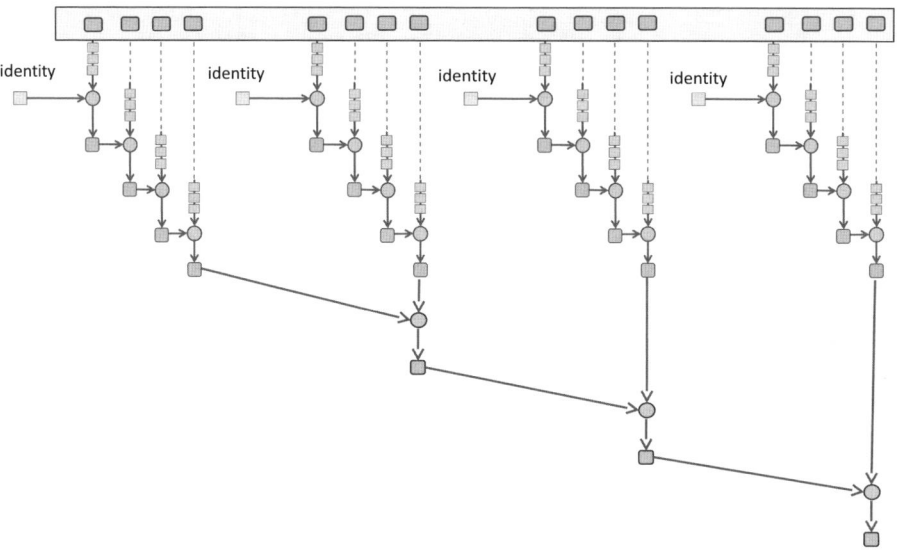

**Abbildung 14-15:** Prinzip der parallelen Reduktion

## 14.3.2    Parallele Reduzierer

Abbildung 14-15 zeigt schematisch die Arbeitsweise einer parallelen Reduktion. Der zugrunde liegende `Stream` wird in Teilbereiche (*chunks*) aufgeteilt, die parallel bearbeitet werden. Im Anschluss daran werden die Teilergebnisse zusammengeführt.

# Hinweis

Man beachte, dass die Addition und Multiplikation von `float` und `double` aufgrund von Rundungsfehlern nur *approximativ assoziativ* sind. Folgendes Beispiel verdeutlicht den Fehler. Berechnet werden soll die folgende Summe

$$\sum_{i=1}^{111} \frac{1}{111} = \frac{1}{111} + \frac{1}{111} + \frac{1}{111} + \cdots + \frac{1}{111} = 111 \cdot \frac{1}{111} = 1$$

deren Ergebnis algebraisch exakt ist. Das folgende Codebeispiel zeigt die Berechnung der Summe mithilfe von Streams. Die sequenzielle Variante summiert den Ausdruck von links beginnend (❶). Die parallele Variante teilt die Zahlenliste in Bereiche ein und summiert zuerst diese und addiert dann die Teilergebnisse (❷). Das hat zur Folge, dass die Zahlenreihe verschieden aufsummiert wird, was zu anderen Rundungsfehlern führt. Der Rundungsfehler ist hierbei sogar vom Grad der Parallelisierung abhängig, d.h. von der Anzahl der gebildeten Teilbereiche, in letzter Konsequenz also auch von der Anzahl der zur Verfügung stehenden Kerne bzw. Prozessoren.

```
final int len = 111;
List<Double> dList = new ArrayList<Double>();
for( int i=0; i < len; i++ )
  dList.add( 1.0/len );

double sumSeq = dList.stream().mapToDouble( d -> d)        ❶
                .reduce(0, (d1,d2) -> d1+d2 );

double sumPar = dList.parallelStream().mapToDouble( d -> d) ❷
                .reduce(0, (d1,d2) -> d1+d2 );

System.out.println("Sequenzielle Addition : " + sumSeq );
System.out.println("Parallele Addition    : " + sumPar );
```

Auf einem QuadCore-Rechner erhalten wir folgende Ausgabe:

```
Sequenzielle Addition : 1.0000000000000013
Parallele Addition    : 0.9999999999999999
```

Man sollte daher beachten, dass das Ergebnis der parallelen Variante von der Implementierung von `parallelStream` abhängig ist.

Bei der Verwendung von `reduce`-Methoden ist es wichtig, dass das korrekte neutrale Element (*identity*) benutzt wird[3].

Eine besondere Rolle spielt noch die folgende Reduziermethode, die einer kombinierten *MapReduce*-Operation entspricht:

- `U reduce(U identity, BiFunction<U,? super T,U>`
  `accumulator, BinaryOperator<U> combiner)`

Der `combiner` wird hier für die Anwendung auf Ergebnisse der parallelen Streams benötigt (vgl. Abb. 14-16). Der `accumulator` bildet die Stream-Elemente vom Typ `T` auf Elemente vom Typ `U` ab.

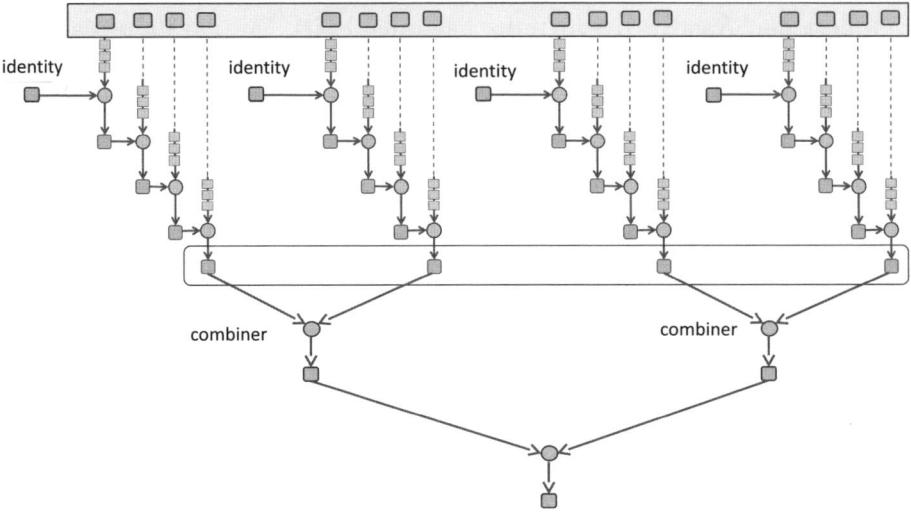

**Abbildung 14-16:** Prinzip der parallelen *MapReduce*-Operation

Vergleicht man die *MapReduce*-Varianten mit einer Variante, bei der explizit `reduce` und `map` benutzt wird, so sind diese bezüglich des Resultats äquivalent, die erste Variante (❶) ist aber performanter, die zweite dagegen lesbarer (❷).

```
Stream<String> strStream = ....

int sum1 = strStream.parallel()                              ❶
                    .reduce(0,  (i,str) ->  i+str.length(),
                                (a, b) ->  a + b );

int sum2 = strStream.parallel()                              ❷
                    .map( s -> s.length() )
                    .reduce( 0, (a, b) -> a + b);
```

---

[3]Bei einer Addition ist das die Null und bei einer Multiplikation die Eins.

## 14.3.3 Parallele Collectoren

Collectoren sind terminale Operationen und liefern eine Sammlung von Objekten zurück. Das Stream-API stellt zwei Methoden zur Übergabe von benutzerdefinierten Collectoren an das Framework bereit:

- ▪ `R collect(Collector<? super T,A,R> collector)`: Wendet den übergebenen Collector auf die Stream-Elemente vom Typ `T` an. Der Typ des »Zwischencontainers« ist `A` und das Ergebnis ist ein Container vom Typ `R`.
- ▪ `R collect(Supplier<R> supplier, BiConsumer<R,? super T> accumulator, BiConsumer<R,R> combiner)`: Mit dieser Methode können die »Einzelteile« eines Collectors an das Stream-Framework übergeben werden.

Die zweite Variante sollte nur dann benutzt werden, wenn man Collectoren nicht wiederverwenden möchte. Ein Nachteil dabei ist auch, dass dem intern erzeugten Collector keine expliziten Eigenschaften mitgegeben werden können (siehe unten).

Die Collectoren implementieren das `Collector`-Interface, das die folgenden fünf Methoden besitzt:

- ▪ `Supplier<A> supplier()`: Liefert ein `Supplier`-Objekt, das eine `Collection` bereitstellt, in die die Stream-Elemente abgelegt werden.
- ▪ `BiConsumer<A,T> accumulator()`: Liefert einen `BiConsumer`, der festlegt, wie ein Element in den durch `Supplier` erzeugten Container hinzugefügt wird.
- ▪ `BinaryOperator<A> combiner()`: Im `BinaryOperator` wird hinterlegt, wie zwei Container zu einem zusammengefügt werden.
- ▪ `Function<A,R> finisher()`: Die zurückgelieferte `Function` wird abschließend zur Umwandlung des Containertyps angewendet.
- ▪ `Set<Collector.Characteristics> characteristics()`: Liefert eine Menge von »Eigenschaften« für die interne Steuerung des Collectors. Mögliche Eigenschaften sind: `UNORDERED`, `IDENTITY_FINISH`, `CONCURRENT`.

Man beachte, dass über die zurückgelieferten »funktionalen Interfaces« der »Sammelvorgang« gesteuert wird.

Collectoren werden prinzipiell auf zwei verschiedene Arten vom Framework eingesetzt, je nachdem, ob sie die `CONCURRENT`-Eigenschaft besitzen. Diese Eigenschaft ist üblicherweise in der Implementierung eines Collectors verankert. Im Folgenden werden die beiden Implementierungsvarianten vorgestellt.

## Non-CONCURRENT-Verarbeitung

Nachdem der Ausgangsstream aufgeteilt wurde und die intermediären Operationen parallel auf den einzelnen Teilen ausgeführt wurden, sammelt jeder Thread bei einem *Non-concurrent*-Collector seine Ergebnisse in einer »lokalen« Collection (vgl. Abb. 14-17).

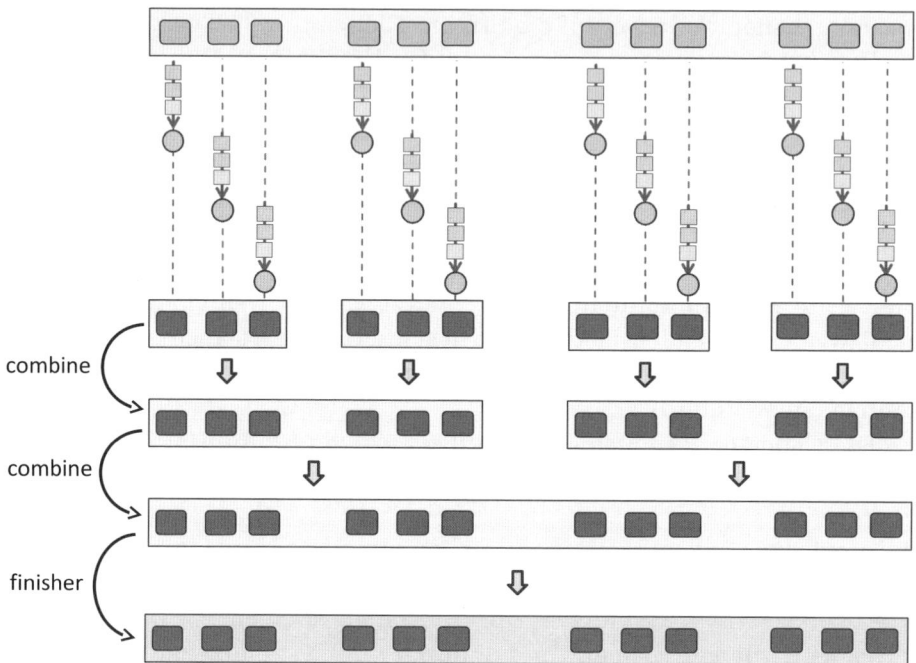

**Abbildung 14-17:** Funktionsweise eines *Non-concurrent*-Collectors auf einem parallelen Stream mit vier Threads

Codebeispiel 14.5 zeigt die Implementierung eines solchen Collectors, der die Stream-Elemente in einer `ArrayList` sammelt[4]. Die `supplier`-Methode wird hier von jedem beteiligten Thread aufgerufen, nachdem die intermediären Operationen ausgeführt wurden (❶). Über den `Supplier` erzeugt sich jeder Thread eine `ArrayList`, in der er die ihm zugeordneten Elemente sammelt. Das Hinzufügen der Elemente in die Liste wird durch den von `accumulator` gelieferten `BiConsumer` festgelegt. In diesem Beispiel werden sie durch `add` hinzugefügt (❷). Der von `combiner` gelieferte `BinaryOperator` kopiert den Inhalt der »rechten« Liste in die »linke«

---

[4]Die hier gezeigte Implementierung entspricht ungefähr der Collector-Implementierung von Java 8, die durch den Aufruf von `Collectors.toList` benutzt wird, wobei dieser Standard-Collector nur die Eigenschaft `IDENTITY_FINISH` besitzt.

und gibt die linke zur Weiterverarbeitung zurück (❸). Wurden alle Teillisten rekursiv vereinigt, wird zum Abschluss die von finisher gelieferte
Function angewendet (❹). Hier kann eine abschließende Transformation
durchgeführt werden. In der gezeigten Implementierung wird keine Änderung ausgeführt. Die finisher-Methode entspricht der Identität.

```java
class ListCollector<T> implements Collector<T, List<T>, List<T>>
{
  @Override
  public Supplier<List<T>> supplier()                          ❶
  {
    return () -> new ArrayList<>();
  }

  @Override
  public BiConsumer<List<T>, T> accumulator()                 ❷
  {
    return (list,n) -> list.add(n);
  }

  @Override
  public BinaryOperator<List<T>> combiner()                   ❸
  {
    return (left,right) ->
            {
                left.addAll(right);
                return left;
            };
  }

  @Override
  public Function<List<T>, List<T>> finisher()                ❹
  {
    return Function.identity();
  }

  @Override
  public Set<Characteristics> characteristics()               ❺
  {
    return Collections.unmodifiableSet(
          EnumSet.of( Characteristics.UNORDERED,
                  Characteristics.IDENTITY_FINISH ));
  }
}
```

**Codebeispiel 14.5:** Ein Collector für eine Liste

Die Collector-Steuerung erfolgt über die Rückgabe der characteristics-
Methode (❺). In der gezeigten Implementierung wird UNORDERED und
IDENTITY_FINISH zurückgegeben. Die Eigenschaft IDENTITY_FINISH be-
deutet, dass finisher keinen Effekt hat und somit nicht aufgerufen wer-

den muss[5]. Bei der Eigenschaft UNORDERED muss eine eventuell vorhandene Reihenfolge in der Ausgangsliste nicht berücksichtigt werden. Die Teillisten können also in einer beliebigen Reihenfolge zusammengesetzt werden.

## CONCURRENT-Verarbeitung

Wenn ein Collector die CONCURRENT-Eigenschaft besitzt, dann dürfen alle Threads in dieselbe Collection schreiben. In Abbildung 14-18 ist diese Arbeitsweise gezeigt. Hier kann das Stream-Framework die *Combine*-Phase eliminieren, wobei der Zugriff auf die Collection jetzt Thread-sicher sein muss.

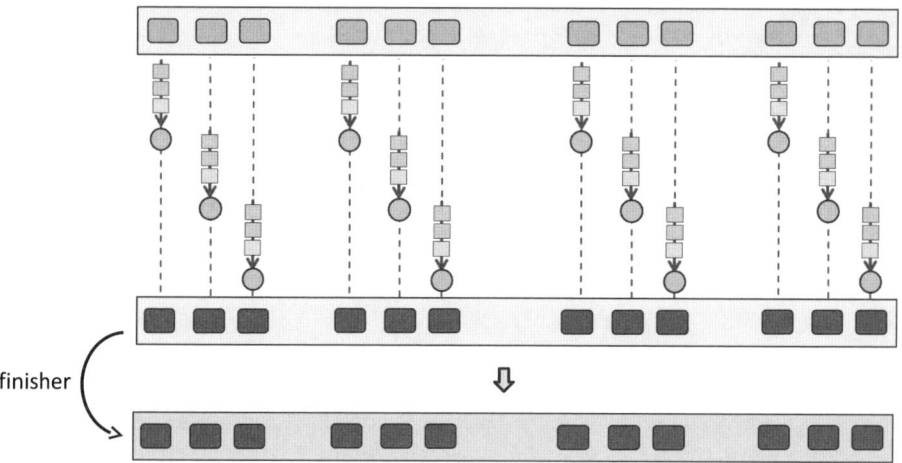

**Abbildung 14-18:** Funktionsweise eines CONCURRENT-Collectors auf einem parallelen Stream mit vier Threads

Codebeispiel 14.6 zeigt eine Implementierung eines Collectors mit der CONCURRENT-Eigenschaft, die in der Methode characteristics explizit angegeben wird (❹). Der Supplier liefert immer denselben Thread-sicheren Container zurück (❷). Die Implementierung benutzt deshalb eine synchronisierte ArrayList (❶). Da jeder Thread seine Elemente in denselben Container schreibt, hat der Combiner nichts zu tun (❸)[6].

---

[5]Das Framework ruft die Methode finisher tatsächlich hier nicht mehr auf. Da man aber dafür keine Garantie hat, sollte sie immer implementiert werden.

[6]Die Methode combiner wird in diesem Fall tatsächlich nicht aufgerufen. Trotzdem sollte man sie zur Sicherheit immer implementieren.

```
class ConcurrentListCollector<T>
                        implements Collector<T, List<T>, List<T>>
{
  private final List<T> syncList =                              ❶
          Collections.synchronizedList( new ArrayList<>() );
  @Override
  public Supplier<List<T>> supplier()                           ❷
  {
    return () -> syncList;
  }
  @Override
  public BiConsumer<List<T>, T> accumulator()
  {
    return (list,n) -> list.add(n);
  }

  @Override
  public BinaryOperator<List<T>> combiner()                     ❸
  {
    return (left,right) -> syncList;
  }

  @Override
  public Function<List<T>, List<T>> finisher()
  {
    return Function.identity();
  }

  @Override
  public Set<Characteristics> characteristics()                 ❹
  {
    return Collections.unmodifiableSet(
          EnumSet.of( Characteristics.UNORDERED,
                      Characteristics.IDENTITY_FINISH,
                      Characteristics.CONCURRENT  ));
  }
}
```

**Codebeispiel 14.6:** Ein CONCURRENT-Collector für eine Liste

## Praxistipp

Die Eigenschaft CONCURRENT sollte bei der Verarbeitung von geordneten Streams immer mit UNORDERED kombiniert sein. Falls UNORDERED nicht spezifiziert ist, dürfen die Threads letztendlich nur in einer bestimmten Reihenfolge in die Collection schreiben.

## 14.3.4    Funktionsweise von Spliteratoren

Die Aufteilung paralleler Streams übernehmen sogenannte Spliteratoren. Ein Spliterator teilt den zugrunde liegenden Stream in Teilbereiche auf, über die dann parallel iteriert wird. Der Aufteilungsprozess und die Iteration erfolgt hierbei über das ForkJoin-Framework.

Das `Spliterator`-Interface wurde in Java 8 eingeführt und kann auch zur Iteration über gewöhnliche Collections benutzt werden. Codebeispiel 14.7 zeigt zum einen die »klassische« Iteration über eine Collection (❶) und zum anderen die mithilfe eines Spliterators (❷). Die klassische ist zweistufig. Bevor auf ein Element zugegriffen wird (`next`), wird immer geprüft, ob überhaupt eins existiert (`hasNext`). Man beachte, dass hier das Prüfen und das Lesen zwei separate Methodenaufrufe sind und somit dazwischen unterbrochen werden können. Der Spliterator stellt mit

- `boolean tryAdvance(Consumer<? super T> action)`

eine Methode zur Verfügung, die die Prüfung auf Vorhandensein weiterer Elemente und die Verarbeitung vereint. Die Verarbeitung erfolgt hierbei über einen bereitgestellten `Consumer`.

```
List<String> list = ....

// Klassische Iteration
Iterator<String> itr = list.iterator();                        ❶
while( itr.hasNext() )
{
  System.out.println( itr.next() );
}

// Iteration mit einem Spliterator
Spliterator<String> splIter = list.spliterator();              ❷
while( splIter.tryAdvance( System.out::println ) ){;}
```

**Codebeispiel 14.7:** Iteration über eine Collection

Spliteratoren sind nicht nur für die Iteration zuständig, sie übernehmen auch die Aufteilung der zugrunde liegenden Datenmenge in Teilbereiche. Das `Spliterator`-Interface besitzt die folgenden Methoden:

- `boolean tryAdvance(Consumer<? super T> action)`: Falls es noch ein Element der zugrunde liegenden Collection gibt, das noch nicht besucht wurde, wird es dem Consumer gegeben und `true` zurückgeliefert. Sonst ist `false` das Ergebnis.
- `Spliterator<T> trySplit()`: Liefert einen neuen `Spliterator` mit einem eigenen Traversierungsbereich. Üblicherweise wird der ursprüng-

liche Bereich geteilt, wobei der des »alten« Spliterators entsprechend angepasst werden muss.

- `long estimateSize()`: Liefert eine Schätzung für die Größe des zugeordneten Traversierungsbereichs.
- `int characteristics()`: Liefert Eigenschaften des Spliterators, wie `SIZED`, `IMMUTABLE` etc. (siehe weiter unten).

Die Steuerung der Aufteilung erfolgt über die Methode `trySplit`. Das ForkJoin-Framework ruft sie so lange auf, bis entweder `null` zurückgeliefert wird oder eine frameworkintern festgelegte Rekursionstiefe erreicht wurde.

Abbildung 14-19 zeigt schematisch die Funktionsweise des Split-Vorgangs. Für den zu verarbeitenden Datencontainer wird ein Spliterator erzeugt (`Spliterator 1`). Auf diesem wird dann `trySplit` aufgerufen. Die Zuständigkeit des ersten Spliterators wird auf die »rechte Hälfte« beschränkt. Für die »linke« wird dann ein neuer Thread gestartet (`fork`). Danach wird auf den beiden wieder `trySplit` aufgerufen. Es wird jeweils ein neuer Spliterator mit einem entsprechenden Thread zurückgeliefert (`Spliterator 3` und `Spliterator 4`). Dabei werden die Zuständigkeitsbereiche der Spliteratoren entsprechend angepasst. Der Split-Prozess ist dann zu Ende, wenn `trySplit null` liefert.

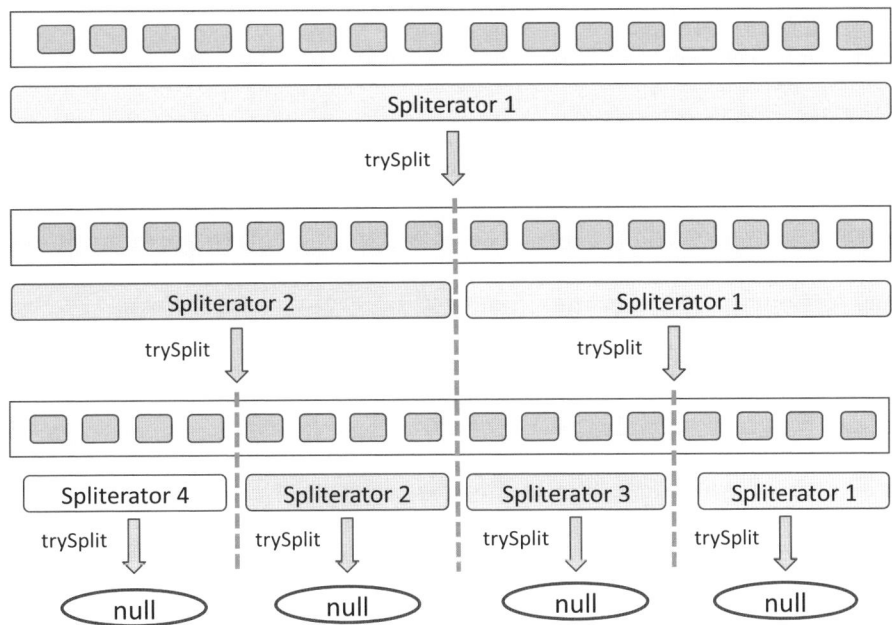

**Abbildung 14-19:** Die Funktionsweise eines Spliterators

Im Anschluss an den Split-Prozess iteriert nun jeder Spliterator über seinen Teilbereich und führt die entsprechenden intermediären Operationen, wie z.B. `map` oder `filter`, aus. Die terminale Operation (*Join-Phase*) fügt dann die Teilergebnisse z.B. durch Reduzierer oder Collectoren zusammen (vgl. auch Abb. 14-14).

### 14.3.5 Benutzerdefinierte Spliteratoren

Normalerweise sollte man auf den Standard-Spliterator zurückgreifen, der jedem Stream vom Framework zur Verfügung gestellt wird[7]. Es gibt aber Anwendungsfälle, bei denen sie weniger geeignet sind, da diese die Datenmengen in der Regel immer halbieren. In diesen Fällen bietet es sich an, selbst in den Split-Prozess einzugreifen und zu bestimmen, wie die Daten aufgeteilt werden. Man kann Spliteratoren aus Iteratoren erzeugen oder komplette Spliteratoren implementieren.

### Spliteratoren von Iteratoren

Der einfachere Fall ist die Erzeugung von Spliteratoren aus Iteratoren. Angenommen, man möchte die Häufigkeiten von Buchstabensequenzen eines sehr langen Strings bestimmen, wobei alle vorkommenden Sequenzen eine feste Länge haben. Ein Beispiel für einen solchen String, der in dem Beispiel natürlich sehr kurz ist, wäre

```
AAAAABBBBBDDDDDXXXXXBBBBBBBBBBXXXXXBBBBBCCCCCDDDDD
```

Hier haben wir 10 Buchstabensequenzen der Länge 5. Würde man hiervon einen parallelen Stream erzeugen und mit Collectoren die Häufigkeit ermitteln, so würde man mit einer hohen Wahrscheinlichkeit ein falsches Ergebnis erhalten, da die Collectoren auf Teilbereichen suchen, die nicht unbedingt an den »richtigen« Stellen geteilt sind. Im obigen Beispiel könnte eine Aufteilung wie folgt aussehen:

```
AAAAABBBBBDD    DDDXXXXXBBBBB    BBBBBXXXXXBB   BBBCCCCCDDDDD
```

Die zu zählenden Sequenzen sind hier zerschnitten.

Natürlich kann man den String vorverarbeiten und z.B. eine Liste mit Strings der Länge 5 erzeugen, die dann unproblematisch verarbeitet werden kann.

Man kann aber auch einen eigenen Iterator schreiben, dessen `next`-Methode immer eine komplette Buchstabensequenz liefert (vgl. Abb. 14-20).

---

[7]Dies wurde bisher in den ganzen Beispielen auch so gemacht.

Der String wird hierzu z.B. in einen entsprechenden Wrapper verpackt. Codebeispiel 14.8 zeigt eine Beispielimplementierung. Der Konstruktor der `SequenzIterationWrapper`-Klasse erhält als Argument den zu umhüllenden String und die *Chunk*-Länge. Die Klasse selbst implementiert das `Iterable`-Interface (❶,❹) und definiert als innere Klasse einen `Iterator` (❷). Die `next`-Methode liefert jeweils (Sub-)Strings der entsprechenden Länge (❸).

```
public class SequenzIterationWrapper implements Iterable<String> ❶
{
  private final String str;
  private final int chunkSize;

  private class ChunkIterator implements Iterator<String>        ❷
  {
    private int pos = 0;

    @Override
    public boolean hasNext()
    {
      return this.pos <= str.length()- chunkSize;
    }

    @Override
    public String next()                                         ❸
    {
      String chunk = str.substring(pos, pos+chunkSize);
      pos += chunkSize;
      return chunk;
    }
  }

  public SequenzIterationWrapper(String str, int chunkSize)
  {
    assert str.length()%chunkSize == 0;
    this.str = str;
    this.chunkSize = chunkSize;
  }

  public int size()
  {
    return this.str.length()/this.chunkSize;
  }

  @Override
  public Iterator<String> iterator()                             ❹
  {
    return new ChunkIterator();
  }
}
```

**Codebeispiel 14.8:** Benutzerdefinierter Iterator

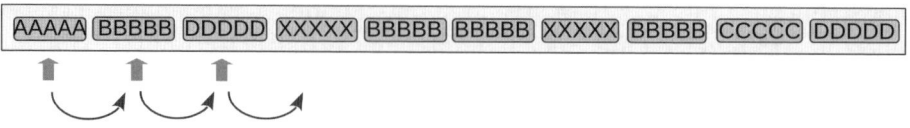

**Abbildung 14-20:** Iteration über Chunks mit einem eigenen Iterator

Codebeispiel 14.9 zeigt die Verwendung unseres Wrappers (❶). Ein Spliterator wird mit der Methode `Spliterators.spliterator` erzeugt, die als Argument einen Iterator, die Anzahl der Elemente (Chunks) und Eigenschaften zur internen Steuerung erhält[8]. Die Eigenschaft `Spliterator.NONNULL` bedeutet, dass keine `null`-Werte in der Datenmenge enthalten sind, und `Spliterator.IMMUTABLE` signalisiert die Unveränderbarkeit der Datenstruktur. Der eigentliche Stream wird dann mithilfe der Klasse `StreamSupport` erzeugt (❸). Das zweite Argument der `stream`-Methode gibt an, ob ein paralleler (`true`) oder ein sequenzieller (`false`) Stream erzeugt werden soll.

```
public static Map<String, Integer> getFrequencyMap(String str)
{
    SequenzIterationWrapper wrapper
                    = new SequenzIterationWrapper(str, 5);    ❶

    Spliterator<String> spliterator = Spliterators.spliterator(    ❷
                wrapper.iterator(),
                wrapper.size(),
                Spliterator.NONNULL + Spliterator.IMMUTABLE);

    return StreamSupport.stream(spliterator, true)    ❸
                .collect( Collectors.groupingBy(
                            Function.identity(),
                            Collectors.toList()  ) )
                .entrySet().parallelStream()
                .collect( Collectors.toMap(
                            Map.Entry::getKey,
                            e -> e.getValue().size()
                ));
}
```

**Codebeispiel 14.9:** Erzeugung eines Streams durch einen Iterator

---

[8]Dieser Mechanismus wird auch bei den Collectoren angewendet, wobei für die Spliteratoren leider keine Enums verwendet wurden, sondern `int`-Zahlen.

## Implementierung eines Spliterators

Die zweite Möglichkeit, das oben beschriebene Problem der Häufigkeits-
bestimmung zu lösen, ist die direkte Implementierung eines Spliterators.
Codebeispiel 14.10 demonstriert dies. Die Klasse `SequenzSpliterator`
implementiert das Interface `Spliterator` (❶). Bereitzustellen sind die
Methode `tryAdvance`, die die Iteration über die Teilbereiche übernimmt
(❷), die Methode `trySplit`, die die Aufteilung steuert (❸), die Methode
`estimateSize`, die die Größe des aktuellen Teilbereichs liefert (❹), und
`characteristics`, die die Eigenschaften des Spliterators beschreibt (❺).

```
public class SequenzSpliterator implements Spliterator<String>    ❶
{
  private final String str;
  private final int chunkSize;
  private int    currentPos = 0;

  public SequenzSpliterator(String str, int chunkSize)
  {
    assert str.length()%chunkSize == 0;
    this.str = str;
    this.chunkSize = chunkSize;
  }

  @Override
  public boolean tryAdvance(Consumer<? super String> action)    ❷
  {
    if (currentPos >= str.length())   return false;

    action.accept( str.substring(currentPos, currentPos + chunkSize) );
    currentPos += chunkSize;
    return true;
  }

  @Override
  public Spliterator<String> trySplit()                          ❸
  {
    int currentSize = str.length() - currentPos;
    if( currentSize < 10*chunkSize ) return null;

    int splitPos = currentSize/2 + currentPos;
    splitPos += chunkSize - splitPos%chunkSize;                  ❻

    Spliterator<String> spliterator =
            new SequenzSpliterator(
                  str.substring(currentPos, splitPos),chunkSize);
    currentPos = splitPos;                                       ❼

    return spliterator;
  }
```

```
@Override
public long estimateSize()                                    ❹
{
    return (str.length() - currentPos)/chunkSize;
}

@Override
public int characteristics()                                  ❺
{
    return SIZED + SUBSIZED + NONNULL + IMMUTABLE;
}
}
```

**Codebeispiel 14.10:** Beispiel für eine Implementierung eines Spliterators

Der an `tryAdvance` übergebene `Consumer` erhält immer (Sub-)Strings der Länge `chunkSize`, solange noch Elemente zur Verfügung stehen. Das Vorgehen entspricht hier quasi einer Iteration. Die Methode `trySplit` liefert `null`, wenn eine Mindestgröße unterschritten wird. Das Framework wird dann den Teilungsprozess stoppen und mit der sequenziellen Verarbeitung beginnen, d.h. die `tryAdvance`-Methode aufrufen. Ansonsten wird in `trySplit` ein neuer Spliterator erzeugt, wobei die Teilungsgrenze an eine Sequenzgrenze angepasst wird (❻). Hier muss auch die aktuelle Position angepasst werden (❼). Die Methode `estimateSize` liefert die Anzahl der noch zu verarbeitenden Elemente. Die Eigenschaften `Spliterator.SIZED` und `Spliterator.SUBSIZED`, die hier von `characteristics` geliefert werden, bedeuten, dass sowohl die Ausgangs- als auch die Teilgrößen immer exakt sind. Das Framework kann sich also auf die von `estimateSize` gelieferten Größen verlassen. Wird z. B. ein Stream aus einer Datei erzeugt, liefert `estimateSize` nicht unbedingt korrekte Werte. Tabelle 14-5 zeigt die möglichen Eigenschaften eines Spliterators.

| Methode | Parameter |
|---------|-----------|
| NONNULL | Der Stream enthält keine `null`-Werte. |
| IMMUTABLE | Die zugrunde liegende Datenmenge wird nicht verändert. |
| SIZED | Die Anzahl der Elemente in der zugrunde liegenden Datenstruktur ist bekannt und wird durch `estimateSize` exakt geliefert. Das ist z.B. bei allen Standard-Collections der Fall. |
| SUBSIZED | Der durch `trySplit` neu erzeugte Spliterator ist ebenfalls `SIZED`. |
| ORDERED | Der Spliterator respektiert eine vorgegebene Ordnung, z.B. bei `List`. |
| SORTED | Es gibt eine zugrunde liegende Sortierung, die respektiert werden muss. |
| DISTINCT | Alle Elemente sind verschieden. |
| CONCURRENT | Die zugrunde liegende Datenstruktur kann durch andere Threads sicher verändert werden, ohne dass explizit synchronisiert wird. |

**Tabelle 14-5:** Eigenschaften eines Spliterators

## 14.4   Zusammenfassung

Daten, die in Form eines Arrays oder einer Collection vorliegen, können seit Java 8 parallel verarbeitet werden. Die Klasse `Arrays` stellt hierzu parallele Implementierungen für die Sortierung, die Transformation oder Präfixberechnung zur Verfügung.

Bei Collections kann auf das Stream-API zurückgegriffen werden. Neben den Standard-APIs für die Reduzierung oder Datensammlung können eigene Reduzierer und Collectoren entwickelt werden. Darüber hinaus kann auch die Aufteilung der Datenmenge durch die Verwendung benutzerdefinierter Spliteratoren selbst gesteuert werden.

Intern wird bei der parallelen Verarbeitung sowohl bei den Arrays als auch bei den Streams auf das ForkJoin-Framework zurückgegriffen.

# 15 CompletableFuture

## 15.1 CompletableFuture als Erweiterung des Future-Patterns

Mithilfe des `Future`-Konzepts ist es sehr einfach, einen asynchronen Task zu starten und dessen Ergebnis zu einem späteren Zeitpunkt über entsprechende Methoden abzufragen (vgl. Abschnitt 6.2).

Möchte man z.B. mehrere intern voneinander abhängige Tasks ausführen, so muss der Ablauf mit den bisherigen Möglichkeiten aber explizit koordiniert werden. Codebeispiel 15.1 zeigt, wie zwei Tasks hintereinander ausführt werden, wobei der zweite (❸) das Ergebnis des ersten (❶) nutzt. Die Koordination wird hier explizit vom Aufrufer übernommen, was zum einen dazu führen kann, dass er unnötig blockiert wird, falls der erste Task beim Aufruf von `get` (❷) noch nicht beendet ist, und zum anderen den logischen Ablauf des Aufrufers unterbricht.

```
ExecutorService threadPool = ....

Future<String> task1 = threadPool.submit(            ❶
            () -> { doSomething1();
                    return "Hello";} );

// ....

final String str = task1.get();                      ❷

Future<String> task2 = threadPool.submit(            ❸
            () -> { doSomething2();
                    return str.toUpperCase();} );

System.out.println( task2.get() );
```

**Codebeispiel 15.1:** Zwei voneinander abhängige asynchrone Tasks

Möchte man ein solches Blockieren des Aufrufers vermeiden, so kann man die Ausführung eines Tasks in die Ausführung des anderen verlagern. Codebeispiel 15.2 zeigt eine mögliche Implementierung hierfür. Der Aufrufer startet nur noch einen Task (❶), der daraufhin einen zweiten erzeugt (❷), da er dessen Ergebnis für die Weiterverarbeitung benötigt (❸).

```
ExecutorService threadPool = ....

Future<String> task = threadPool.submit(                    ❶
    () -> { doSomething1();

                String tmp = threadPool.submit(            ❷
                    () -> { doSomething2();
                            return "Hello"; }
                    ).get();                                ❸

                return tmp + " World"; }
    );

// ....

System.out.println( task.get() );
```

**Codebeispiel 15.2:** Zwei ineinander geschachtelte asynchrone Tasks

Oder man integriert den Aufruf direkt in den zweiten Task (❶):

```
ExecutorService threadPool = ....

Future<String> task1 = threadPool.submit(
            () -> { doSomething1();
                    return "Hello"; } );


Future<String> task2 = threadPool.submit(
            () -> { doSomething2();
                    return task1.get().toUpperCase(); } );     ❶

System.out.println( task2.get() );
```

**Codebeispiel 15.3:** Direkte Abfrage des zweiten Tasks

Möchte man nun nicht nur zwei, sondern mehrere Tasks in einer Pipeline ausführen, so führt die geschachtelte Ausführung zu sehr unübersichtlichem Code. Insbesondere müssen die nachgelagerten Tasks immer explizit an einen Executor übergeben werden.

Der CompletableFuture-Mechanismus erlaubt, genau solche Ablaufketten einfacher zu formulieren und asynchron auszuführen. Die Klasse CompletableFuture erweitert das bestehende Konzept. Man erkennt dies daran, dass sie neben dem Future- auch das neu eingeführte CompletionStage-Interface implementiert (vgl. Abb. 15-1).

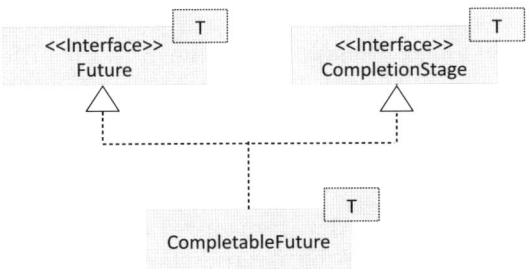

**Abbildung 15-1:** Klasse `CompletableFuture` mit ihren Interfaces

Bei der Verwendung von `CompletableFuture`-Objekten kommen im Wesentlichen die funktionalen Interfaces aus dem Paket `java.util.function` zum Einsatz, sodass in vielen Fällen Lambda-Ausdrücke verwendet werden können. Das folgende Codebeispiel 15.4 zeigt die Umsetzung der `Future`-Funktionalität mithilfe des `CompletableFuture`-Mechanismus, wobei hier bewusst keine Lambda-Syntax benutzt wurde, um die Ähnlichkeiten mit dem `Future`-Konzept besser zu verdeutlichen (vgl. hierzu auch Codebeispiel 6.4 in Abschnitt 6.2.2).

```
public class SimpleCompletableFuture
{
  static class Task implements Supplier<Integer>        ❶
  {
    @Override
    public Integer get()
    {
      return 42;
    }
  }

  public static void main(String[] args)
  {
    Future<Integer>  future =
          CompletableFuture.supplyAsync( new Task() );   ❷
    // ...
    try
    {
      System.out.println( future.get() );                ❸
    }
    catch (InterruptedException | ExecutionException e)
    {
      e.printStackTrace();
    }
  }
}
```

**Codebeispiel 15.4:** Umsetzung der `Future`-Funktionalität mit `CompletableFuture`

In dem Beispiel übernimmt ein `Supplier` die Rolle des `Callable` (❶). Nachdem das Task-Objekt erzeugt wurde, wird es mithilfe der Klassenmethode `CompletableFuture.supplyAsync` asynchron zur Ausführung gebracht (❷), die ein `CompletableFuture<Integer>`-Objekt zurückliefert. Der Task wird mithilfe eines Threads aus dem CommonPool ausgeführt. Es gibt eine überladene `supplyAsync`-Methode, bei der explizit ein Threadpool angegeben werden kann, der dann für die Ausführung der asynchronen Aktivitäten verantwortlich ist (später dazu mehr). Über die üblichen `Future`-Methoden kann nun auf das Ergebnis wie gewohnt zugegriffen werden (❸).

Schaut man sich die `CompletableFuture`-Klasse an, so erscheint das API überfrachtet. Bei näherer Betrachtung erkennt man, dass es mehrere Benutzungsrollen bedient. Abbildung 15-2 zeigt schematisch verschiedene Kategorien und die ihnen zugeordneten Methoden.

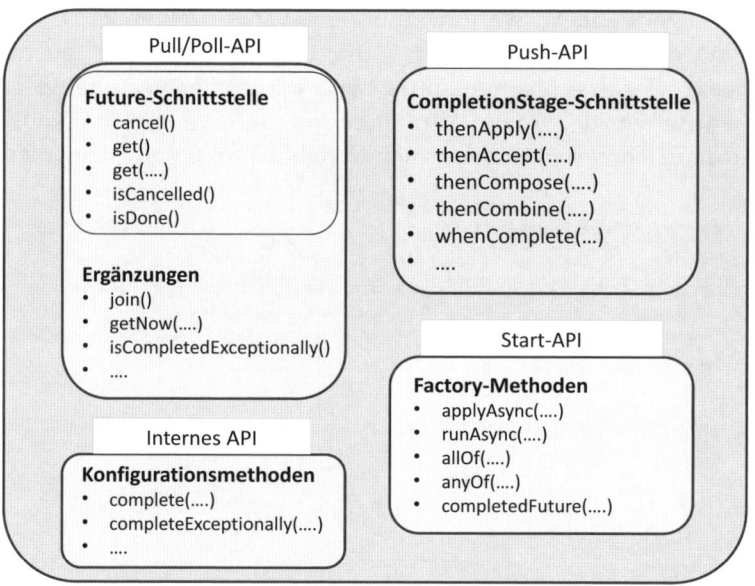

**Abbildung 15-2:** Aufteilung des `CompletableFuture`-APIs in verschiedene Kategorien

Die in der Kategorie »Internes API« zusammengefassten Methoden dienen zum internen Umgang mit `CompletableFutures` (vgl. Abschnitt 15.2). Die Kategorie »Push-API« wird verwendet, um komplexe Verarbeitungsketten zu formulieren, was in Abschnitt 15.4 näher erläutert wird. Zum Starten asynchroner Verarbeitungen sind die Fabrikmethoden von »Start-API« zuständig.

Die Kategorie »Pull/Poll-API« beinhaltet das `Future`-Interface und definiert noch weitere Methoden, über die aktiv der Wert oder Status einer asynchronen Berechnung bzw. Berechnungskette abgefragt werden kann. Die wichtigsten hinzugekommenen Methoden sind:

- `T join()`: Liefert das Ergebnis der asynchronen Verarbeitung, wirft aber im Gegensatz zu `get` keine Exception. Die Methode blockiert, bis das Ergebnis vorliegt, oder wirft im Fehlerfall entweder die von `RuntimeException` abgeleitete `CancellationException` oder `CompletionException`.
- `T getNow(T valueIfAbsent)`: Fragt nach dem Ergebnis. Ist (noch) keines vorhanden, wird `valueIfAbsent` zurückgegeben. Auch diese Methode wirft im Fehlerfall ebenfalls `CancellationException` oder `CompletionException`.
- `boolean isCompletedExceptionally()`: Liefert `true`, falls während der Verarbeitung eine Ausnahme aufgetreten ist.

Im Gegensatz zu den im Interface `Future` definierten Methoden verwenden die zusätzlich aufgenommenen Methoden keine checked Exceptions, was der besseren Formulierung mit Lambda-Ausdrücken zugutekommt.

Damit kann das Codebeispiel 15.4 prägnanter formuliert werden, wie im Codebeispiel 15.5 dargestellt. Zu beachten ist, dass die Rückgabe diesmal vom Typ `CompletableFuture` ist (❶), da der Wert mit `join` abgefragt wird (❷). Eine explizite Fehlerbehandlung ist jetzt nicht mehr notwendig.

```
public class SimpleCompletableFuture
{
    public static void main(String[] args)
    {
        CompletableFuture<Integer>  future  =                      ❶
            CompletableFuture.supplyAsync( () -> 42 );

        // ...
        System.out.println( future.join() );                      ❷
    }
}
```

**Codebeispiel 15.5:** Ein einfaches Programm mit einem CompletableFuture

## 15.2   Design von asynchronen APIs

Asynchrone APIs nehmen beim Design von reaktiven Anwendungen eine wichtige Rolle ein. Insbesondere kann bei Multicore-Rechnern nun auch eine echte nebenläufige asynchrone Verarbeitung stattfinden. In diesem Abschnitt werden verschiedene Techniken vorgestellt, wie man mit `CompletableFuture` asynchrone APIs implementieren kann.

## 15.2.1   Asynchrone APIs mit Future

Auch mit »gewöhnlichen« Future-Objekten ist es möglich, asynchrone APIs zu implementieren. Im Codebeispiel 15.6 liefert die Methode calculateAsync als Rückgabe ein Future<Integer>-Objekt und übergibt intern ein Callable-Objekt an den CommonPool zur asynchronen Ausführung.

```
public static Future<Integer>  calculateAsync()
{
  return ForkJoinPool.commonPool().submit( () -> calculate() );
}

private static int calculate()
{
  // ...
  return 42;
}
```

**Codebeispiel 15.6:** Implementierung einer asynchronen Methode mit einem Future

Der Nachteil ist, dass Future-Objekte nur aktiv abgefragt werden können. Ihr API unterstützt nur sogenannte *Pull-* bzw. *Poll*-Methoden. Ein Future-Objekt kann den Aufrufer nicht aktiv benachrichtigen, wenn das Ergebnis vorliegt bzw. wenn die Berechnung abgeschlossen (*completed*) ist[1].

## 15.2.2   Asynchrone APIs mit CompletableFuture

Bei der Verwendung von CompletableFuture-Objekten hat man explizite Kontrolle über die Art und Weise, wie sie »abgeschlossen« werden. Das API stellt hierzu zwei Methoden zur Verfügung, nämlich complete und completeExceptionally. Im Codebeispiel 15.7 wird zuerst ein CompletableFuture-Objekt erzeugt (❶). Danach wird ein Runnable-Objekt erstellt, das die calculate-Methode ausführt und das Ergebnis dem CompletableFuture-Objekt zuweist (❷). An dieser Stelle wird das CompletableFuture »abgeschlossen« . Das Ergebnis steht nun bereit und falls weitere Verarbeitungsschritte angehängt sind (vgl. Abschnitt 15.3 über das *Push*-API), werden diese vom selben Thread ausgeführt.

Tritt eine Exception bei der Ausführung von calculate auf, kann sie explizit dem CompletableFuture-Objekt zugewiesen werden (❸). Nach dem Starten des Threads wird das CompletableFuture an den Aufrufer zurückgegeben (❹).

---

[1]Der Vorteil des CompletableFuture liegt genau darin, dass über das Interface CompletionStage eine Reihe von *Push*-Methoden bereitgestellt werden, mit denen anhängende Tasks ausgeführt werden können (vgl. Abschnitt 15.3).

```
public static CompletableFuture<Integer> calculateAsync()
{
  CompletableFuture<Integer> result =
                      new CompletableFuture<Integer>();        ❶

  Runnable task = new Runnable()
  {
    @Override
    public void run()
    {
      try
      {
        int res = calculate();
        result.complete(res);                                 ❷
      }
      catch (Exception ex)
      {
        result.completeExceptionally(ex);                     ❸
      }
    }
  };

  Thread t = new Thread(task);
  t.start();

  return result;                                              ❹
}

private static int calculate() throws Exception
{
  // ...
  return 42;
}
```

**Codebeispiel 15.7:** Asynchrone Methode mit einem `CompletableFuture`

Auch hier kann das `Runnable`-Objekt z. B. an den *CommonPool*, analog wie im Codebeispiel 15.6 mit der `execute`-Methode, oder an einen explizit bereitgestellten Threadpool (vgl. Codebeispiel 15.8) übergeben werden.

```
public static CompletableFuture<Integer> calculateAsync(
                                  Executor threadpool)
{
  CompletableFuture<Integer> result =
                      new CompletableFuture<Integer>();

  Runnable task = new Runnable()
  {
    @Override
    public void run()
    {
      //....
```

```
      }
   };
   threadpool.execute(task);
   return result;
}
```

**Codebeispiel 15.8:** Asynchrone Methode mit Verwendung eines Threadpools

Neben `complete` und `completeExceptionally` gibt es noch die beiden Methoden `obtrudeValue` und `obtrudeException`, die sich bezüglich der Verarbeitung nach dem Abschluss anders verhalten. Sie sollten nur in Ausnahmefällen eingesetzt werden.

# 15.3    Asynchrone Verarbeitung: Task-Parallelität

Ein zweites Hauptanwendungsgebiet, neben der asynchronen API-Implementierung, ist die Konfiguration und asynchrone Ausführung komplexer Verarbeitungsketten.

## 15.3.1    Das Starten einer asynchronen Verarbeitung

Die `CompletableFuture`-Klasse hat verschiedene statische Methoden, die als Einstiegspunkte für asynchrone Verarbeitungsketten benutzt werden können. Im Codebeispiel 15.4 bzw. 15.5 wurde bereits `supplyAsync` verwendet. Im Folgenden sind die zur Verfügung stehenden Startmethoden aufgelistet:

- `CompletableFuture<U> supplyAsync(Supplier<U> supplier)`: Der übergebene `Supplier` wird durch einen Thread aus dem CommonPool asynchron ausgeführt, das Ergebnis wird in Form eines `CompletableFuture<U>` dem Aufrufer zurückgegeben.
- `CompletableFuture<U> supplyAsync(Supplier<U> supplier, Executor executor)`: Wie vorhin mit dem Unterschied, dass explizit der übergebene `executor` verwendet wird.
- `CompletableFuture<Void> runAsync(Runnable runnable)`: Das übergebene `Runnable`-Objekt wird asynchron von einem Thread aus dem CommonPool ausgeführt. Da die `run`-Methode des `Runnable`-Interface als Rückgabe `void` hat, wird ein `CompletableFuture<Void>`-Objekt zurückgeliefert.
- `CompletableFuture<Void> runAsync(Runnable runnable, Executor executor)`: Hat dieselbe Funktionalität, nur dass zur Ausführung des `Runnable`-Objekts ein Thread aus dem übergebenen Threadpool (Argument `executor`) übernommen wird.

## 15.3.2   Definition einer asynchronen Verarbeitungskette

Das `CompletionStage`-Interface stellt verschiedene, sogenannte *Push*-Methoden zur Verkettung von Aktivitäten bereit. Die Grundidee ist hier, dass jeder Task ein `CompletableFuture` als Ergebnis liefert, sodass eine Ablaufkette über ein *Fluent Programming Style* gebildet werden kann. Die einzelnen Tasks werden hierbei allerdings durch Funktionen bzw. Lambda-Ausdrücke formuliert. Für eine serielle Ablaufsteuerung stehen die folgenden Methoden zur Verfügung:

- `CompletableFuture<U> thenApplyAsync(Function<? super T, ? extends U> fn)`: **Auf das Ergebnis (`CompletableFuture`-Objekt) wird** `fn` **angewendet. Die Berechnung erfolgt durch einen Thread aus dem CommonPool. Das Ergebnis ist wieder ein** `CompletableFuture`-**Objekt.**
- `CompletableFuture<Void> thenAcceptAsync(Consumer<? super T> action)`: **Auf das Ergebnis (`CompletableFuture`-Objekt) wird** `action` **mit einem Thread aus dem CommonPool angewendet. Da ein** `Consumer` **keine Rückgabe hat, wird ein** `CompletableFuture<Void>`-**Objekt zurückgegeben.**

Das funktionale Interface `Function` erfordert hierbei die Signatur `U apply(T t)` und `Consumer` die Signatur `void accept(T t)`.

Abbildung 15-3 zeigt schematisch ein Beispiel eines asynchronen, sequenziellen Ablaufs aus vier Tasks. In den Codebeispielen 15.9 und 15.10 ist eine entsprechende Implementierung gezeigt. Ausgeführt werden hier nacheinander Funktionen einer Service-Klasse (vgl. Codebeispiel 15.9). Die Bedienung der Schnittstelle ist hier so definiert, dass zuerst ein Benutzer angegeben werden muss (`getUser`), für den dann ein Profil angefordert (`getProfile`) wird. Damit kann dann eine Zugangsberechtigung angefragt werden (`getAccessRight`).

```
public class Service
{
  public static User          getUser(int userId) { ... }
  public static Profile        getProfile(User user) { ... }
  public static AccessRight    getAccessRight(Profile profile) { ... }
}
```

**Codebeispiel 15.9**: Methoden einer Service-Klasse

Codebeispiel 15.10 zeigt die Formulierung des asynchronen Ablaufs mithilfe von `CompletableFuture`-Objekten (Pipeline-Verarbeitung). Der `Supplier`, der `supplyAsync` übergeben wird, liefert ein `User`-Objekt zurück und somit die `supplyAsync`-Methode ein `CompletableFuture`.

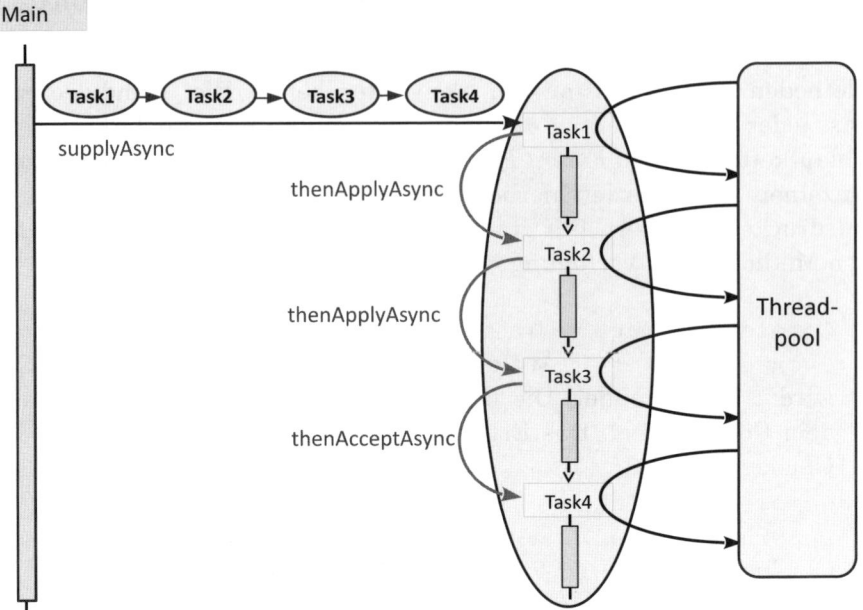

**Abbildung 15-3:** Eine asynchrone Verarbeitung von vier Tasks mithilfe des CompletableFuture-Konzepts

Danach werden thenApplyAsync-Methoden mit den verschiedenen Funktionen ausgeführt, wobei das Ergebnis des vorhergehenden Vorgangs als Argument für die nachfolgende übergeben wird. Das Endergebnis wird mit thenAcceptAsync konsumiert, was in diesem Fall eine Ausgabe produziert. Im unteren Teil ist dieselbe Aufrufkette gezeigt, wobei hier nicht der *Fluent Programming Style* benutzt wurde, sondern explizit jede Rückgabe einer Referenzvariablen zugewiesen wurde. Man sieht hier, dass die CompletableFuture-Objekte verschieden typisiert sind.

```
CompletableFuture.supplyAsync(
   () -> Service.getUser(42) )
   .thenApplyAsync( (user) -> Service.getProfile(user))
   .thenApplyAsync( (profile) -> Service.getAccessRight(profile))
   .thenAcceptAsync( (access) -> System.out.println(access) );

// Alternative Aufrufkette
CompletableFuture<User> cfUser
   = CompletableFuture.supplyAsync( () -> Service.getUser(42) );
CompletableFuture<Profile> cfProfile
   = cfUser.thenApplyAsync( (user) -> Service.getProfile(user) );
CompletableFuture<AccessRight> cfAccessRight
   = cfProfile.thenApplyAsync(
                (profile) -> Service.getAccessRight(profile) );
```

```
CompletableFuture<Void> cfVoid
   = cfAccessRight.thenAcceptAsync(
               (accessRight) -> System.out.println( accessRight ) );
```

**Codebeispiel 15.10:** Asynchrone Ausführung einer sequenziellen Aufrufkette

Codebeispiel 15.11 zeigt eine alternative, asynchrone Aufrufkette mit einem eigenen Threadpool. Einige der Lambda-Ausdrücke sind in der Schreibweise mit Methodenreferenzen formuliert. Was hier noch deutlich sichtbarer wird, ist der *Fluent Programming Style*. Die definierte sequenzielle Reihenfolge asynchroner Tasks ist im Code direkt lesbar verankert.

```
ExecutorService threadPool = Executors.newCachedThreadPool();

CompletableFuture.supplyAsync(
     () -> Service.getUser(42), threadPool )
   .thenApplyAsync( Service::getProfile, threadPool )
   .thenApplyAsync( Service::getAccessRight, threadPool )
   .thenAcceptAsync( System.out::println, threadPool );

// ....

threadPool.shutdown();
```

**Codebeispiel 15.11:** Alternative Lösung mit Methodenreferenzen

## Hinweis

Die einzelnen Tasks aus Codebeispiel 15.10 bzw. 15.11 werden zwar alle asynchron ausgeführt, aber nicht unbedingt alle von demselben Thread aus dem zugrunde liegenden CommonPool bzw. dem übergebenen Threadpool. Thread-lokale Variablen dürfen hier also unter keinen Umständen als Ausführungskontexte verwendet werden.

## 15.4    Das Arbeiten mit CompletableFutures

Im vorherigen Abschnitt wurde erläutert, wie man mithilfe von CompletableFuture-Objekten einfache asynchrone Abläufe definieren und ausführen kann. Im Folgenden wird nun das von CompletableFuture zur Verfügung gestellte API im Detail besprochen und verschiedene Ablauf-Patterns vorgestellt.

## 15.4.1   Das Konzept des CompletionStage

Über die Methoden des `CompletionStage`-Interface können Ablaufsequenzen zusammengestellt werden. Hierbei kann für jeden Folgeschritt entschieden werden, wie er ausgeführt werden soll. Bei einer expliziten asynchronen Ausführung kann noch alternativ ein Threadpool (`Executor`) angegeben werden, falls nicht der CommonPool benutzt werden soll. Diese Variabilität führt dazu, dass für jede Methode in der Regel drei Varianten existieren. So gibt es z.B. für die *thenApply*-Methode:

1. `CompletableFuture<U> thenApply(Function<? super T,    ? extends U> fn)`
2. `CompletableFuture<U> thenApplyAsync(Function<? super T, ? extends U> fn)`
3. `CompletableFuture<U> thenApplyAsync(Function<? super T, ? extends U> fn, Executor executor)`

Die an `thenApply` übergebene Funktion wird im Thread des »Vorgängers« ausgeführt, falls dieser das entsprechende `CompletableFuture` noch nicht abgeschlossen hat. Hier tritt die *Push*-Funktionalität zutage. Beim internen Abschluss eines `CompletableFuture` wird geprüft, ob eine weitere Aktivität angehängt ist. Falls ja, wird sie von demselben Thread bzw. von einem des Threadpools ausgeführt.

Die an `thenApplyAsync` übergebene Funktion wird immer asynchron durch einen separaten Thread ausgeführt (siehe hierzu den nächsten Hinweis).

## Hinweis

Wird die `thenApply`-Methode benutzt, wird diese, falls das vorangehende `CompletableFuture`-Objekt noch nicht abgeschlossen ist, in demselben Thread weiter ausgeführt. Ist dagegen das aufgerufene `CompletableFuture`-Objekt abgeschlossen, d.h., dessen Berechnung liegt zum Aufrufzeitpunkt von `thenApply` bereits vor, wird die `thenApply`-Methode im Thread des Aufrufers ausgeführt.

Im folgenden Codebeispiel werden `thenApply` und `thenAccept` im aufrufenden Thread ausgeführt, falls die asynchrone Ausführung von `Service.getUser(42)` schon beendet ist, bevor `thenApply` ausgeführt wird.

```
CompletableFuture.supplyAsync( () -> Service.getUser(42) )
            .thenApply(  Service::getProfile )
            .thenApply(  Service::getAccessRight )
            .thenAccept( System.out::println );
```

In der Dokumentation steht hierzu:

*Actions supplied for dependent completions of non-async methods may be performed by the thread that completes the current CompletableFuture, or by any other caller of a completion method.*

Um eine asynchrone Verarbeitung zu gewährleisten, empfiehlt es sich, immer die asynchronen Varianten zu benutzen und unter Umständen sogar einen eigenen Threadpool (mit User-Threads) zur Verfügung zu stellen, falls in der Ablaufkette viele blockierende Aufrufe vorhanden sind.

Man kann, wie bei den Streams (vgl. Kapitel 14), auch bei den *Push*-Methoden zwischen intermediären und terminalen Methoden unterscheiden. Sogenannte terminale Methoden liefern kein eigentliches Ergebnis zurück, sondern ein `CompletableFuture<Void>`. Über dieses Objekt kann nur der Status der Verarbeitung abgefragt werden (z. B. mit `isDone`) oder auf deren Ende gewartet werden (z. B. mit `join`). Hierdurch werden typischerweise *Fire-and-Forget*-Verarbeitungen abgeschlossen. Intermediäre Methoden liefern dagegen immer einen Wert für den folgenden Schritt.

## 15.4.2   Lineare Kompositionsmöglichkeiten

Über das `CompletionStage`-Interface lassen sich verschiedene Ablaufszenarien bilden. Für eine lineare Verknüpfung von Operationen stellt das `CompletionStage`-Interface verschiedene Methoden zur Verfügung, deren Basisvarianten in Tabelle 15-1 aufgelistet sind. Zu beachten ist, dass es für jede dieser Methoden drei Varianten, wie oben beschrieben, gibt.

| Methode | Parameter | Rückgabe |
|---------|-----------|----------|
| thenApply | Function: T -> U | CF<U> |
| thenCompose | Function: T -> CS<U> | CF<U> |
| thenAccept | Consumer: T -> void | CF<Void> |
| thenRun | Runnable | CF<Void> |

Tabelle 15-1: Methoden zur Konstruktion einer linearen Kette. `CF` steht für `CompletableFuture` und `CS` für `CompletionStage`.

Codebeispiel 15.12 zeigt das zugehörige Idiom, wobei die Sequenz hier durch `thenAcceptAsync` abgeschlossen wird[2].

```
CompletableFuture<Void> cf =
    CompletableFuture.supplyAsync( () -> T )
              .thenApplyAsync(  (T t) -> U )
              .thenApplyAsync(  (U u) -> V )
              .thenAcceptAsync( (V v) -> void );
```

**Codebeispiel 15.12:** Codeschema für eine asynchrone sequenzielle Aufrufkette

Die Methode `compose` kann benutzt werden, wenn eine Berechnung selbst ein `CompletableFuture`-Objekt zurückliefert und eigentlich mit dessen Wert weiter gerechnet werden soll (vgl. Abb. 15-4)[3]. Ohne die Methode `compose` würde man in dem Fall ein »geschachteltes« `CompletableFuture`-Objekt erhalten, wie dies im Codebeispiel 15.13 zu sehen ist. Hier liefert der Aufruf von `squareAsync` ein `CompletableFuture<Integer>` (❷). Somit erhält der gesamte Task den Typ `CompletableFuture<CompletableFuture<Integer>>` (❶) und das Ergebnis muss über eine zweifache Anwendung von `join` ermittelt werden (❸).

```
CompletableFuture<CompletableFuture<Integer>> taskChain =       ❶
    CompletableFuture.supplyAsync( () -> 42 )
       .thenApplyAsync( r -> r - 40 )
       .thenApplyAsync( x -> squareAsync( x ) );                ❷

System.out.println( taskChain1.join().join() );                 ❸

//....

public static  CompletableFuture<Integer> squareAsync(int n)
{
  CompletableFuture<Integer> result = new CompletableFuture<Integer>();
  Runnable task = new Runnable()
  {
    @Override
    public void run()
    {
       result.complete(n*n);
    }
  };
```

---

[2]Die Argumente der Methoden sind wieder schematisch angegeben, d.h., die Ko- und Kontravarianzangaben sind weggelassen. Es gilt im Prinzip beim Input-Parameter immer `super` und beim Return-Typ `extends`.

[3]Die Methode `thenApply` entspricht eigentlich einer `map`-Operation und `compose` einer `flatMap`. Bei `Stream` wurden die Methoden auch so benannt, bei der Klasse `CompletableFuture` bedauerlicherweise nicht.

```
    ForkJoinPool.commonPool().submit(task);

    return result;
}
```

**Codebeispiel 15.13:** Komposition von Tasks

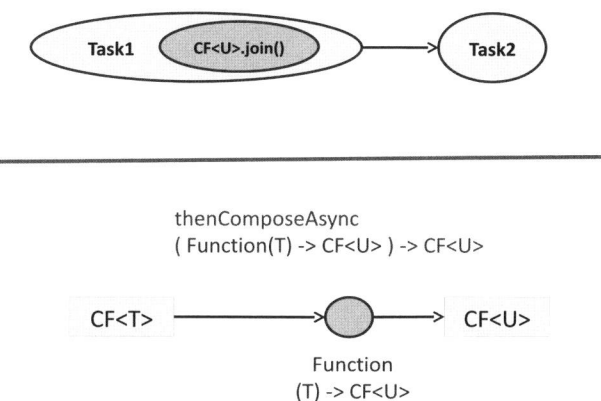

**Abbildung 15-4:** Komposition von zwei Tasks

Mithilfe von `compose` kann ein Wert eines `CompletableFuture` extrahiert werden. Im Codebeispiel 15.14 wird durch `thenComposeAsync` (❷) der Integerwert aus dem Ergebnis von `squareAsync` ermittelt (wenn dieser vorliegt) und in das von `thenComposeAsync` zurückgelieferte `CompletableFuture`-Objekt eingesetzt (❶). Somit kann wie üblich mit nur einem `join` auf das Ergebnis zugegriffen werden (❸).

```
CompletableFuture<Integer> task =                                    ❶
   CompletableFuture.supplyAsync( () -> 42 )
      .thenApplyAsync( r -> r - 40 )
      .thenComposeAsync( x -> squareAsync( x ) );                    ❷

System.out.println( task.join() );                                  ❸
```

**Codebeispiel 15.14:** Komposition von zwei Tasks

Die Methoden `thenAccept` und `thenRun` (vgl. Tabelle 15-1) liefern ein `CompletableFuture<Void>`. Sie kommen dann zum Einsatz, wenn an den Aufrufer bzw. Erzeuger der »Verarbeitungskette« kein Ergebnis geliefert werden muss.

### 15.4.3  Verzweigen und Vereinen

Neben den in Abschnitt 15.4.2 beschriebenen linearen Kompositionsmöglichkeiten enthält das `CompletionStage`-API noch Methoden zur Verzweigung und Vereinigung eines Verarbeitungsablaufs (vgl. Tabelle 15-2).

| Methode | Parameter | Rückgabe |
|---------|-----------|----------|
| thenCombine | CS<U>,<br>BiFunction: (T,U,V) -> V | CF<V> |
| thenAcceptBoth | CS<U>,<br>BiConsumer: (T,U) -> void | CF<Void> |
| runAfterBoth | CS<?>, Runnable | CF<Void> |
| applyToEither | CS<U>, Function: U -> V | CF<V> |
| acceptEither | CS<U>, Consumer: U -> void | CF<Void> |
| runAfterEither | CS<?>, Runnable | CF<Void> |

**Tabelle 15-2:** Methoden zur Vereinigung von Abläufen. CF steht für `CompletableFuture` und CS für `CompletionStage`.

Abbildung 15-5 zeigt schematisch die Aufteilung eines Tasks bzw. das Abspalten eines neuen asynchronen Tasks. Hierzu wird auf einem `CompletableFuture`-Objekt zweimal die `thenApplyAsync`-Methode aufgerufen.

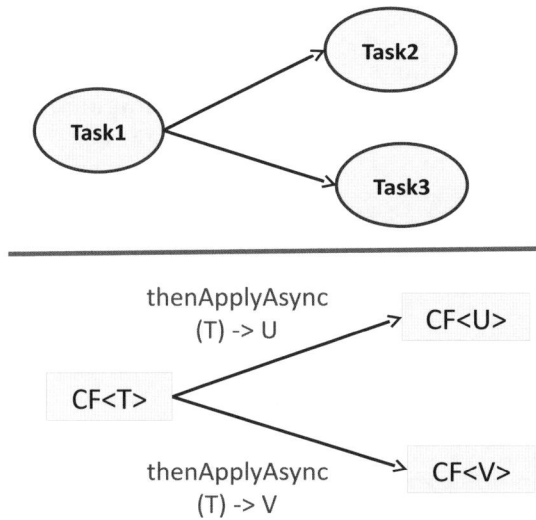

**Abbildung 15-5:** Aufteilen in zwei asynchrone Tasks (Split-Pattern)

Codebeispiel 15.15 zeigt das zugehörige Idiom. Auf dem Objekt `cf` vom Typ `CompletableFuture` wird zweimal die `thenApplyAsync`-Methode aufgerufen, wobei jeder Aufruf der Beginn einer Verarbeitungskette darstellen kann.

```
CompletableFuture<E> cf = CompletableFuture.supplyAsync( () -> E );

cf.thenApplyAsync(  (E e)  ->   T );
cf.thenApplyAsync(  (E e)  ->   U );
```

**Codebeispiel 15.15**: Aufspaltung in zwei Folgetasks (Split-Pattern)

Die Vereinigung von zwei Verarbeitungsketten und deren Fortführung erfolgt durch die Methode `thenCombine`. Abbildung 15-6 zeigt schematisch den Vorgang. Hierbei wird eines der beiden `CompletableFuture`-Objekte als Argument der Methode `thenCombineAsync` benutzt, die noch zusätzlich einen Verknüpfungsoperator (`BiFunction`) erhält.

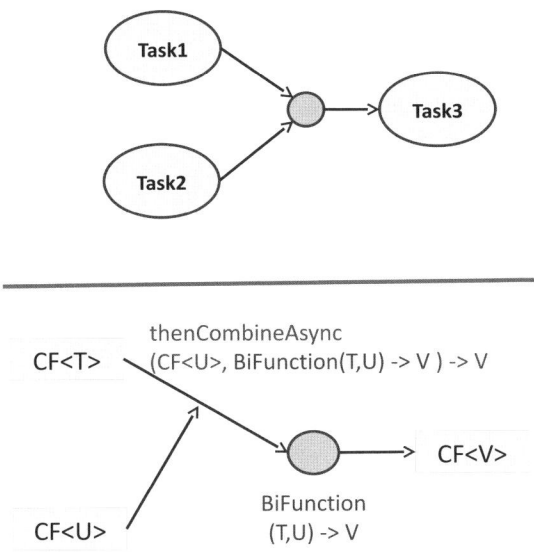

**Abbildung 15-6**: Zusammenführen von zwei Tasks

Im Codebeispiel 15.16 ist das zugehörige Idiom abgebildet. Die zwei Ergebnisse der nebenläufigen Tasks `task1` und `task2` werden durch `thenCombineAsync` verknüpft, wobei für die Verknüpfung eine entsprechende `BiFunction` bereitgestellt werden muss. Dabei wird der Parametertyp des ersten Arguments der `BiFunction` durch den Typ des `CompletableFuture` festgelegt, auf dem `thenCombineAsync` aufgerufen wird. Der zweite Parameter der `BiFunction` entspricht dem Typ des

CompletableFuture, das als Argument übergeben wird. Die BiFunction wird erst dann ausgeführt, wenn beide CompletableFuture abgeschlossen sind, d.h. deren Werte vorliegen.

Durch die Verwendung der asynchronen Variante von thenCombine wird sichergestellt, dass die Verknüpfungsoperation (in Abb. 15-6 schematisch durch den Kreis dargestellt) auch in einem eigenen Thread läuft. Benutzt man nicht die asynchrone Variante, so wird thenCombine entweder in dem Thread ausgeführt, der task1 bearbeitet hat, oder, falls task1 zum Zeitpunkt des Aufrufs von thenCombine bereits abgeschlossen ist, vom Aufrufer der thenCombine-Methode.

```
CompletableFuture<E> cf = CompletableFuture.supplyAsync( () -> E );
// split
CompletableFuture<T> task1 = cf.thenApplyAsync( (E e) -> T );
CompletableFuture<U> task2 = cf.thenApplyAsync( (E e) -> U );
// join
CompletableFuture<V> result =
            task1.thenCombineAsync(task2, (T t, U u) -> V );
```

**Codebeispiel 15.16:** Schema für das Zusammenführen von zwei nebenläufigen Tasks

Codebeispiel 15.17 zeigt das Zusammenführen zweier asynchroner Tasks, wobei der erste ein String und der zweite ein Integer als Ergebnis liefert. Die Resultate werden verkettet. Auf der Konsole wird hier Hello 42 ausgegeben.

```
CompletableFuture<String>  task1
           = CompletableFuture.supplyAsync( () -> "Hello " );
CompletableFuture<Integer> task2
           = CompletableFuture.supplyAsync( () ->  42 );
CompletableFuture<String> result
           = task1.thenCombine(task2, (t,r) -> t + r );
System.out.println( result.join() );
```

**Codebeispiel 15.17:** Zusammenführen von zwei nebenläufigen Tasks

Die Methoden thenAcceptBoth und runAfterBoth arbeiten ähnlich wie thenCombine, nur dass anstatt eines BiFunction-Ausdrucks ein BiConsumer- bzw. ein Runnable-Ausdruck ausgeführt wird. Beide haben als Rückgabe ein CompletableFuture<Void>.

Die Methode applyToEither wird aufgerufen, wenn der erste der beiden vorherigen Tasks abgeschlossen ist. Sie entspricht somit einer ODER-Vereinigung. Der Wert des zuerst abgeschlossenen CompletableFuture wird der Function als Argument übergeben. Abbildung 15-7 zeigt den schematischen Ablauf.

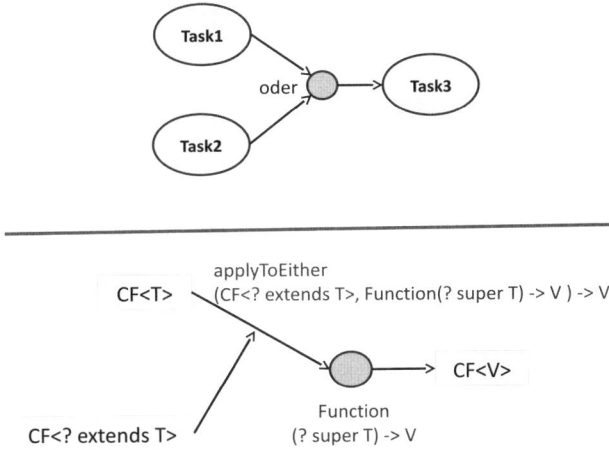

**Abbildung 15-7:** Zusammenführen von zwei Tasks durch ein ODER

Die genaue Signatur der Methode ist `CompletableFuture<U>` `applyToEither(CompletionStage<? extends T> other, Function` `<? super T,U> fn)`, wobei `T` dem Typ entspricht, mit dem das aktuelle `CompletableFuture` parametrisiert ist. Das als Argument übergebene `CompletableFuture`- bzw. `CompletionStage`-Objekt muss ebenfalls mit dem Typ `T` oder einem Subtyp von `T` parametrisiert sein. Codebeispiel 15.18 zeigt eine Verwendung, wobei zu beachten ist, dass `Integer` von `Number` abgeleitet ist.

```
CompletableFuture<Number>  task1 =
            CompletableFuture.supplyAsync( () -> 42.0 );
CompletableFuture<Integer> task2 =
            CompletableFuture.supplyAsync( () -> 13 );


// Zusammenführung
CompletableFuture<String>  result =
        task1.applyToEitherAsync( task2,  t ->  "Hallo " + t );
```

**Codebeispiel 15.18:** ODER-Zusammenführung

Man beachte, dass der Aufruf nicht symmetrisch ist. Die Codezeile `task2` `.applyToEitherAsync( task1, t -> "Hallo " + t );` würde zu einem Compilerfehler führen.

Die beiden Methoden `acceptEither` und `runAfterEither` entsprechen wieder Varianten von `applyToEither`, wobei jeweils ein `Consumer` bzw. ein `Runnable` ausgeführt wird und ein `CompletableFuture<Void>` zurückgeliefert wird.

## 15.4.4    Synchronisationsbarrieren

Es existieren noch die zwei statischen Methoden mit den Parametern
`CompletableFuture<?>... cfs`

- `CompletableFuture<Void> allOf(...)`
- `CompletableFuture<Object> anyOf(...)`

mit denen beliebig viele asynchrone Abläufe koordiniert werden können.
Mit `allOf` wird auf alle übergebenen Tasks gewartet, bis diese abgeschlossen sind. Sind sie beendet, dann ist auch das zurückgelieferte Objekt abgeschlossen.

Im Codebeispiel 15.19 werden drei Tasks gestartet. Wenn alle beendet sind, wird `done` auf die Konsole ausgegeben, vorausgesetzt, dass das eigentliche Programm noch nicht zu Ende ist.

```
CompletableFuture.allOf(
    CompletableFuture.supplyAsync( () -> { ... } ),
    CompletableFuture.supplyAsync( () -> { ... } ),
    CompletableFuture.supplyAsync( () -> { ... } )
).thenAccept( (Void) -> System.out.println("done") );
```

**Codebeispiel 15.19:** Warten auf das Ende aller nebenläufigen Tasks

Im Gegensatz zu `allOf` wird bei `anyOf` das zurückgelieferte Objekt abgeschlossen, wenn das erste der übergebenen `CompletableFuture` abgeschlossen ist. Das Ergebnis dieses Tasks kann über `get` bzw. `join` abgefragt werden, wobei die zurückgelieferte Referenz vom Typ `Object` ist und unter Umständen entsprechend gecastet werden muss.

Im Codebeispiel 15.20 werden drei Tasks gestartet. An der Stelle `result.join()` wird so lange gewartet, bis der erste beendet ist, bevor das Ergebnis ausgegeben wird.

```
CompletableFuture<Object> result = CompletableFuture.anyOf(
    CompletableFuture.supplyAsync( () -> 42 ),
    CompletableFuture.supplyAsync( () -> "Hello world" ),
    CompletableFuture.supplyAsync( () -> new Date() )
);

System.out.println( result.join() );
```

**Codebeispiel 15.20:** Beispiel für `anyOf`

In Abbildung 15-8 ist die Arbeitsweise der beiden Synchronisationsmethoden schematisch veranschaulicht. Links die von `allOf`, rechts die von `anyOf`.

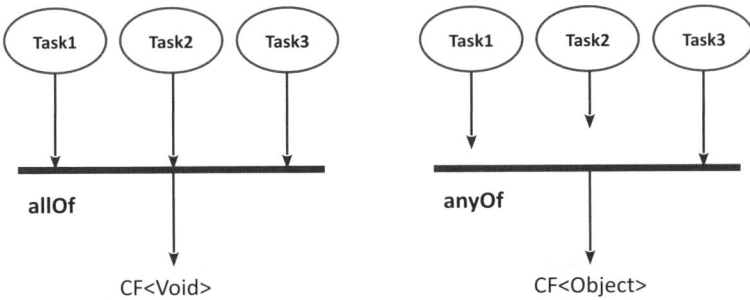

**Abbildung 15-8:** Die zwei Synchronisationsmöglichkeiten

# 15.5 Fehlerbehandlung und Abbruch einer Verarbeitung

Es bleibt nun noch die wichtige Frage: Was passiert, wenn bei der asynchronen Verarbeitung ein Fehler auftritt? Für den Umgang mit auftretenden Exceptions stehen im `CompletionStage`-Interface zwei Methoden zur Verfügung: `handle` oder `whenComplete` (vgl. Tabelle 15-3). Auch für sie gibt es wieder die drei üblichen Versionen.

| Methode | Parameter | Rückgabe |
|---|---|---|
| whenComplete | BiConsumer: (T,Throwable) -> void | CF<T> |
| handle | BiFunction: (T,Throwable) -> U | CF<U> |

**Tabelle 15-3:** Methoden für die Fehlerbehandlung bei der Verwendung von `CompletableFuture`-Objekten. `CF` steht abkürzend für `CompletableFuture`.

Die grundlegende Idee ist, dass zur Behandlung einer ausgelösten Exception in der Verarbeitungskette nach einem entsprechenden Handler gesucht wird, der über `handle` oder `whenComplete` registriert ist. Abbildung 15-9 zeigt dies schematisch.

Codebeispiel 15.21 zeigt eine Verarbeitungskette, bei der eine Division durch null vorkommt (❶). An dieser Stelle wird eine `ArithmeticException` geworfen und es wird nach einem entsprechenden Handler gesucht. Die durch `handleAsync` zur Verfügung gestellte `BiFunction` übernimmt die Rolle des Error-Handlers. Sie erwartet zwei Argumente, wobei eines der beiden immer `null` ist. Das erste Argument, im Beispiel `r`, entspricht dem Resultat des direkt davor abgeschlossenen `CompletableFuture`, wenn keine Exception aufgetreten ist. Ist in einem der davor liegenden Verarbeitungsschritte eine Exception aufgetreten und

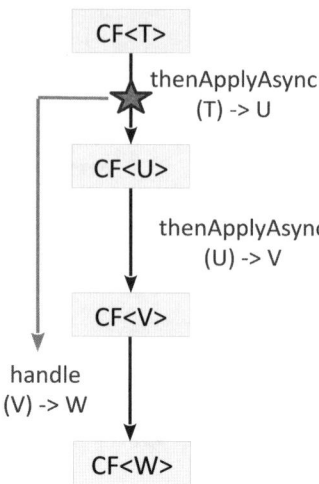

**Abbildung 15-9:** Verarbeitung einer aufgetretenen Exception

ist diese noch nicht behandelt worden, so enthält das zweite Argument eine Referenz darauf (❷).

```
CompletableFuture<Object> cf =
    CompletableFuture.supplyAsync( () -> 42 )
        .thenApplyAsync( r -> r/0 )                              ❶
        .thenApplyAsync( r -> r*r )
        .handleAsync( (r,th) -> {                                ❷
                        if( r != null )
                        {
                            return r;
                        }
                        else
                        {
                            return "Error";
                        }
                    } );

System.out.println( cf.join() );
```

**Codebeispiel 15.21:** Verarbeitung einer Exception

Man beachte, dass das zurückgelieferte `CompletableFuture` mit `Object` parametrisiert ist, da die `handleAsync`-Methode in dem Beispiel je nach Fall entweder ein `Integer` oder einen `String` zurückliefert. Durch die Verwendung der expliziten asynchronen Variante `handleAsync` wird die `BiFunction` in jedem Fall durch einen Thread aus dem CommonPool ausgeführt.

Die Methode `whenComplete` verhält sich in ähnlicher Weise wie `handle`, nur dass sie statt einer `BiFunction` ein `BiConsumer` als Handler zur Verfügung stellt. Diese Methode liefert ein `CompletableFuture<Void>` zurück.

Da ein `CompletableFuture` auch das `Future`-Interface implementiert, steht dem Aufrufer auch die Methode `cancel(boolean mayInterruptIfRunning)` zur Verfügung. Bei gewöhnlichen `Future`-Objekten wird, wenn der Methode ein `true` übergeben wird, dem Thread, der den Task ausführt, ein `interrupt` gesendet.

Die `cancel`-Methode beim `CompletableFuture` funktioniert anders. Auch wenn sie mit `true` aufgerufen wird, wird der ausführende Thread nicht unterbrochen. Alle anhängigen nicht abgeschlossenen `CompletableFuture`-Objekte erhalten eine `CancellationException` und werden hierdurch abgeschlossen (*complete exceptionally*). Die so ausgelöste `CancellationException` kann somit auch nicht mit `handle` oder `whenComplete` abgefangen werden.

## 15.6   Zusammenfassung

Die in Java 8 neu eingeführte Klasse `CompletableFuture` unterstützt die Realisierung von Task-Parallelität. Damit können auch komplexe asynchrone Abläufe komfortabel formuliert werden. Weiter bietet sie auch die Möglichkeit an, in einfacher Weise asynchrone APIs zu realisieren und diese in Ablaufbeschreibungen einzubetten.

Die Klasse erscheint auf den ersten Blick zwar sehr umfangreich, da sie im Prinzip ein komplettes leistungsfähiges Framework realisiert. Ihr Anwendungspotenzial ist aber enorm.

# Teil V

## Fallbeispiele

# 16 Asynchrones Logging

In der Regel sollte jedes Programm eine Möglichkeit haben, Informationen wie z. B. Fehler zu loggen. Hierbei sollte die Performance möglichst wenig beeinflusst werden. Deshalb erfolgt das Logging sehr oft »verzögert«, da das Schreiben in eine Datei recht aufwendig ist. In der Praxis werden daher mehrere Ausgaben zuerst in einem Puffer gesammelt. Codebeispiel 16.1 zeigt eine einfache Implementierung eines Loggers.

```java
public class SimpleLogger
{
  private static final int CAPACITY = 1024;
  private final StringBuilder log = new StringBuilder(CAPACITY);

  public void log(String msg)
  {
    log.append(Thread.currentThread().getName())
       .append(" : ")
       .append(msg)
       .append( System.lineSeparator() );

    if (log.length() > CAPACITY)
    {
      System.out.print(log);
      log.setLength(0);
    }
  }

  public void flush()
  {
    if (log.length() > 0)
    {
      System.out.print(log);
      log.setLength(0);
    }
  }
}
```

**Codebeispiel 16.1:** Eine einfache, gepufferte `Logger`-Klasse

Die `flush`-Methode wird benötigt, um am Ende den noch verbleibenden Pufferinhalt zu leeren.

Wird die Log-Klasse parallel von mehreren Threads benutzt, sollte eigentlich jeder seinen eigenen Puffer benutzen. Die Frage, die sich hierbei stellt, ist: Wie kann jedem Thread ein eigener Puffer zugewiesen werden? Hierzu gibt es verschiedene Lösungsansätze:

- Mithilfe einer geeigneten, globalen Datenstruktur (etwa mit einer `HashMap`) kann sich jedes Objekt, das eine Log-Ausgabe machen möchte, über den Schlüssel `Thread.currentThread()` den zu verwendenden Logger besorgen. Existiert zum aktuellen Thread kein Logger, wird er angelegt und in die Map aufgenommen. Aufgrund der möglichen Änderung zur Laufzeit muss diese Datenstruktur geschützt werden und sie kann zu einem Flaschenhals werden.
- Der Logger kann im Thread-lokalen Speicher (TLS) abgelegt werden.

## 16.1   Lösung mit Thread-lokalen Daten

Codebeispiel 16.2 zeigt eine Multithread-fähige Log-Klasse. Jeder Thread hat sein eigenes Log-Objekt und schreibt somit in seine eigene Log-Datei.

```java
public class Logger implements AutoCloseable              ❶
{
  // Thread-lokales Objekt - Wenn ein Thread das erste Mal
  // auf logger zugreift, wird ein Logger-Objekt angelegt
  private static ThreadLocal<Logger> logger =             ❷
          ThreadLocal.withInitial(
            () -> new Logger("Log-"
                            + Thread.currentThread().getName()
                            + ".txt")
          );

  public static Logger get()                              ❸
  {
    return logger.get();
  }

  public static void log(String msg)                      ❹
  {
    logger.get().add(msg);
  }

  // Kapazität für den Puffer
  // In der Praxis wird oft ein Vielfaches von 1024 gewählt
  private static final int CAPACITY = 1024;
  private StringBuilder logBuffer = new StringBuilder(CAPACITY);
  private Writer fileWriter = null;

  private Logger(String filename)                         ❺
  {
```

```
    try
    {
      fileWriter = new FileWriter(filename);
    } catch (IOException ex)
    {
      throw new IllegalArgumentException(ex);
    }
  }

  private void add(String msg)
  {
    logBuffer.append(Thread.currentThread().getName()).append(" : ")
            .append(msg).append(System.lineSeparator());
    if (logBuffer.length() > CAPACITY)
    {
      flush();
    }
  }

  private void flush()
  {
    if (logBuffer.length() > 0)
    {
      try
      {
        fileWriter.write(logBuffer.toString());
      }
      catch (Exception ex)
      {
        ex.printStackTrace();
      }
      logBuffer.setLength(0);
    }
  }

  @Override
  public void close()                                          ❻
  {
    if (fileWriter != null)
    {
      this.flush();
      try
      {
        fileWriter.flush();
        fileWriter.close();
      } catch (IOException ex)
      {
        ex.printStackTrace();
      }
      fileWriter = null;
    }
  }
}
```

**Codebeispiel 16.2:** Logger-Objekte als Thread-lokale Daten

Die `Logger`-Instanzen werden in einem statischen `ThreadLocal`-Attribut verwaltet (❷) und sind nur darüber erreichbar, da der Konstruktor `private` ist (❺). In der Anwendung selbst werden später dann die statischen Methoden `get` (❸) und `log` benutzt (❹). Das Schließen der Datei kann durch die Implementierung des Interface `AutoCloseable` (❶) mit der `close`-Methode (❻) automatisch erfolgen. Das folgende Codebeispiel zeigt ein typisches Idiom, wobei der Aufruf `Logger.get` bewirkt, dass die Ressource (der Logger) automatisch verwaltet wird. Man beachte, dass für automatisch freizugebende Ressourcen in der Deklaration der `try`-Anweisung eine Referenzvariable definiert werden muss. Der Zugriff erfolgt aber nach wie vor über Klassenmethoden, die überall ohne direkte Referenz auf den Logger aufgerufen werden können.

```
class Task extends Runnable
{
  @Override
  public void run()
  {
    try (Logger logger = Logger.get())
    {
      Logger.log(....);
      ....

    }
  }
}
```

**Codebeispiel 16.3:** Beispiel für eine Anwendung des Loggers

Die Abbildung 16-1 zeigt schematisch den internen Kontrollfluss. Jeder Task benutzt für die Log-Ausgabe `Logger.get`, deren erster Aufruf dem ausführenden Thread einen Logger zuweist. Die weiteren Verwendungen von `log` leiten die Ausgabe dann immer an das zugewiesene Logger-Objekt weiter.

## 16.2   Verbesserte Version (Exchanger)

In der Implementierung aus Codebeispiel 16.2 werden die Ausgaben direkt vom aufrufenden Thread in die entsprechende Datei geschrieben. Ein Nachteil dabei ist, dass die lang andauernde Ausgabe im Kontext des Anwendungsthreads ausgeführt wird. Daher wird in der Praxis meist ein Thread mit einer sehr niedrigen Priorität gestartet, der die Dateiausgabe für alle anderen übernimmt. Der Datenaustausch zwischen den Threads kann hier über einen `Exchanger` erfolgen.

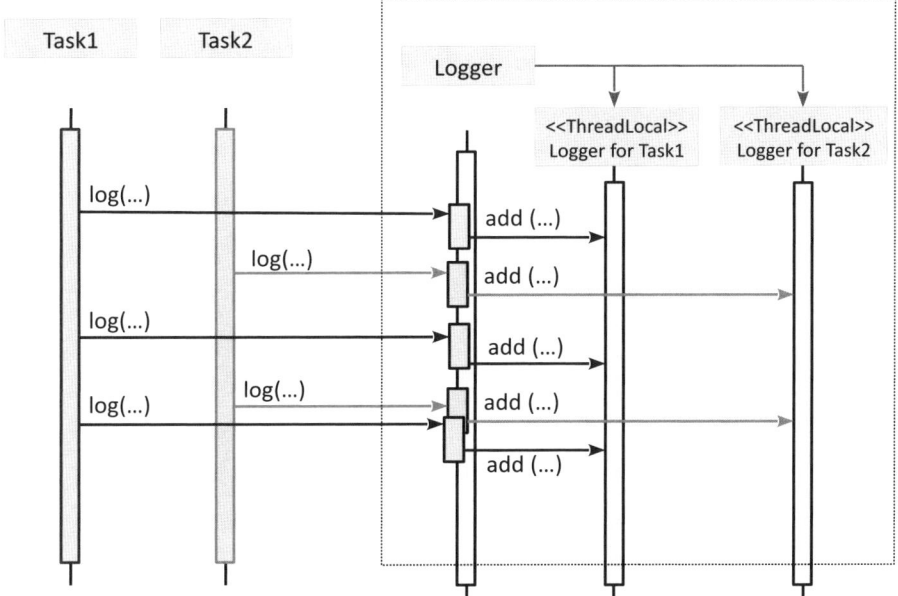

**Abbildung 16-1:** Funktionsweise der `Logger`-Klasse mit ThreadLocal-Referenzen

Wir führen daher einen Service ein (vgl. Codebeispiel 16.4), der automatisch beim Laden der Klasse in einem separaten Thread gestartet wird (❶, ❸). Der Service besitzt einen `PrintStream` für die Dateiausgabe (❷), ist ein Daemon-Thread und hat eine sehr niedrige Priorität (❸). Seine Hauptaktivität ist die Übernahme der Ausgabedaten von anderen Threads (❹). Die im Anschluss aufgerufene `print`-Methode (❺) muss hier mit `synchronized` deklariert werden, damit immer nur ein Thread mit dem Service-Thread Daten austauschen darf. Nachdem ein Puffer empfangen wurde, wird er ausgegeben und anschließend geleert (❻).

```
class LogService extends Thread
{
  // Klassenobjekt, wird beim Laden der Klasse erzeugt
  private static LogService instance = new LogService();          ❶

  // Für die Ausgabe
  private PrintStream out;                                        ❷
  // Exchanger für den Puffertausch
  private Exchanger<StringBuilder> exchanger = new Exchanger<>();
  // Tausch-Puffer
  private StringBuilder buff = new StringBuilder(Logger.CAPACITY);

  // Nur ein Objekt ist erlaubt!
  private LogService()                                            ❸
  {
```

```
    try
    {
      out = new PrintStream("log.txt");
      setDaemon(true);
      setPriority(MIN_PRIORITY);
      start();   // Es ist OK, weil der Konstruktor private ist
    }
    catch (FileNotFoundException ex)
    {
      throw new IllegalArgumentException(ex);
    }
  }

  public static StringBuilder log(StringBuilder obj)             ❹
  {
    return instance.print(obj);
  }

  private synchronized StringBuilder print(StringBuilder obj)    ❺
  {
    StringBuilder b = null;
    try
    {
      b = exchanger.exchange(obj);   // Puffer tauschen
    }
    catch (InterruptedException ex) { }

    return b;
  }

  public void run()
  {
    while (true)
    {
      try
      {
        // auszugebenden Puffer holen
        buff = exchanger.exchange(buff);                        ❻
        // ausgeben und ihn leeren
        out.print(buff);
        buff.setLength(0);
      }
      catch (Exception ex) {   }
    }
  }
}
```

**Codebeispiel 16.4:** Logger mit einem `Exchanger`

Wie im Codebeispiel 16.2 leitet der Aufruf `Logger.log` die Nachricht an die `add`-Methode des Thread-lokalen Objekts weiter. Ist der Puffer voll, wird er nicht direkt in die Datei geschrieben, sondern mittels `LogService.log` ausgetauscht. Jeder einzelne Thread mit Logging-Information spielt also die Rolle des Erzeugers (vgl. Abb. 16-2).

```java
public class Logger implements AutoCloseable
{
  static final int CAPACITY = 1024;

  public static ThreadLocal<Logger> logger = ThreadLocal
                        .withInitial(Logger::new);

  public static Logger get()
  {
    return logger.get();
  }

  public static void log(String msg)
  {
    logger.get().add(msg);
  }

  private StringBuilder logBuffer = new StringBuilder(CAPACITY);

  private Logger()
  {
  }

  private void add(String msg)
  {
    logBuffer.append(Thread.currentThread().getName()).append(" : ")
            .append(msg)
            .append(System.lineSeparator());
    if (logBuffer.length() > CAPACITY)
    {
      // Tausch den Buffer!
      logBuffer = LogService.log(logBuffer);
    }
  }

  private void flush()
  {
    if (logBuffer.length() > 0)
    {
      logBuffer = LogService.log(logBuffer);
    }
  }

  @Override
  public void close()
  {
    flush();
  }
}
```

**Codebeispiel 16.5:** Logging über den `LogService`

**Hinweis**

In der Praxis sollte man verschiedene Log-Level mit jeweils eigenem `Exchanger` einführen. Um die dabei eventuell unnötige Erzeugung von Strings zu vermeiden, könnte `Supplier<String>` als Parameter verwendet werden, etwa:

```
public static void verbose(Supplier<String> supl)
{
  if( Log.level >= Log.VERBOSE)
    verboselogger.get().log( supl.get() );
}
```

Hier wird der String erst beim tatsächlichen Aufruf von `get` gebaut.

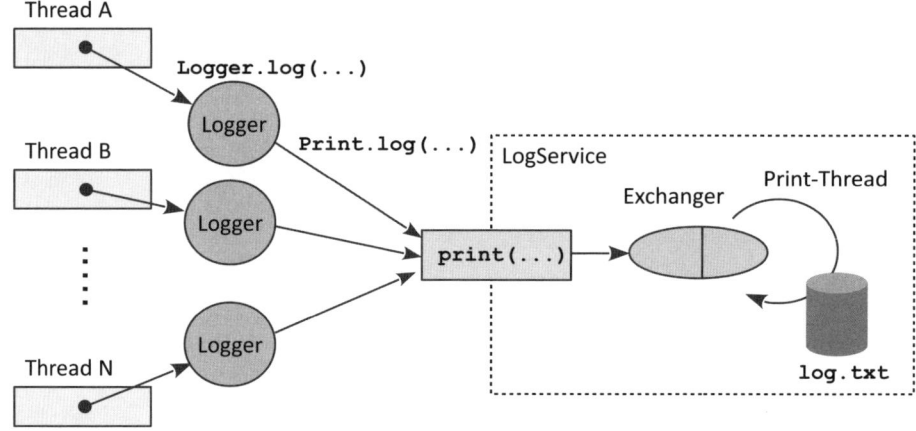

**Abbildung 16-2:** Funktionsweise von `LoggerWithExchanger`

# 17 Datenstrukturen in Multithreaded-Umgebungen

In Kapitel 9 haben wir verschiedene Thread-sichere Datenstrukturen kennengelernt, die normalerweise für den Einsatz in der Praxis ausreichen. Die Entwicklung eigener Datenstrukturen sollte vermieden werden. Sie birgt das Risiko, Fehler zu übersehen, da es viele Fallstricke gibt, insbesondere im Zusammenhang mit dem Speichermodell und dem Scheduling. Typische Fehler treten meist sporadisch auf und sind schwer reproduzierbar. Dennoch wollen wir in diesem Kapitel anhand einer verketteten Liste zeigen, wie eine nicht blockierende (*lock free*) Datenstruktur implementiert werden kann. Die grundlegende Technik kann auf eine Vielzahl von bekannten Problemen übertragen werden und ist daher auch für die Praxis von Nutzen.

## 17.1 Liste als sortierte Menge

In diesem Abschnitt betrachten wir eine Implementierung einer sortierten Menge mithilfe einer verketteten Liste. Das Beispiel ist von Herlihy und Shavit [21] entlehnt, wobei folgende Anpassungen vorgenommen wurden:

1. In [21] sind die Knoten durch eine innere Elementklasse realisiert. Dadurch hat aber jeder erzeugte Listenknoten einen versteckten Verweis auf die übergeordnete Liste, was den Speicherbedarf und die Laufzeit unnötig beeinträchtigt. Eine normale Klasse mit Paketsichtbarkeit reicht für diesen Fall hier aber aus.
2. Zur Vereinfachung der Darstellung wird in [21] der Hashcode zum Ordnen der Elemente benutzt. Für die Praxis ist es besser, wenn die aufzunehmenden Elemente mit einem `Comparator` vergleichbar sind und somit die Ordnung der Menge flexibel ist.

Bei der Implementierung Thread-sicherer Datenstrukturen ist die Frage nach der korrekten Synchronisation von großer Bedeutung. Neben der Konsistenz will man auch parallele Zugriffe erlauben. Im weiteren Verlauf betrachten wir verschiedene Implementierungen einer verketteten Liste mit dem folgenden Interface:

```
public interface IList<T>
{
  public boolean add(T item);
  public boolean remove(T item);
  public boolean contains(T item);
}
```

**Codebeispiel 17.1:** Interface der implementierten Listen

Ein Knoten hat dabei den folgenden Aufbau:

```
class Node<T>
{
  final T data;
  Node<T> next;

  public Node(T data)
  {
    assert(data != null);
    this.data = data;
    this.next = null;
  }
}
```

**Codebeispiel 17.2:** Listenknoten

Man beachte, dass wir `null`-Daten nicht zulassen.

## Verkettete Liste (singlethreaded)

Wir beginnen mit dem Singlethreaded-Fall. Zur Vereinfachung der Implementierungen werden zwei Arten von Knoten verwendet:

1. Reguläre Knoten zum Speichern der Daten und
2. zwei »Sentinel«-Knoten (Wächter-Knoten). Dies sind spezielle Knoten, um den Anfang und das Ende der Listen zu markieren. Durch die »Sentinel«-Knoten lassen sich die Abfragen beim Traversieren durch die Liste vereinfachen, weil `null` als Nachfolger nicht vorkommt.

Eine leere Liste besteht aus den zwei »Sentinel«-Knoten (vgl. Abb. 17-1).

Da wir einen Comparator für das Sortieren der Liste benutzen und die »Sentinel«-Knoten nicht explizit berücksichtigen möchten, wird ein Adapter eingeführt. Er merkt sich zwei spezielle, verschiedene Objekte für den Beginn und das Ende der Liste und implementiert die `compare`-Methode entsprechend. Codebeispiel 17.3 zeigt den verwendeten Comparator.

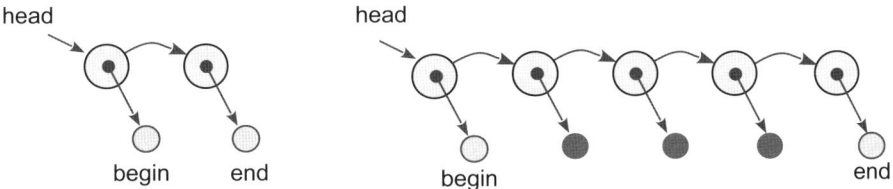

**Abbildung 17-1:** Listen mit Sentinels: eine leere Liste und eine Liste mit 3 Elementen

```
class HelpComparator<T> implements Comparator<T>
{
  final private Comparator<T> comp;
  final private T begin;
  final private T end;
  HelpComparator(Comparator<T> comp, T begin, T end)
  {
    this.comp  = comp;
    this.begin = begin;
    this.end   = end;
  }
  public int compare(T a, T b)
  {
    if (a == begin) // begin ist der kleinste (Sentinel-)Knoten
      return -1;
    if (b == end)   // end ist der größte (Sentinel-)Knoten
      return 1;
    else
      return comp.compare(a, b);
  }
}
```

**Codebeispiel 17.3:** Adapterklasse für den Comparator

Beim Vergleich übernimmt ein Sentinel-Objekt die Rolle des Minimums und das andere die des Maximums. Alle Objekte werden durch den übergebenen `Comparator` entsprechend geordnet. In einer Singlethreaded-Umgebung kann die Liste etwa wie folgt implementiert werden:

```
public class List<T> implements IList<T>
{
  private final Node<T> head;
  private final HelpComparator<T> comparator;

  public List(final Comparator<T> comp, T begin, T end)
  {
    this.head       = new Node<T>(begin);
    this.head.next  = new Node<T>(end);
    this.comparator = new HelpComparator<T>(comp, begin, end);
  }
```

```
public boolean add(T item)
{
  if (item == null)  return false;
  Node<T> prev = find(item);
  Node<T> curr = prev.next;
  if( comparator.compare(curr.data, item) == 0 )
    return false;  // Element schon vorhanden
  else
  {
    Node<T> e = new Node<T>(item);
    prev.next = e;
    e.next = curr;
    return true;
  }
}

public boolean remove(T item)
{
  if (item == null) return false;
  Node<T> prev = find(item);
  Node<T> curr = prev.next;
  if (comparator.compare(curr.data, item) == 0)
  { // gefunden
    prev.next = curr.next;
    return true;
  }
  return false;
}

public boolean contains(T item)
{
  if (item == null) return false;
  Node<T> curr =  find(item).next;
  return (comparator.compare(curr.data, item) == 0);
}

private Node<T> find(T item)
{
  Node<T> prev, curr;
  prev = head;
  curr = head.next;
  // Die Schleife wird auf jeden Fall terminieren, da wir
  // am Ende einen Sentinel-Knoten haben
  while (comparator.compare(curr.data, item) < 0)
  {
    prev = curr;
    curr = prev.next;
  }
  return prev;
}
}
```

**Codebeispiel 17.4:** Einfache verkettete Liste

Als Basis für `add`, `remove` und `contains` wird intern die Suchmethode `find` benutzt, die den »Vorgänger« zurückliefert.

In Abbildung 17-2 ist die Arbeitsweise von `add` gezeigt. Mit `find` wird bis zu `prev`, dem »Vorgänger« von `item`, vorgerückt. Danach wird geprüft, ob `item` bereits in der Liste ist. Wenn nicht, wird ein neuer Knoten erzeugt und zwischen `prev` und `curr` eingefügt.

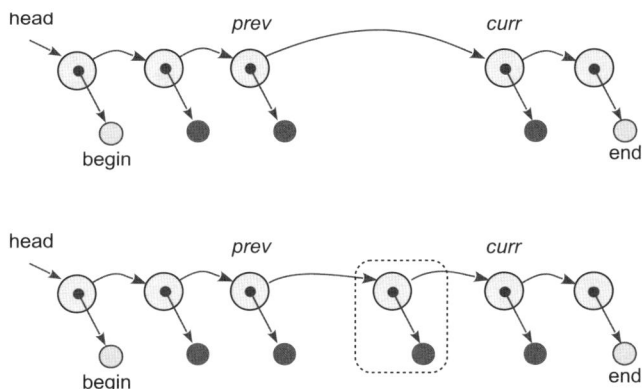

**Abbildung 17-2:** Einfügen eines Knotens

Abbildung 17-3 zeigt den Löschvorgang. In `remove` wird bis zum Vorgänger (`prev`) des zu löschenden Elements vorgerückt. Stimmt der Nachfolger mit `item` überein, wird er gelöscht. Danach zeigt `prev.next` auf den Knoten nach `curr`.

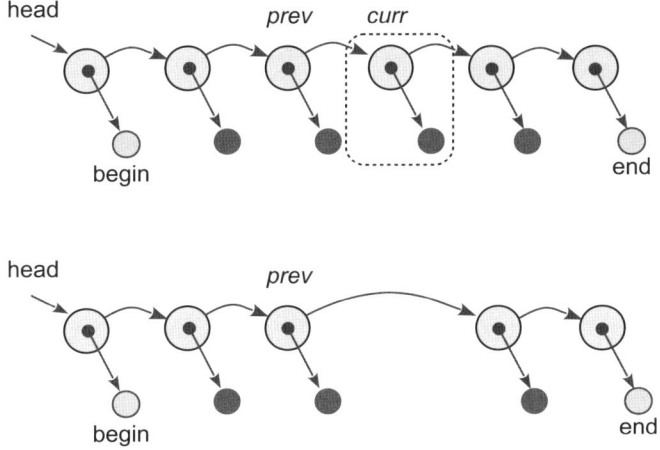

**Abbildung 17-3:** Löschen eines Knotens

# 17.2   Blockierende Lösungen (Locks)

Um die oben beschriebene Datenstruktur sicher in einer Multithreaded-Umgebung einsetzen zu können, gibt es verschiedene Möglichkeiten, diese zu schützen.

## 17.2.1   Grobgranulare Synchronisierung

Eine Möglichkeit, die Datenstruktur Thread-sicher zu gestalten, ist die Serialisierung der Zugriffe. Hierzu wird jede Zugriffsmethode mit `synchronized` gekennzeichnet oder entsprechend mit einem `Lock`-Objekt geschützt. Der Vorteil dieser Lösung ist die Einfachheit. Falls sehr häufig konkurrierend auf die Liste zugegriffen wird, ist sie aber langsam.

## 17.2.2   Feingranulare Synchronisierung

Eine mögliche Verbesserung basiert auf der Idee, die Liste in separate Bereiche aufzuteilen. Zur Implementierung der Methoden haben wir oben gesehen, dass sowohl bei `add` als auch bei `remove` immer auf zwei Knoten zugegriffen wird. Betrachtet man nun eine Liste zu jedem Zeitpunkt als eine Sammlung von nicht überlappenden Arbeitsbereichen, so kann man konkurrierende Zugriffe zulassen. In diesem Fall spricht man von einer feingranularen Synchronisierung. Hierzu muss die `Node`-Klasse um ein `Lock`-Attribut erweitert werden:

```
public class NodeWithLock<T>
{
  final T data;
  NodeWithLock<T> next;
  private final Lock lock = new ReentrantLock();

  NodeWithLock(T item)
  {
    data = item;
  }

  void lock()
  {
    lock.lock();
  }

  void unlock()
  {
    lock.unlock();
  }
}
```

**Codebeispiel 17.5:** Listenknoten jeweils mit einem eigenen `Lock`

Bei jedem Zugriff (Lesen und Ändern) werden die Knoten über die Locks gesperrt. Bei `find` werden sie während des Traversierens nacheinander ge- und entsperrt. Dabei wird der Vorgänger eines Knotens erst freigegeben (❷), wenn er selbst erfolgreich gesperrt wurde (❶). Am Ende bleiben `prev` und `curr` gesperrt. Diese Vorgehensweise ist notwendig, weil sonst die Korrektheit der Operationen nicht garantiert wird.

```
private NodeWithLock<T> find(T item)
{
  CNodeWithLock<T> prev, curr;
  prev = head;
  prev.lock();                                              ❶
  curr = prev.next;
  curr.lock();                                              ❶
  while (comparator.compare(curr.data, item) < 0)
  {
    prev.unlock();                                          ❷
    prev = curr;
    curr = prev.next;
    curr.lock();                                            ❶
  }
  return prev;
}
```

**Codebeispiel 17.6:** Hand-in-Hand-Lock und -Suche nach der geeigneten Position

Es reicht nicht, nur den Knoten zu sperren, dessen Nachfolger geändert wird. Angenommen, die aktuelle Liste ist `[A,B,C]`. Dann könnte Folgendes passieren, wenn nur ein Knoten zum Löschen bzw. Einfügen gesperrt wird (vgl. Abb. 17-4):

1. Thread 1 sperrt den Knoten `A`.
2. Thread 2 sperrt `head`.
3. Thread 1 will `B` löschen und richtet daher den Nachfolger auf `C`.
4. Thread 2 will `A` löschen und richtet daher den Nachfolger auf `B`.

Das Ergebnis am Ende ist eine falsche Liste `[B,C]`. Das Problem in diesem Fall entsteht, weil Thread 2 den Nachfolger des gesperrten Knotens A lesen darf. Damit haben beide ungeschützt Zugang zum gemeinsamen Knoten `B`.

Das folgende Codebeispiel zeigt die Implementierung von `add`. Die Methoden `remove` und `contains` sind analog.

```
public boolean add(T item)
{
  if (item == null) return false;
  NodeWithLock<T> prev, curr;

  prev = find(item);
  curr = prev.next;
```

```
try
{
  if (comparator.compare(curr.data, item) == 0)
  {
    return false;
  }
  NodeWithLock<T> e = new NodeWithLock<T>(item);
  prev.next = e;
  e.next = curr;
  return true;
}
finally
{
  curr.unlock();
  prev.unlock();
}
}
```

**Codebeispiel 17.7:** Synchronisierte Liste – feingranular

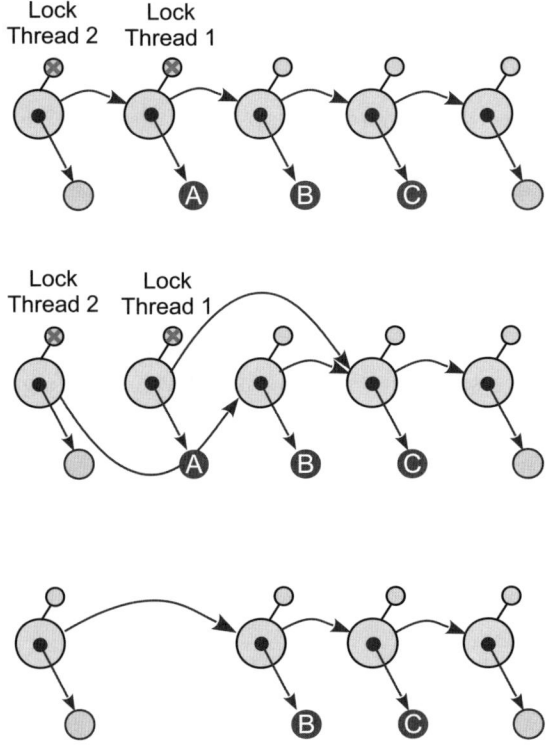

**Abbildung 17-4:** Mögliche Inkonsistenz, wenn nur ein Knoten gesperrt wird.

Parallele Änderungen an der Liste sind nun möglich. Ein Nachteil ist allerdings, dass beim Traversieren (`find`) eine Vielzahl von »Locks« und »Unlocks« benötigt wird. Dieses Verhalten wirkt sich insbesondere stark negativ auf die Performance aus, wenn die Liste häufig nur von einem Thread besucht wird.

## 17.2.3 Optimistische Synchronisierung

Die Lock- und Unlock-Kosten können reduziert werden, indem mit `find` die Position ohne Lock-Anforderungen gesucht wird. Wird sie gefunden, werden `prev` und `curr` gesperrt. Danach muss allerdings deren Gültigkeit bestätigt werden, da sichergestellt werden muss, dass `prev` noch von `head` aus erreichbar ist (`validate`). Hierzu wird die Liste erneut durchlaufen:

```
private boolean validate(NodeWithLock<T> prev, NodeWithLock<T> curr)
{
  NodeWithLock<T> node = head;
  while (comparator.compare(node.data, prev.data) <= 0)
  {
    if (node == prev)
    {
      return prev.next == curr;
    }
    node = node.next;
  }
  return false;
}
```

**Codebeispiel 17.8**: Validierungsphase

Das folgende Codebeispiel 17.9 zeigt die Implementierung von `contains`. Die Methoden `add` und `remove` sind analog.

```
public boolean contains(T item)
{
  if (item == null) return false;

  while (true)
  {
    NodeWithLock<T> prev, curr;
    prev = find(item);
    curr = prev.next;
    prev.lock();
    curr.lock();

    try
    {
      if (validate(prev, curr))
      {
        return (comparator.compare(curr.data, item) == 0);
```

```
        }
    }
    finally
    {
      curr.unlock();
      prev.unlock();
    }
  }
}
```

**Codebeispiel 17.9:** Methode mit der optimistischen Strategie

Die wesentlichen Nachteile sind hier, dass die Liste mindestens zweimal durchlaufen werden muss und theoretisch ein Verhungern (*Starvation*) möglich ist. Eine Operation kann unbestimmt lange dauern, wenn die Liste dazwischen wiederholt geändert wurde. Anders als bei den bisher vorgestellten Lösungen können wir diesmal nicht garantieren, in welcher Reihenfolge die Operationen beendet werden. Außerdem wird das Lock-Konzept benötigt.

Die optimistische Strategie funktioniert trotzdem gut, wenn die Datenstruktur »fast immutable« ist (sie wird selten geändert) und die Kosten für das zweifache Traversieren ohne Lock klein sind. Um das Mehrfachdurchlaufen zu vermeiden, kann z. B. eine Gültigkeitsmarkierung eingeführt werden.

# 17.3   Lockfreie Lösung (AtomicMarkableReference)

Um das Sperren zu vermeiden, kann die Liste mit `AtomicReference` verkettet und das Einfügen und Löschen mit `compareAndSet` durchgeführt werden. Hierbei muss allerdings einiges beachtet werden. Um den Nachfolger eines Knotens zu verändern, kann jetzt nicht einfach `compareAndSet` benutzt werden, wie etwa in folgendem Codefragment:

```
while (true)
{
  // .... prev und curr sind entsprechend gesetzt

  neu.next = curr;  // versucht, einen neuen Knoten einzufügen
  Node<T> tmp = prev.next
  if (prev.next.compareAndSet(tmp, neu))
    return;

}
```

Das funktioniert leider nicht, wie wir im folgenden Ablauf sehen können:

1. Die Liste hat zwei Knoten A, C.
2. Thread 1 will B einfügen. Neuer Knoten zeigt auf C.
3. Thread 2 löscht A.
4. Thread 1 setzt die Arbeit fort und setzt den Nachfolger von A auf B.

Nun ist B verloren. Ähnlich funktioniert auch Folgendes nicht korrekt:

1. Die Liste hat drei Knoten A, B, C.
2. Thread 1 will A löschen.
3. Thread 2 will B löschen.
4. Thread 1 setzt den Nachfolger von `head` auf B.
5. Thread 2 setzt den Nachfolger von A auf C.

Nun wird B nicht gelöscht.

In beiden Fällen wurden Änderungen an Knoten durchgeführt, die kurz zuvor gelöscht wurden. Durch die Verwendung von `AtomicMarkableReference` (siehe Abschnitt 7.2.2) kann das Problem umgangen werden, indem das Löschen nur durch Setzen der Markierung (Wert `true`) erfolgt. Das eigentliche und sichere Entfernen des Knotens kann dann zu einem späteren Zeitpunkt erfolgen.

Die Datenstruktur für die Knoten wird entsprechend angepasst:

```
class LockFreeNode<T>
{
  final T data;
  final AtomicMarkableReference<LockFreeNode<T>> next;

  LockFreeNode(T item)
  {
    this.data = item;
    this.next = new AtomicMarkableReference<>(null, false);
  }
}
```

**Codebeispiel 17.10:** Listenknoten mit `AtomicMarkableReference`

Man beachte, dass die Markierung `this.next.isMarked` die des aktuellen Knotens ist. Zum nächsten Knoten kommt man über `this.next.getReference` (vgl. Abb. 17-5).

Die `contains`-Methode, die jetzt sogar *wait-free* ist, kann nun wie im Codebeispiel 17.11 implementiert werden. Sie traversiert die Liste und liest

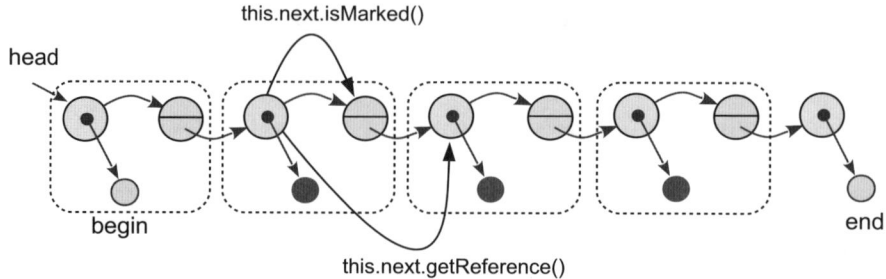

**Abbildung 17-5:** Aufbau der lockfreien Liste

jeden Knoten mit der zugehörigen Markierung aus (❶,❸). Wenn das gesuchte Element gefunden wurde und dessen zugehörige Marke `false` ist, wird `true` zurückgeliefert.

```
public boolean contains(T item)
{
  if (item == null)
    return false;

  AtomicMarkableReference<LockFreeNode<T>> currMRef = head.next;

  LockFreeNode<T> node = currMRef.getReference();            ❶
  boolean mark = node.next.isMarked();

  while (comparator.compare(node.data, item) < 0)            ❷
  {
    currMRef = node.next;
    node = currMRef.getReference();                          ❸
    mark = node.next.isMarked();
  }

  return (comparator.compare(node.data, item) == 0) && (mark == false);
}
```

**Codebeispiel 17.11:** `contains`-Methode

Man beachte, selbst wenn `contains` den Wert `true` zurückgibt, könnte das Objekt kurz zuvor gelöscht worden sein, und zwar vor der Auswertung der letzten `return`-Anweisung.

Codebeispiel 17.12 zeigt die Implementierung von `remove`. Mit `find` wird bis zum Vorgänger des zu löschenden Objekts vorgerückt (❶). Danach wird geprüft, ob das Element vorhanden ist und ggf. wird die Methode verlassen (❷). Wurde es gefunden, wird die zugehörige Markierung auf `true` gesetzt (❸). Schlägt dies fehl, wird der komplette Vorgang wiederholt (❹). Ansonsten wird die aktuelle Referenz (`prev.next`) auf den Nachfolger des

gelöschten Knotens gesetzt, falls die beiden Markierungen noch `false` sind
(**❺**). Es kann ja sein, dass der Nachfolger oder der Vorgänger zwischenzeitlich gelöscht wurden (die entsprechende Markierung hat dann den Wert
`true`).

```
public boolean remove(T item)
{
  if (item == null)
    return false;

  boolean snip;
  while (true)
  {
    LockFreeNode<T> prev = find(item);                          ❶
    LockFreeNode<T> curr = prev.next.getReference();

    if (comparator.compare(curr.data, item) != 0)              ❷
    {
      return false;
    }
    else
    {
      LockFreeNode<T> succ = curr.next.getReference();

      snip = curr.next.attemptMark(succ, true);               ❸
      if (!snip)
          continue;                                            ❹

      prev.next.compareAndSet(curr, succ, false, false);      ❺
      return true;
    }
  }
}
```

**Codebeispiel 17.12:** `remove`-Methode

Codebeispiel 17.13 zeigt die `add`-Methode. Auch hier wird, analog zu
`remove`, zuerst zur Einfügestelle vorgerückt. Danach wird ein neuer Knoten erzeugt (**❶**) und ihm `curr` als Nachfolger zugewiesen, wobei gleichzeitig
die Markierung des neuen Knotens auf `false` gesetzt wird (**❷**). Das eigentliche Einfügen erfolgt dann durch `prev.next.compareAndSet`, indem `curr`
durch `node` ersetzt wird, wenn beide Marken den Wert `false` besitzen (**❸**).
Ist dies nicht der Fall, wird der Vorgang wiederholt.

```
public boolean add(T item)
{
  if (item == null)
  {
    return false;
  }
```

```
while (true)
{
  LockFreeNode<T> prev = find(item);
  LockFreeNode<T> curr = prev.next.getReference();

  if (comparator.compare(curr.data, item) == 0)
  {
    return false;
  }
  else
  {
    LockFreeNode<T> node = new LockFreeNode<T>(item);     ❶
    node.next.set(curr, false);                           ❷

    if (prev.next.compareAndSet(curr, node, false, false)) ❸
      return true;
  }
}
}
```

**Codebeispiel 17.13:** add-Methode

Codebeispiel 17.14 zeigt die Methode find, die das »physikalische« Löschen übernimmt. Die Methode merkt sich die drei aufeinanderfolgenden Referenzen prev, curr, succ und die Markierung von curr (❶). Ist sie true (❷), wird die Referenz von prev auf succ gesetzt, falls die Markierungen es zulassen (❸). Der korrespondierende curr-Knoten wurde somit entfernt. Da ja mehrere aufeinanderfolgende Knoten als gelöscht markiert sein könnten, wird dieser Vorgang bis zum nächsten unmarkierten Knoten fortgesetzt (❹). Wird der gesuchte Knoten gefunden, wird er zurückgeliefert, ansonsten wird bis end traversiert (❺).

```
private LockFreeNode<T> find(T item)
{
  LockFreeNode<T> prev, curr, succ;
  boolean[] marked = { false };
  boolean snip;

  retry: while (true)
  {
    prev = head;
    curr = head.next.getReference();

    while(true)
    {
      succ = curr.next.get(marked);                           ❶

      while (marked[0])                                        ❷
      {
        snip = prev.next.compareAndSet(curr, succ, false, false);❸
```

```
      if (!snip)
        continue retry;

      curr = succ;                                            ❹
      succ = curr.next.get(marked);
    }

    if (comparator.compare(curr.data, item) >= 0)             ❺
    {
      return prev;
    }
    prev = curr;
    curr = succ;
  }
 }
}
```

**Codebeispiel 17.14:** find-Methode

# 18 The Dining Philosophers Problem

Das *Problem of the Dining Philosophers* ist im Bereich der nebenläufigen Programmierung ein sehr bekanntes Scheduling-Problem, das erstmals von Edgser Dijkstra [11] formuliert wurde. Dabei muss sich eine Menge von Akteuren eine beschränkte Anzahl von exklusiven Ressourcen teilen. Ziel ist die Entwicklung eines Verfahrens für eine konfliktfreie Zuteilung.

Zur Veranschaulichung des Problems kann man $n$ Philosophen betrachten, die alle um einen Tisch sitzen. Vor jedem steht ein Teller und jeweils rechts und links davon liegt eine Gabel. Es gibt Spaghetti, sodass immer zwei Gabeln zum Essen benötigt werden (vgl. Abb. 18-1).

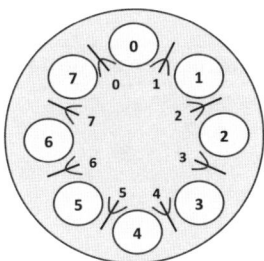

**Abbildung 18-1:** Ein Esstisch für acht Philosophen

Jeder Philosoph möchte nun abwechselnd essen und nachdenken. Wenn er essen möchte, nimmt er die dazu benötigten beiden Gabeln nacheinander (zwei Schritte) in die Hand. Vor dem Nachdenken legt er sie zurück auf den Tisch. Aus dieser Anforderung folgt sofort, dass zwei benachbarte Philosophen nie gleichzeitig essen können.

Bei einer Simulation wird jeder Philosoph durch einen »Thread« realisiert. Die Herausforderung ist nun, den Zugriff auf die benötigten Ressourcen (Gabeln) so zu koordinieren, dass kein *Deadlock* auftritt und jeder Philosoph auch wirklich zum Essen kommt. Zur Lösung des Problems existieren zahlreiche Varianten, von denen einige in diesem Kapitel vorgestellt werden. Für weitere Informationen siehe z. B. [4, 49].

## 18.1   Basisalgorithmus

Ein Philosoph durchläuft immer abwechselnd eine *Denk-* und eine *Ess-*
Phase (siehe Algorithmus 2). Des Weiteren wird davon ausgegangen, dass
mindestens zwei Philosophen am Tisch sitzen.

---

**Algorithmus 2** Prinzipieller Ablauf eines Philosophen

---

   **loop**(forever)
      denken
      *preprotocol*
      essen
      *postprotocol*
   **end loop**

---

Das Entscheidende für die Korrektheit ist die Implementierung des *prepro-*
*tocol* bzw. *postprotocol*. Ein naiver Ansatz, wie in Algorithmus 3 dargestellt,
führt zu einem Deadlock. Wenn nämlich jeder Philosoph zuerst die linke
Gabel in die Hand nimmt und danach versucht, die rechte aufzunehmen,
kann es leicht zu einer Verklemmung kommen.

---

**Algorithmus 3** Ein Algorithmus, der zu einem Deadlock führen kann.

---

   **loop**(forever)
      denken
      *lock left fork*
      *lock right fork*
      essen
      *unlock right fork*
      *unlock left fork*
   **end loop**

---

## 18.2   Lösungsvarianten (Semaphore und Lock)

Im Folgenden werden nun einige korrekte Algorithmen vorgestellt, wobei
»korrekt« hier im Sinne von Deadlock-frei gemeint ist. Die Gabeln (Fork)
werden hierbei durch einen Lock abstrahiert.

```
public class Fork extends ReentrantLock
{

}
```

## 18.2.1   Lösung mit einem Semaphor

Wenn von den $n$ Philosophen nur $n-1$ auf ihre Gabeln zugreifen dürfen, d.h. einer immer ausgeschlossen wird, dann kann es nicht mehr zu einem Deadlock kommen. Bevor also die Locks beim Algorithmus 3 angefordert werden, muss noch geprüft werden, ob der Philosoph überhaupt zugelassen ist. Dies kann am einfachsten mit einem Semaphor gelöst werden.

Codebeispiel 18.1 zeigt die Implementierung des Philosophen. Der Zugang wird vor dem Erwerb der Gabeln geprüft (❶).

```java
public class PhilosopherWithSemaphore implements Runnable
{
  private final String name;
  private final Fork left;
  private final Fork right;
  private final Semaphore semaphore;

  // Konstruktor ...

  @Override
  public void run()
  {
    while (true)
    {
      think();
      try
      {
        semaphore.acquire();                              ❶
      } catch (InterruptedException exce)
      {
        break;
      }
      left.lock();
      right.lock();
      try
      {
        eat();
      }
      finally
      {
        right.unlock();
        left.unlock();
        semaphore.release();
      }
    }
    return;
  }

  private void think() { ... }
  private void eat() { ... }
}
```

**Codebeispiel 18.1:** Philosoph mit einer Semaphor-Steuerung

## 18.2.2    Lösung mit asymmetrischer Lock-Anforderung

Eine weitere Lösung besteht darin, dass die Philosophen »asymmetrisch«
auf ihre Gabeln zugreifen. Hierzu werden sie der Reihe nach durchnumme-
riert. Nun gibt es z. B. folgende Möglichkeit: Philosophen mit einer geraden
Nummer versuchen immer zuerst die rechte und die mit einer ungeraden
Nummer die linke Gabel aufzunehmen. Haben sie Zugriff (Lock) auf die
erste Gabel, bemühen sie sich, die andere zu erlangen (LR-Algorithmus).

Codebeispiel 18.2 zeigt die Implementierung eines Philosophen, der je
nach Nummer zuerst die rechte bzw. die linke Gabel anfordert.

```java
public class PhilosopherWithAsymLock implements Runnable
{
  private final String name;
  private final int philoNum;
  private final Fork left;
  private final Fork right;
  // Konstruktor

  @Override
  public void run()
  {
    while( true )
    {
      think();
      if( this.philoNum%2 == 0 )
      {
        this.right.lock();
        this.left.lock();
      }
      else
      {
        this.left.lock();
        this.right.lock();
      }
      try
      {
        eat();
      }
      finally
      {
        this.right.unlock();
        this.left.unlock();
      }
    }
  }

  private void think() { ... }
  private void eat() { ... }
}
```

**Codebeispiel 18.2:** Ein Philosoph mit asymmetrischer Lock-Anforderung

### 18.2.3   Lösung mithilfe eines Koordinators

Die nun vorgestellte Variante benutzt einen Koordinator (Monitor), der einen gleichzeitigen Zugriff auf die beiden Gabeln koordiniert. Hierzu wird in dem Array `fork` die Anzahl der zur Verfügung stehenden Gabeln für jeden Philosophen verwaltet. Kann Philosoph $i$ essen (`fork[i] == 2`), so nimmt er bei jedem Nachbarn eine potenzielle Gabel weg. Legt er seine ab, so erhöht er entsprechend die Einträge seiner Nachbarn. Man beachte, dass hier für die Position $i$ immer mod $n$ gerechnet wird.

Das Codebeispiel 18.3 zeigt eine Implementierung des Koordinators. Das Array `forks` verwaltet die Anzahl der den Philosophen zur Verfügung stehenden Gabeln (❶). Weiter wird jedem Philosophen eine Bedingungsvariable zugeordnet, über die sein Denken-Essen-Zyklus gesteuert wird. Mit `takeFork(i)` fordert der Philosoph $i$ seine beiden Gabeln an. Stehen keine zwei zur Verfügung, muss er warten (❸). Falls er essen darf, werden die Gabelzähler seiner beiden Nachbarn erniedrigt (❹). Bei einer Rückgabe (`releaseFork`) werden die entsprechenden Zähler erhöht (❺) und falls der Wert 2 erreicht wird, werden eventuell wartende Nachbarn geweckt (❻).

```java
public class ForkCoordinator
{
  private final int N;
  private final int[] forks;
  private final Lock   lock;
  private final Condition[] okToEat;

  public ForkCoordinator(int numPhilo)
  {
    this.N = numPhilo;
    this.forks = new int[N];                          ❶
    Arrays.fill(this.forks, 2);
    this.lock = new ReentrantLock();
    this.okToEat = new Condition[N];                  ❷
    for (int i =0; i < N; i++)
       this.okToEat[i] = this.lock.newCondition();
  }

  public void takeFork(int i)
  {
    lock.lock();
    try
    {
      while( forks[i] != 2 )                          ❸
        okToEat[i].awaitUninterruptibly();
      forks[ (i+1)%N ]   -= 1;                        ❹
      forks[ (i-1+N)%N ] -= 1;
    }
    finally
    {
      lock.unlock();
```

```
      }
    }

    public void releaseFork(int i)
    {
      lock.lock();
      try
      {
        forks[ (i+1)%N ]   += 1;                           ❺
        forks[ (i-1+N)%N ] += 1;
        if( forks[ (i+1)%N ] == 2 )                         ❻
          okToEat[ (i+1)%N ].signalAll();
        if( forks[ (i-1+N)%N ] == 2 )
          okToEat[ (i-1+N)%N ].signalAll();
      }
      finally
      {
        lock.unlock();
      }
    }
}
```

**Codebeispiel 18.3:** Die Implementierung eines Koordinators für die Gabeln

Das Codebeispiel 18.4 zeigt den Ablauf für die einzelnen Philosophen.

```
public class PhilosopherWithCoordinator implements Runnable
{
  private final String name;
  private final int philoNum;
  private final ForkCoordinator monitor;
  // Konstruktor

  @Override
  public void run()
  {
    while( true )
    {
      think();
      monitor.takeFork( philoNum );
      try
      {
        eat();
      }
      finally
      {
        monitor.releaseFork( philoNum );
      }
    }
  }
  ...
}
```

**Codebeispiel 18.4:** Ein Philosoph, der einen Koordinator benutzt.

## 18.2.4    Lösung mit asymmetrischer Wait-Release-Strategie

Diese Lösungsvariante ist sehr ähnlich zu der mit asymmetrischem Locking. Auch hier nummeriert man die Philosophen, beginnend mit null, der Reihe nach durch. Philosophen mit einer geraden Nummer versuchen immer zuerst die rechte und dann die linke Gabel zu erlangen. Erhalten sie Zugriff auf die beiden, beginnen sie zu essen. Beim Misserfolg müssen sie von vorne beginnen und die erhaltene Gabel zurückgeben (*Wait-Release-*Strategie). Philosophen mit einer ungeraden Nummer versuchen dasselbe in der umgekehrten Reihenfolge, zuerst die linke dann die rechte Gabel.

Im Vergleich zur Variante mit dem asymmetrischen Locking wird hier die zuerst aufgenommene Gabel wieder zurückgelegt, wenn die zweite nicht verfügbar ist. Codebeispiel 18.5 zeigt eine Implementierung.

```java
public class PhilosopherWithWaitRelease implements Runnable
{
  // Attribute und Konstruktor
  @Override
  public void run()
  {
    while( true )
    {
      think();
      if( philoNum%2 == 0 )
      {
        right.lock();
        try
        {
          if( left.tryLock() )
          {
            try
            {
              eat();
            }
            finally
            {
              left.unlock();
            }
          }
        }
        finally
        {
          right.unlock();
        }
      }
      else {  /* Analog für philoNum%2 != 0 */  }
    }
  }
  ...
}
```

**Codebeispiel 18.5:** Philosoph mit einer *Wait-Release*-Strategie

Eine Variante dieser Lösungsidee besteht darin, das jeder Philosoph zufällig bestimmt, ob er zuerst die rechte oder die linke Gabel aufnehmen möchte (randomisierter *Wait-Release*-Algorithmus). Theoretisch kann hierbei ein sogenannter *Livelock* entstehen, wenn alle Philosophen z. B. immer die rechte Gabel zuerst aufnehmen[1]. Das System ist in dem Fall zwar nicht blockiert, da immer alle Locks zurückgegeben werden, macht aber trotzdem keinen Fortschritt.

---

[1]Ein Livelock ist eine Blockierung, bei denen die Beteiligten ständig zwischen Zuständen wechseln, aus denen sie nicht mehr entkommen können. Die Threads sind hier nicht im WAITING-Zustand, sondern aktiv, können aber ihre Aufgabe trotzdem nicht erledigen.

# 19 Minimal aufspannende Bäume

Das folgende Beispiel stammt aus dem Bereich der Graphentheorie, die ein sehr großes Anwendungspotenzial hat. Weitere Informationen zu dem Gebiet findet man z. B. in [31, 50]. Der im Folgenden vorgestellte Algorithmus von Prim[1] berechnet einen minimalen Spannbaum in einem zusammenhängenden, ungerichteten Graphen, wobei die Kanten gewichtet sind. Abbildung 19-1 zeigt ein Beispiel eines solchen Graphen.

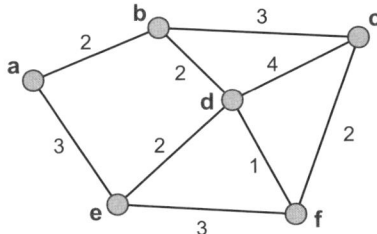

**Abbildung 19-1:** Ein schlichter, zusammenhängender, ungerichteter Graph mit Kantengewichten

## 19.1 Graphen und Spannbäume

Für Graphen existieren verschiedene Möglichkeiten, wie diese in Datenstrukturen abgebildet werden können. Eine einfache Darstellung ist die sogenannte Adjazenzmatrix, die die Abstände zwischen einzelnen Knoten enthält. Die Adjazenzmatrix des Graphen aus Abbildung 19-1 sieht folgendermaßen aus:

---

[1]Der Algorithmus wurde 1930 vom tschechischen Mathematiker Vojtech Jarník entwickelt. 1957 wurde er zunächst von Robert C. Prim und 1959 von Edsger Dijkstra wiederentdeckt. Daher wird der Algorithmus in der Literatur auch gelegentlich unter anderem Namen geführt.

$$\begin{array}{c@{\quad}ccccccc}
 & a & b & c & d & e & f \\
a & \begin{pmatrix} 0 & 2 & \infty & \infty & 3 & \infty \\ b \\ 2 & 0 & 3 & 2 & \infty & \infty \\ \infty & 3 & 0 & 4 & \infty & 2 \\ \infty & 2 & 4 & 0 & 2 & 1 \\ 3 & \infty & \infty & 2 & 0 & 3 \\ \infty & \infty & 2 & 1 & 3 & 0 \end{pmatrix}
\end{array}$$

Ein minimaler Spannbaum ist ein kreisfreier »Teilgraph«, der noch alle Knoten verbindet und dessen Summe der Kantengewichte minimal ist. Der Prim-Algorithmus, der diesen Teilgraphen berechnet, kann wie folgt veranschaulicht werden: Man startet an einem beliebigen Knoten, z. B. Knoten $a$. Jetzt wählt man von den angrenzenden Kanten diejenige mit dem kleinsten Gewicht aus. In unserem Beispiel wäre das die Kante zwischen $a$ und $b$. Damit erhalten wir einen ersten Teilgraphen, der die Knoten $a$ und $b$ und die Kante $(a, b)$ enthält. Davon ausgehend betrachtet man wieder alle angrenzenden Kanten, in unserem Fall sind dies $(a, e)$, $(b, d)$ und $(b, c)$, und wählt diejenige aus, die das kleinste Gewicht hat und keinen Kreis produziert. Dadurch ergibt sich der Teilgraph mit den Knoten $a, b, d$ und den Kanten $(a, b), (b, d)$. Der Vorgang wird so lange wiederholt, bis alle Knoten in den Teilgraphen eingebaut sind. Abbildung 19-2 zeigt die ersten drei Schritte und Abbildung 19-3 einen minimalen Spannbaum. Man beachte, dass die Lösung in der Regel nicht eindeutig ist, wenn bei den einzelnen Schritten mehrere minimale Kanten existieren.

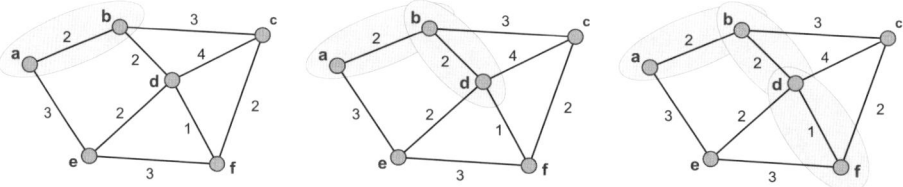

**Abbildung 19-2:** Die ersten drei Schritte des Prim-Algorithmus

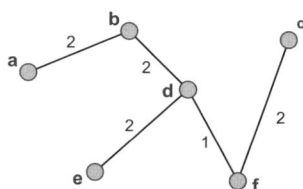

**Abbildung 19-3:** Ein minimal aufspannender Baum des Graphen aus Abbildung 19-1

Das hier beschriebene Verfahren ist im Algorithmus 4 zu finden, wobei $V$ die Menge der Knoten, $E$ die Menge der Kanten, $w(u,v)$ das Kantengewicht zwischen den Knoten $u$ und $v$ und $r$ der Startknoten ist. Der sukzessive vervollständigte Teilgraph wird durch $V_T$ repräsentiert. In dem Array $d$ werden die Gewichte der eingebauten Kanten hinterlegt. Die Summe der Einträge entspricht dann am Ende dem minimalen Kantengewicht.

---

**Algorithmus 4** Algorithmus von Prim

---
   **procedure** PRIM(Graph($V, E$))
      Wähle einen beliebigen Knoten $r \in V$
      $V_T := \{r\}$
      $d[r] := 0$
      **for all** $v \in (V \setminus V_T)$ **do**
         **if** Kante(r,v) existiert **then**
            $d[v] = w(r,v)$
         **else**
            $d[v] = \infty$
         **end if**
      **end for**

      **while** $V_T \neq V$ **do**
         Finde einen Knoten $u$, sodass $d[u] := min\{d[v] \mid v \in (V \setminus V_T)\}$
         $V_T := V_T \cup \{u\}$
         **for all** $v \in V \setminus V_T$ **do**
            $d[v] := min\{d[v], w(u,v)\}$
         **end for**
      **end while**
   **end procedure**

---

## 19.2 Der Prim-Algorithmus

Für die konkrete Implementierung schauen wir uns zuerst die Arbeitsweise des Prim-Algorithmus auf der Adjazenzmatrix an.

### 19.2.1 Funktionsweise des Algorithmus

Als Startpunkt für den Algorithmus wählen wir den Knoten $a$, d. h., es gilt $V_T := \{a\}$ und in $d$ wird an der Stelle $a$ eine Null eingetragen.

| | $a$ | $b$ | $c$ | $d$ | $e$ | $f$ |
|---|---|---|---|---|---|---|
| $d =$ | 0 | – | – | – | – | – |

Der Wert von $d[a]$ ist somit jetzt festgelegt und wird im weiteren Verlauf nicht mehr geändert. Zur Veranschaulichung haben wir ihn eingefärbt.

Im nächsten Schritt werden jetzt für alle Knoten $v \in V \setminus \{a\}$ die Kantengewichte $w(a,v)$ in $d[v]$ eingetragen. Konkret werden alle Werte der Zeile $a$ der Adjazenzmatrix in das Array $d$ übertragen, außer für $d[a]$.

$$d = \begin{array}{c|c|c|c|c|c|}
 & a & b & c & d & e & f \\
\hline
 & 0 & 2 & \infty & \infty & 3 & \infty \\
\end{array}$$

$$\begin{pmatrix}
0 & 2 & \infty & \infty & 3 & \infty \\
2 & 0 & 3 & 2 & \infty & \infty \\
\infty & 3 & 0 & 4 & \infty & 2 \\
\infty & 2 & 4 & 0 & 2 & 1 \\
3 & \infty & \infty & 2 & 0 & 3 \\
\infty & \infty & 2 & 1 & 3 & 0
\end{pmatrix}$$

Als Nächstes wird der kleinste noch nicht eingefärbte Wert aus $d$ ermittelt und dessen Kante bestimmt. Falls mehrere infrage kommen, kann eine beliebige davon ausgewählt werden. In unserem Fall ist der kleinste Wert die 2, was der Kante zum Knoten $b$ entspricht. Wir nehmen somit $b$ in $V_T$ mit auf: $V_T := \{b, d\}$ und $d$ ergibt sich zu

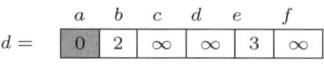

$$d = \begin{array}{c|c|c|c|c|c|}
 & a & b & c & d & e & f \\
\hline
 & 0 & 2 & \infty & \infty & 3 & \infty \\
\end{array}$$

Nun werden für alle Knoten $v \in V \setminus \{a, b\}$ die minimalen Kantengewichte zum Graphen $V_T$ bestimmt. Die Werte von Knoten $a$ stehen bereits in $d$, sodass nur noch die Werte der zum Knoten $b$ korrespondierenden Zeile zu beachten sind. Gibt es Einträge in der Matrixzeile von $b$, die kleiner sind als die zugehörigen im Array $d$, so werden sie in das Array übertragen. In unserem Beispiel sind dies die Einträge für $c$ und $d$.

$$d = \begin{array}{c|c|c|c|c|c|}
 & a & b & c & d & e & f \\
\hline
 & 0 & 2 & 3 & 2 & 3 & \infty \\
\end{array}$$

$$\begin{pmatrix}
0 & 2 & \infty & \infty & 3 & \infty \\
2 & 0 & 3 & 2 & \infty & \infty \\
\infty & 3 & 0 & 4 & \infty & 2 \\
\infty & 2 & 4 & 0 & 2 & 1 \\
3 & \infty & \infty & 2 & 0 & 3 \\
\infty & \infty & 2 & 1 & 3 & 0
\end{pmatrix}$$

Der Knoten $d$ wird aufgrund des Gewichts in den Teilgraphen aufgenommen. Wir erhalten $V_T := \{a, b, d\}$ und damit:

$$d = \begin{array}{cccccc} a & b & c & d & e & f \\ \boxed{0} & \boxed{2} & 3 & \boxed{2} & 2 & 1 \end{array}$$

$$\begin{pmatrix} 0 & 2 & \infty & \infty & 3 & \infty \\ 2 & 0 & 3 & 2 & \infty & \infty \\ \infty & 3 & 0 & 4 & \infty & 2 \\ \infty & 2 & 4 & 0 & 2 & 1 \\ 3 & \infty & \infty & 2 & 0 & 3 \\ \infty & \infty & 2 & 1 & 3 & 0 \end{pmatrix}$$

Entsprechend ist $f$ der nächste Kandidat.

$$d = \begin{array}{cccccc} a & b & c & d & e & f \\ \boxed{0} & \boxed{2} & \boxed{2} & \boxed{2} & 2 & \boxed{1} \end{array}$$

$$\begin{pmatrix} 0 & 2 & \infty & \infty & 3 & \infty \\ 2 & 0 & 3 & 2 & \infty & \infty \\ \infty & 3 & 0 & 4 & \infty & 2 \\ \infty & 2 & 4 & 0 & 2 & 1 \\ 3 & \infty & \infty & 2 & 0 & 3 \\ \infty & \infty & 2 & 1 & 3 & 0 \end{pmatrix}$$

Jetzt kann entweder $c$ oder $e$ ausgewählt werden. Nehmen wir $e$, so ergibt sich:

$$d = \begin{array}{cccccc} a & b & c & d & e & f \\ \boxed{0} & \boxed{2} & \boxed{2} & \boxed{2} & \boxed{2} & \boxed{1} \end{array}$$

$$\begin{pmatrix} 0 & 2 & \infty & \infty & 3 & \infty \\ 2 & 0 & 3 & 2 & \infty & \infty \\ \infty & 3 & 0 & 4 & \infty & 2 \\ \infty & 2 & 4 & 0 & 2 & 1 \\ 3 & \infty & \infty & 2 & 0 & 3 \\ \infty & \infty & 2 & 1 & 3 & 0 \end{pmatrix}$$

Vergleicht man die zu Knoten $e$ zugehörige Reihe mit den Einträgen von $d$, so sieht man, dass es keine Kante mehr mit kleinerem Gewicht gibt. Der Algorithmus hat somit das minimale Gewicht gefunden, das sich aufsummiert zu neun ergibt (vgl. auch Abb. 19-3).

## 19.2.2 Implementierung des Algorithmus

Die Implementierung des hier beschriebenen Algorithmus ist recht einfach. Für den Inhalt des Arrays $d$ kann z. B. folgende Datenstruktur verwendet werden, wobei die boolesche Variable `fix` kennzeichnet, ob das Element noch verändert werden kann:

```
class ArrayItem
{
  boolean fix;
  double  value;

  ArrayItem(double value, boolean fix)
  {
    this.value = value;
    this.fix = fix;
  }
}
```

Eine Implementierung zur Bestimmung des Kantengewichts des minimal aufspannenden Baums ist im Codebeispiel 19.1 gezeigt. Wir gehen hier implizit davon aus, dass `graph` eine gültige Adjazenzmatrix ist.

```
public static double minimalEdgeWeight(double[][] graph)
{
  int size = graph.length;

  ArrayItem[] d = new ArrayItem[graph.length];

  // Wähle Knoten 0 als Startknoten
  d[0] = new ArrayItem( 0, true );
  for(int i=1; i < size; i++ )
  {
    d[i] = new ArrayItem( graph[0][i], false);
  }

  int sum = 0;
  for(int i=1; i < size; i++ )
  {
    int index = getIndexFromMinimum(d);
    d[index].fix = true;
    sum += d[index].value;

    transferMinMatrixElementToArray(graph,d,index);
  }

  return sum;
}
```

**Codebeispiel 19.1:** Der Prim-Algorithmus

Die Methode `getIndexFromMinimum` ermittelt den nächsten erlaubten, kleinsten Wert aus $d$ und `transferMinMatrixElementToArray` kopiert die Elemente aus der Adjazenzmatrix nach $d$, falls diese kleiner als die Werte in $d$ und diese Einträge noch nicht fixiert sind.

# 19.3   Parallelisierung (Phaser)

Der Algorithmus besitzt im Prinzip zwei Stellen, die parallelisiert werden können. Die erste Stelle ist der Vergleich der Einträge der aktuell betrachteten Matrixzeile mit den Eintragungen in dem Array $d$ inklusive der Übernahme der kleineren Werte in $d$ (Methode `transferMinMatrixElementToArray`). Die zweite Stelle wäre das Finden des kleinsten Wertes innerhalb von $d$ (Methode `getIndexFromMinimum`). Man beachte, dass hier immer nur die noch nicht fixierten Werte von $d$ betrachtet werden dürfen. Wir werden im Folgenden nur die Traversierung über die Matrix parallelisieren und für die Steuerung einen `Phaser` benutzen.

Da die Bearbeitungen der Spalten unabhängig sind, kann man die Matrix aufteilen und die Einzelteile separat behandeln. Abbildung 19-4 zeigt eine Aufteilung der Adjazenzmatrix in vier Blöcke.

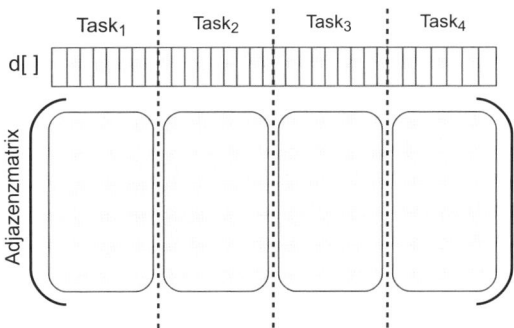

**Abbildung 19-4:** Aufteilung der Adjazenzmatrix in vertikale Blöcke

Ein Task kann dann die Elemente aus der entsprechenden Zeile von der Adjazenzmatrix in das Array $d$ übertragen. Wenn alle damit fertig sind, kann die nächste zu analysierende Zeile bestimmt werden. Für diese Aufgabe wird ein `Phaser` eingesetzt. Da die Anzahl der »Runden« bekannt ist (Anzahl der Matrixzeilen), kann der `Phaser` auch die Laufzeit der Tasks steuern. Codebeispiel 19.2 zeigt eine Task-Implementierung.

```
public class PrimTask implements Callable<Void>
{
    private final double[][] graph;
    private final ArrayItem[]   d;
    private final AtomicInteger row;
    private final Phaser phaser;
    private final int startCol;
    private final int endCol;
```

```
public PrimTask(double[][] graph,
                int startCol, int endCol, // Blockbereich
                AtomicInteger row, // zu untersuchende Zeilennummer
                ArrayItem[] d,
                Phaser phaser)
{
  this.graph = graph;
  this.d = d;
  this.row = row;
  this.phaser = phaser;
  this.startCol = startCol;
  this.endCol = endCol;
}

@Override
public Void call()
{
  while( true )
  {
    this.phaser.arriveAndAwaitAdvance();                      ❶
    if( phaser.isTerminated() )                               ❷
      break;

    transferMinMatrixElementToArray( row.get() );            ❸
  }

  return (Void) null;
}

private void transferMinMatrixElementToArray(int row)
{
  for(int i = startCol; i < endCol; i++)
  {
    if( d[i].fix == false )
    {
      if( graph[row][i] < d[i].value )
      {
        d[i].value = graph[row][i];
      }
    }
  }
}
}
```

**Codebeispiel 19.2:** Task-Implementierung

Die Schleife in der `call`-Methode läuft so lange, bis der `Phaser` terminiert ist (❷). Zu Beginn der Schleife werden die Threads synchronisiert (❶). Wenn alle am Phaser angekommen sind, wird der nächste zu untersuchende Index ermittelt (vgl. Codebeispiel 19.3), bevor sie weiterlaufen. Danach überträgt jeder Thread mögliche Werte aus der entsprechenden Matrixzeile in das Array $d$ (❸).

Codebeispiel 19.3 zeigt eine parallele Implementierung für die Bestimmung des Kantengewichts eines minimalen Spannbaums. Die Variable `parallel` gibt die Anzahl der zu verwendenden Tasks an.

```
public static double minimalEdgeWeight(double[][] graph, int parallel)
{
  final int N = parallel;
  final int SIZE = graph.length;
  final AtomicInteger colIndex = new AtomicInteger(0);            ❶

  // Initialisierung von d
  ArrayItem[] d = new ArrayItem[SIZE];
  for(int i=0; i < SIZE; i++)
    d[i] = new ArrayItem( Double.POSITIVE_INFINITY, false);
  d[0].fix = true;
  d[0].value = 0;

  Phaser phaser = new Phaser(N)                                   ❷
  {
    @Override
    protected boolean onAdvance(int phase, int parties)           ❸
    {
      if (phase > SIZE) return true;
      else
      {
        int newRowIndex = getIndexFromMinimum(d);
        d[newRowIndex].fix = true;
        colIndex.set(newRowIndex);
        return false;
      }
    }
  };

  // Konfiguration und Starten der Tasks
  List<PrimTask> tasks = new ArrayList<>();                       ❹
  for(int i=0; i < N-1; i++)
  {
    int start = i*(SIZE/N);
    int end = start + (SIZE/N);
    tasks.add( new PrimTask(graph, start, end, colIndex, d, phaser) );
  }
  tasks.add( new PrimTask(graph, (N-1)*(SIZE/N), SIZE,
                          colIndex, d, phaser) );
  ForkJoinPool.commonPool().invokeAll(tasks);

  // Bestimmung der Summe                                         ❺
  double sum = 0;
  for(int k=0; k < SIZE; k++ )
    sum += d[k].value;
  return sum;
}
```

**Codebeispiel 19.3**: Parallele Bestimmung des minimalen Gewichts

Die Variable `colIndex` entspricht der aktuell zu untersuchenden Zeilennummer und steht auch allen Task-Objekten zur Verfügung (❶). Nach der Initialisierung des Arrays $d$ wird der `Phaser` konfiguriert. Die überschriebene `onAdvance`-Methode steuert den Ablauf der Tasks. Nachdem alle Zeilen abgearbeitet wurden (`phase>SIZE`), wird der Phaser und somit auch die Tasks beendet. Ansonsten wird vor jeder neuen Runde die nächste zu untersuchende Zeile bestimmt und der entsprechende Array-Eintrag fixiert. Nach der Konfiguration werden die Task-Objekte an den CommonPool zur Ausführung übergeben (❹). Am Ende wird die Summe des minimalen Spannbaums ermittelt und zurückgegeben (❺).

## Hinweis

Die in den Codebeispielen 19.2 und 19.3 gezeigten Implementierungen sind nicht optimiert. Im Einzelfall könnte es z. B. sinnvoll sein, das Array $d$ und eventuell die Adjazenzmatrix aufzusplitten, sodass jeder Task mit seinen eigenen lokalen Daten arbeitet und nur den minimalen Eintrag seines $d$-Teilbereichs global zur Verfügung stellt.

## Hinweis

Das vorgestellte Berechnungsverfahren gehört zur Klasse der *Greedy*-Algorithmen. Ein weiterer, bekannter Algorithmus ist der von Dijkstra, der den kürzesten Weg zwischen einem gegebenen Start- und einem Endknoten berechnet, wobei die Kantengewichte nicht negativ sein dürfen. Auch dieser Algorithmus kann auf ähnliche Weise parallelisiert werden.

# 20 Mergesort

Sortieren von Daten ist eine oft anzutreffende Aufgabe und es stehen hierzu genügend effiziente Algorithmen zur Verfügung, die man in der Praxis selten selbst implementieren muss. Nichtsdestotrotz schauen wir uns in diesem Kapitel eine Realisierung eines Sortierverfahrens für Arrays näher an. Die hierbei gewonnenen Einsichten können für ähnliche Problemstellungen recht nützlich sein. Konkret wird der *Mergesort* vorgestellt, ein *Divide-and-Conquer*-Algorithmus. Für weitere Informationen siehe z. B. [10, 46].

## 20.1 Funktionsprinzip des Algorithmus

Die Grundidee des *Mergesort* ist recht einfach. Man teilt das zu sortierende Array rekursiv so lange auf, bis eine Minimalgröße erreicht wird, und fügt dann die Teilbereiche sortiert zusammen. Abbildung 20-1 zeigt schematisch das Verfahren.

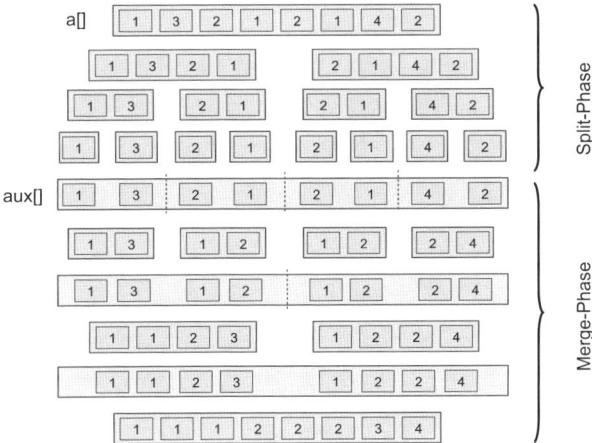

**Abbildung 20-1:** Funktionsprinzip des *Mergesort*-Algorithmus

Neben dem zu sortierenden Array a wird hier noch ein Hilfsarray aux benötigt. In der Abbildung wurde a so lange geteilt, bis nur noch Teilbereiche mit der Länge eins vorhanden sind (Split-Phase). Sie werden dann in das

Hilfsarray `aux` kopiert. In der Merge-Phase werden sukzessive immer zwei Teilbereiche der Größe nach in das ursprüngliche Array `a` einsortiert.

Codebeispiel 20.1 zeigt eine sequenzielle Implementierung[1] des Mergesort für ein Array von `Comparable`-Objekten (**❶**). Intern wird ein Hilfsarray erzeugt, das in der Merge-Phase benutzt wird (**❸**). Die Rekursion erfolgt in der privaten `sort`-Methode (**❷**).

```
public static <E> void sort(Comparable<E>[] a)                     ❶
{
  Comparable<E>[] aux = (Comparable<E>[]) new Comparable[a.length];
  sort(a, aux, 0, a.length - 1);
}

private static <E> void sort(Comparable<E>[] a, Comparable<E>[] aux,
                                            int lo, int hi)
{
  if (hi <= lo) return;

  int mid = lo + (hi - lo) / 2;
  sort(a, aux, lo, mid);
  sort(a, aux, mid + 1, hi);                                       ❷
  merge(a, aux, lo, mid, hi);
}

private static <E> void merge(Comparable<E>[] a, Comparable<E>[] aux,
                           int lo, int mid, int hi)
{
  // kopiere Elemente in aux                                       ❸
  System.arraycopy(a, lo, aux, lo, (hi-lo)+1);
  // merge in a
  int i = lo, j = mid + 1;
  for (int k = lo; k <= hi; k++)
  {
    if (i > mid)
      a[k] = aux[j++];
    else if (j > hi)
      a[k] = aux[i++];
    else if ( less(aux[j], aux[i])  )
      a[k] = aux[j++];
    else
      a[k] = aux[i++];
  }
}

private static <E> boolean less(Comparable<E> v, Comparable<E> w)
{
  return v.compareTo((E) w) < 0;
}
```

**Codebeispiel 20.1:** Sequenzieller Mergesort-Algorithmus

[1]Die Implementierung adaptiert das in [46] gezeigte Verfahren.

## 20.2 Parallelisierung (ForkJoin-Framework)

Algorithmen, die nach dem *Divide-and-Conquer*-Verfahren arbeiten, lassen sich bequem mit dem ForkJoin-Framework parallelisieren. Codebeispiel 20.2 zeigt die parallelisierte Variante.

```java
private static class SortTask<E> extends RecursiveAction
{
  private final Comparable<E>[] a;
  private final Comparable<E>[] aux;
  private final int lo;
  private final int hi;

  private SortTask(Comparable<E>[] a, Comparable<E>[] aux,
                                      int lo, int hi)
  {
    this.a = a;
    this.aux = aux;
    this.lo = lo;
    this.hi = hi;
  }

  @Override
  protected void compute()
  {
    if (hi <= lo) return;

    int mid = lo + (hi - lo) / 2;
    SortTask<E> leftTask = new SortTask<>(a, aux, lo, mid);
    SortTask<E> rightTask = new SortTask<>(a, aux, mid + 1, hi);
    invokeAll(leftTask,rightTask);
    merge(a, aux, lo, mid, hi);
  }
}

public static <E> void sort(Comparable<E>[] a)
{
  Comparable<E>[] aux = (Comparable<E>[]) new Comparable[a.length];

  SortTask<E>  root = new SortTask<>(a, aux, 0, a.length - 1);
  root.invoke();
}
```

**Codebeispiel 20.2:** Paralleler Mergesort-Algorithmus

## Hinweis

Die hier gezeigte Implementierungsvariante hat einige Nachteile und sollte so nicht verwendet werden. Zum einen ist es nicht ratsam, immer bis zu Teilbereichen der Länge eins zu *splitten*. Man sollte die Split-Phase nur bis zu einer gewissen Größe durchführen und dann z. B. auf eine sequenzielle Sortierung zurückgreifen:

```
if (hi - lo < THRESHOLD){
    Arrays.sort(a, lo, hi+1);
    return;
}
```

Weiter arbeiten alle Threads auf denselben Arrays (a und aux). Obwohl jeder Thread einen eigenen Bereich hat und kein Konflikt zu befürchten ist, müssen die Daten vor dem Merge-Prozess in den Hauptspeicher übertragen werden.

Im Codebeispiel 20.2 wird die Merge-Phase noch sequenziell ausgeführt. Auch hier gibt es Möglichkeiten, diese zu parallelisieren (vgl. z. B. [10]).

# 21 Der k-Mean-Clusteralgorithmus

Die Verarbeitung und Gewinnung von Informationen aus einer großen Datenmenge ist heutzutage ein wichtiger Produktionsfaktor. Als Anwendungsbeispiel einer parallelen Datenverarbeitung aus dem Bereich des *Data Mining* bzw. *Machine Learning* wird in dieser Fallstudie der k-Mean-Algorithmus besprochen, eines der populärsten Verfahren der Clusteranalyse. Für weitere Informationen siehe z. B. [13, 55].

## 21.1 Der k-Mean-Algorithmus

Der Algorithmus teilt eine Datenmenge in $k$ Cluster ein, wobei ähnliche Datenelemente demselben Cluster zugeordnet werden. Hierzu wird ein geeignetes Abstandsmaß benötigt, über das die Eigenschaft »ähnlich« definiert wird.

Wir betrachten im Folgenden das Clustering der Punkte in der zweidimensionalen Ebene. Abbildung 21-1 zeigt ein Beispiel für eine Datenverteilung. Man kann erkennen, dass sich die Punktemenge sehr gut in fünf Cluster partitionieren lässt.

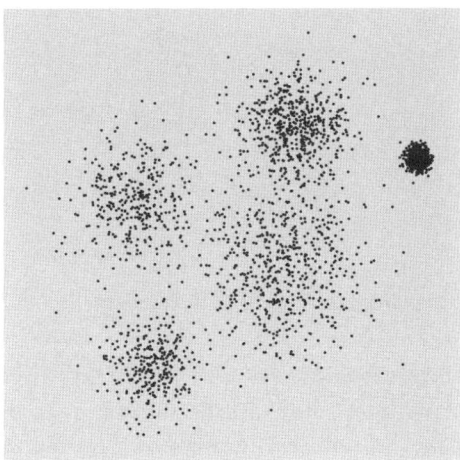

**Abbildung 21-1:** Eine Punktemenge in der (x,y)-Ebene

Die Grundidee des k-Mean-Algorithmus ist recht einleuchtend. Sei $k$ die Anzahl der Cluster, in die die Datenmenge zerlegt werden soll. Dann geht man wie folgt vor:

1. Zuerst ordnet man jedem Datenpunkt zufällig einen der $k$ Cluster zu.
2. Als Nächstes wird von jedem Cluster der *Centroid* berechnet, was in unserem Beispiel dem Mittelwert bzw. dem Schwerpunkt entspricht.
3. Im Anschluss werden für jeden Datenpunkt die Abstände zu den $k$ Centroiden ermittelt.
4. Jetzt werden die Cluster neu gebildet, indem jeder Punkt dem Cluster zugeordnet wird, dessen Centroid er am nächsten ist.
5. Danach werden wieder für jeden Cluster die Centroide neu berechnet.
6. Das Verfahren wird so lange wiederholt, bis kein Datenpunkt mehr den Cluster wechselt.

Man kann zeigen, dass das Verfahren konvergiert, d.h. nach endlich vielen Runden zum Abschluss kommt. In der Praxis ist die Anzahl der benötigten Iterationen sogar recht gering.

Abbildung 21-2 zeigt eine mögliche Einteilung der Daten aus Abbildung 21-1 in fünf Cluster mit den zugehörigen Centroiden.

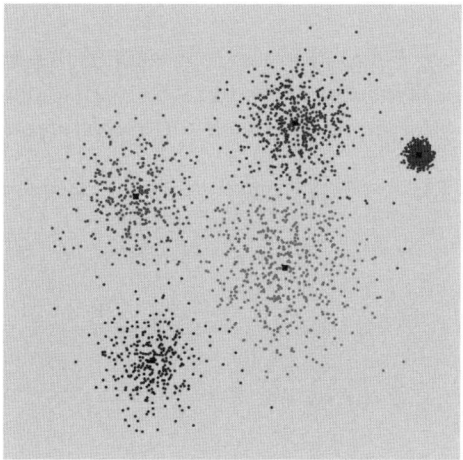

**Abbildung 21-2:** Eine Einteilung der Punkte in fünf Cluster

Der k-Mean-Algorithmus besitzt einige Einschränkungen. Die gefundenen Cluster sind von der initialen Zuordnung abhängig. In der Praxis ist es deshalb wichtig, mit einer »guten« Erstzuordnung zu beginnen. Außerdem ist der Algorithmus empfindlich gegenüber Ausreißern, sodass oft eine Datenvorverarbeitung notwendig ist [9].

# 21.2 Parallelisierung (Parallel Streams)

Im Folgenden wird eine parallele Implementierung des k-Mean-Algorithmus vorgestellt, wobei wir hier möglichst viel mit dem `Stream`-API arbeiten, was in der Praxis wegen der Effizienz nicht immer sinnvoll ist.

## 21.2.1 Datenmodell

Da wir uns auf zweidimensionale Daten beschränken, die als (x,y)-Wertepaare vorliegen, führen wir drei einfache Klassen zur Beschreibung der Daten ein (vgl. Abb. 21-3). Die Klasse `DataPoint` repräsentiert den eigentlichen Datenpunkt. Sie wird in `ClusterDataPoint` um ein Attribut zur Verwaltung der Clusterzugehörigkeit erweitert. Für die Darstellung der Clustermittelpunkte ist `ClusterCentroid` zuständig.

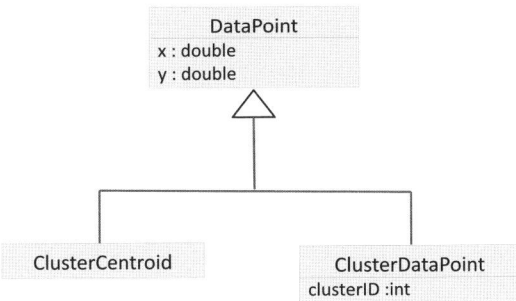

**Abbildung 21-3:** Elementare Klassen im Datenmodell

## 21.2.2 Hilfsmethoden

Als Distanz zwischen zwei Punkten benutzen wir den euklidischen Abstand, der sich wie folgt berechnen lässt:

```
private static double distance(DataPoint p1, DataPoint p2)
{
   return Math.sqrt( (p1.x-p2.x)*(p1.x-p2.x)+(p1.y-p2.y)*(p1.y-p2.y) );
}
```

Der Centroid, Mittelpunkt der Punktemenge `List<ClusterDataPoint>`, kann mithilfe von `reduce` wie folgt berechnet werden:

```
private static ClusterCentroid getCentroid(List<ClusterDataPoint> list)
{
   final double[] identity = {0.0, 0.0};
```

```
    double[] sum =
        list.parallelStream()
            .map(a -> new double[]{a.x, a.y})
            .reduce(identity,
                    (p1,p2) -> new double[]{p1[0]+p2[0], p1[1]+p2[1]} );

    return new ClusterCentroid(sum[0]/list.size(), sum[1]/list.size());
}
```

Mit der folgenden Hilfsmethode kann der zu einem Datenpunkt nächst-gelegene Centroid bestimmt werden, wobei hier die Schwerpunkte in einer `Map<Integer, ClusterCentroid>` hinterlegt sind:

```
private static Integer getNearestCluster(ClusterDataPoint dp,
                          Map<Integer, ClusterCentroid> centroids)
{
    // parallelStream lohnt sich hier nicht, da es in der Regel
    // nur wenige Cluster gibt
    return centroids
            .entrySet()
            .stream()
            .min( (e1,e2) -> (int) Math.signum(
                            distance(dp, e1.getValue())
                            - distance(dp, e2.getValue()) ) )
            .map(Map.Entry::getKey)
            .get();
}
```

## 21.2.3   Implementierung

Codebeispiel 21.1 zeigt eine Implementierungsvariante des Algorithmus, die nur das Standard-API und die mitgelieferten Collectoren nutzt. Da der Code auf den ersten Blick recht kompliziert erscheint, sind die in den Zwischenschritten entstehenden Datenstrukturen mit abgebildet.

Die Methode `getCluster` erhält als Parameter eine Liste mit Datenpunkten und die Anzahl der zu bildenden Cluster. Sie liefert eine `Map` zurück, bestehend aus den Centroiden (`ClusterCentroid`) und den zugeordneten Datenpunkten (`List<ClusterDataPoint>`) (❶).

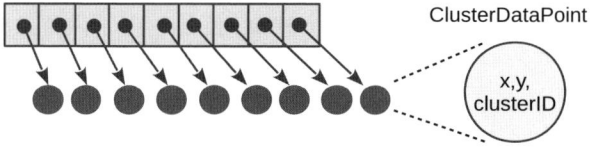

**Abbildung 21-4:** `List<ClusterDataPoint>`–Datenstruktur

In dem Beispiel gehen wir davon aus, dass die Datenpunkte in Form von `DataPoint`-Objekten verfügbar sind. Die `getCluster`-Methode erzeugt deshalb zuerst eine Liste mit `ClusterDataPoint`-Objekten, wobei hier jedem Datenpunkt eine zufällige `clusterID` zugeordnet wird (❷). Die entstehende Liste ist in Abbildung 21-4 dargestellt.

Auf der `ClusterDataPoint`-Liste wird mithilfe eines Streams und einem Standard-Collector eine `Map` erzeugt, die jeder Clusternummer (`Integer`) die zugehörigen Datenpunkte zuweist (❹ und Abb. 21-5). Danach beginnt der Iterationsprozess.

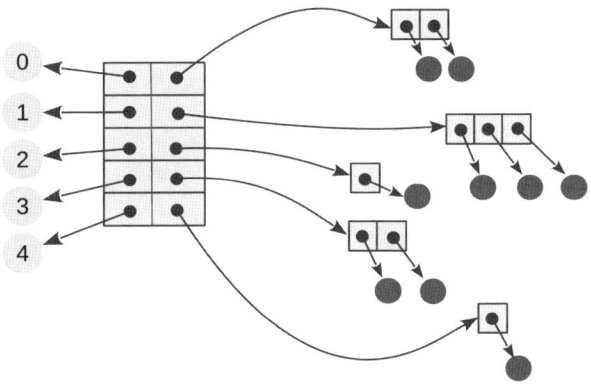

**Abbildung 21-5:** `Map<Integer, List<ClusterDataPoint>>`–Datenstruktur

```java
public class KMean
{
  public static Map<ClusterCentroid, List<ClusterDataPoint>>      ❶
                  getCluster(List<DataPoint> dataset, final int k )
  {
    // Initialisiere Clusterdaten                                 ❷
    // Jeder Punkt wird zufällig einem Cluster zugeordnet
    List<ClusterDataPoint> clusterDataPoints =
        dataset.parallelStream()
              .map( dp -> new ClusterDataPoint(dp,
                        ThreadLocalRandom.current().nextInt(k) ))
              .collect( Collectors.toList() );
    return getKMeanCluster(clusterDataPoints, k);
  }

  private static Map<ClusterCentroid, List<ClusterDataPoint>>
        getKMeanCluster(List<ClusterDataPoint> dataset, final int k )
  {
    // Map für die Clustermittelpunkte
    // Cluster sind beginnend von 0 durchnummeriert
    Map<Integer, ClusterCentroid>  centroids = new HashMap<>();   ❸
    // Zuordnen der Punkte zu den Clustern                        ❹
    Map<Integer, List<ClusterDataPoint>>  clusterMap =
        dataset.parallelStream()
```

```
                    .collect(
                        Collectors.groupingBy( dp -> dp.getClusterId() ) );

    // Zähler für Clusterwechsler
    final LongAdder adder = new LongAdder();                       ❺

    do
    {
      // Zähler zurücksetzen
      adder.reset();

      //Berechne die Mittelpunkte der Cluster                      ❻
      centroids.clear();
      centroids.putAll(
          clusterMap.entrySet()
                  .parallelStream()
                  .collect(
                      Collectors.toMap(
                          entry -> entry.getKey(),
                          entry -> getCentroid(entry.getValue())
                          )
                      )
                  );

      //Ordne jedem Punkt einen neuen Cluster zu                   ❼
      dataset.parallelStream()
              .forEach( dp ->
                      {
                          int id = getNearestCluster(dp, centroids);
                          if( dp.getClusterId() != id )
                          {
                            dp.setClusterId( id );
                            adder.increment();
                          };
                      } );

      // Neuzuordnen der Punkte zu den Clustern                    ❽
      clusterMap = dataset.parallelStream()
                      .collect( Collectors.groupingBy(
                                  dp -> dp.getClusterId()));
    }
    while( adder.sum() != 0 );

    return clusterMap.entrySet()                                   ❾
                  .parallelStream()
                  .collect( Collectors.toMap(
                              me -> centroids.get(me.getKey()),
                              me -> me.getValue()));
  }
  // Hilfsmethoden
  // ...
}
```

**Codebeispiel 21.1:** Der k-Mean-Algorithmus

Als Schleifenbedingung wird ein `LongAdder` benutzt, der die Anzahl der »Clusterwechsler« zählt (❺). Alternativ könnte man, weil zur Bestimmung der Terminierung nur von Interesse ist, dass keine Wechsler mehr existieren, hier auch ein `AtomicBoolean` verwenden. Nachdem der Zähler zurückgesetzt und `centroids` geleert wurde, wird aus der `clusterMap` ein `Set` extrahiert, dessen Elemente vom Typ `Map.Entry<Integer, List< ClusterDataPoint>>` sind (vgl. Abb. 21-6).

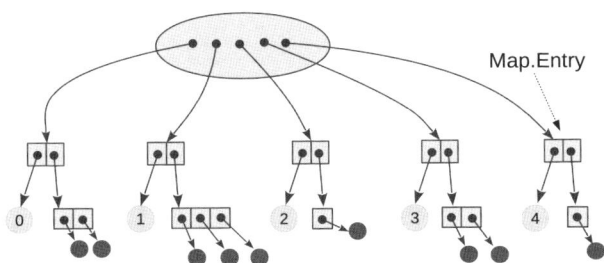

**Abbildung 21-6:** Ein `Set` aus `Map.Entry`–Elementen

Auf dieser Menge wird nun ein Stream erzeugt. Bevor mit einem Collector eine neue `Map`, die aus den ClusterIDs und den zugehörigen Centroiden besteht, erzeugt wird, werden die `ClusterDataPoint`-Listen mit `getCentroid` zu einem `ClusterCentroid` reduziert (❻ vgl. Abb. 21-7 und Abb. 21-8).

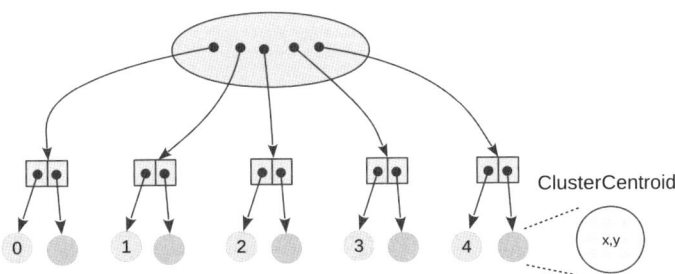

**Abbildung 21-7:** Das `Set` mit reduzierter `List<ClusterDataPoint>`

Anschließend wird das Clusterattribut der Datenpunkte entsprechend aktualisiert (❼). Man beachte, dass die Elemente immer noch von `dataset` referenziert und nun direkt verändert werden (vgl. Abb. 21-4). Danach werden die Datenpunkte wieder zu neuen Clusterlisten gruppiert (❽ vgl. auch Abb. 21-5). Wenn sich keine Clusterzugehörigkeit mehr ändert, werden die Daten nochmals aufbereitet und in der Form `Map<ClusterCentroid, List<ClusterDataPoint>>` an den Aufrufer zurückgeliefert (❾ und Abb. 21-9).

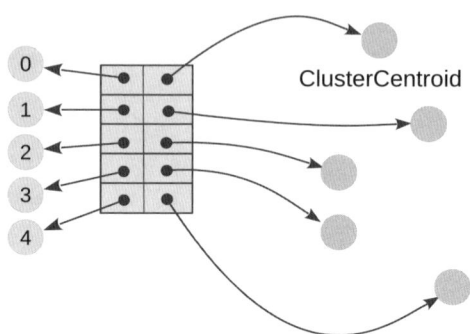

**Abbildung 21-8:** `Map<Integer, ClusterCentroid>`–Datenstruktur

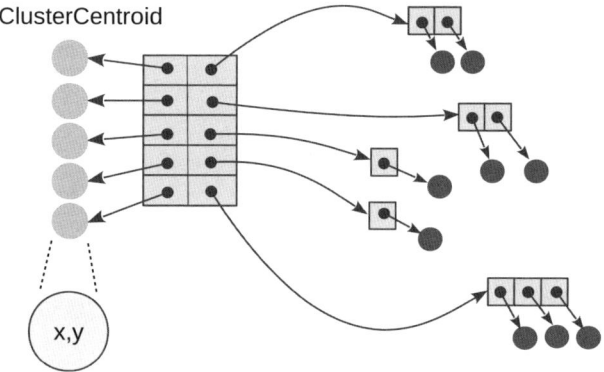

**Abbildung 21-9:** `Map<ClusterCentroid, List<ClusterDataPoint>>`

### 21.2.4    Variante mit benutzerdefiniertem Collector

In diesem Beispiel bietet es sich an, eine geeignete Datenstruktur und einen benutzerdefinierten Collector einzuführen, um die Lesbarkeit des Codes zu verbessern. Als Datenstruktur benutzen wir eine spezielle `ClusterMap`-Klasse, die bezüglich ihres Aufbaus der Struktur aus Abbildung 21-5 entspricht (❶). Codebeispiel 21.2 zeigt die Implementierung. Neben den typischen Methoden, wie `add` oder `get`, besitzt die Klasse noch `combine`, die dann direkt vom Collector benutzt werden kann (❷).

```
public class ClusterMap
{
  private final Map<Integer, List<ClusterDataPoint>> clusterMap;  ❶

  public ClusterMap()
  {
    this.clusterMap = new HashMap<>();
  }
```

```java
private ClusterMap(ClusterMap map) // Kopier-Konstruktor
{
  this.clusterMap = new HashMap<>(map.clusterMap);
}

public void add(int key, ClusterDataPoint dp )
{
  if( clusterMap.containsKey(key) )
  {
    clusterMap.get(key).add(dp);
  }
  else
  {
    List<ClusterDataPoint> dpList = new ArrayList<>();
    dpList.add(dp);
    clusterMap.put(key, dpList);
  }
}

public List<ClusterDataPoint> get(int key)
{
  return clusterMap.getOrDefault(key, new ArrayList<>());
}

public ClusterMap combine(ClusterMap cmap)                    ❷
{
  ClusterMap result = new ClusterMap(this);
  for( int key : cmap.clusterMap.keySet() )
  {
    List<ClusterDataPoint> tmpList = cmap.clusterMap.get(key);
    result.clusterMap.merge(key, tmpList,
                      (l,v) -> {l.addAll(v); return l;} );
  }

  return result;
}

public ClusterCentroid getCentroid(int key)
{
  final double[] identity = {0.0, 0.0};
  List<ClusterDataPoint> list = clusterMap.get(key);
  double[] sum =
      list.parallelStream()
          .map(a -> new double[]{a.x, a.y})
          .reduce(identity,
                  (p1,p2) -> new double[]{p1[0]+p2[0], p1[1]+p2[1]});

  return new ClusterCentroid(sum[0]/list.size(),sum[1]/list.size());
}

public Map<ClusterCentroid, List<ClusterDataPoint>> getCluster()
{
  Map<ClusterCentroid, List<ClusterDataPoint>> resultMap
                                        = new HashMap<>();
```

```
      for( int key :  clusterMap.keySet() )
         resultMap.put( getCentroid(key),  get(key));
      return resultMap;
   }
}
```

**Codebeispiel 21.2:** `ClusterMap`-Klasse

Der benutzerdefinierte Collector in Codebeispiel 21.3 verwendet nun die
`ClusterMap`. Die `supplier`-Methode liefert eine neue Map (❶), der
`accumulator` fügt die Elemente hinzu (❷) und `combine` vereinigt zwei
Maps (❸). Die `finisher`-Methode entspricht der Identität (❹). Der Collector hat die Eigenschaft Non-CONCURRENT (❺), d. h., bei einer parallelen
Verarbeitung werden die Elemente jedes Teilbereichs in separate Maps ein-
gesammelt.

```
public class ClusterMapCollector
    implements Collector<ClusterDataPoint, ClusterMap, ClusterMap>
{
  @Override
  public Supplier<ClusterMap> supplier()                          ❶
  {
    return () -> new ClusterMap();
  }
  @Override
  public BiConsumer<ClusterMap, ClusterDataPoint> accumulator()   ❷
  {
    return (cmap, cdp) -> cmap.add( cdp.getClusterId(), cdp);
  }

  @Override
  public BinaryOperator<ClusterMap> combiner()                    ❸
  {
    return (map1,map2) -> map1.combine(map2);
  }

  @Override
  public Function<ClusterMap, ClusterMap> finisher()              ❹
  {
    return Function.identity();
  }

  @Override
  public Set<Collector.Characteristics> characteristics()         ❺
  {
    return Collections.unmodifiableSet(
        EnumSet.of( Characteristics.UNORDERED,
                    Characteristics.IDENTITY_FINISH ));
  }
}
```

**Codebeispiel 21.3:** Benutzerdefinierter Collector

Durch den Einsatz der Klasse `ClusterMap` und des benutzerdefinierten Collectors `ClusterMapCollector` vereinfacht sich die Implementierung von Codebeispiel 21.1 folgendermaßen:

```
private static Map<ClusterCentroid, List<ClusterDataPoint>>
        getKMeanCluster(List<ClusterDataPoint> dataset, final int k )
{
  // Zuordnen der Punkte zu den Clustern
  ClusterMap  clusterMap = dataset.parallelStream()
                            .collect( new ClusterMapCollector(k) );


  // Zähler für Clusterwechsler
  final LongAdder adder = new LongAdder();

  do
  {
    // Zähler zurücksetzen
    adder.reset();
    //Berechne die Mittelpunkte der Cluster
    HashMap<Integer, ClusterCentroid> centroids = new HashMap<>();
    for(int i = 0; i < k; i++ )
    {
      centroids.put(i, clusterMap.getCentroid(i) );
    }
    //Ordne Punkte dem neuen Cluster zu
    dataset.parallelStream()
          .forEach( dp -> { int id = getNearestCluster(dp, centroids);
                      if( dp.getClusterId() != id )
                      {
                        dp.setClusterId( id );
                        adder.increment();
                      };
                    } );
    // Neuzuordnen der Punkte zu den Clustern
    clusterMap = dataset.parallelStream().collect(
                              new ClusterMapCollector(k) );
  }
  while( adder.sum() != 0 );

  return clusterMap.getCluster();
}
```

# 22 RSA-Schlüsselerzeugung

In diesem Kapitel schauen wir uns ein Anwendungsbeispiel aus der modernen Kryptografie an, und zwar die Generierung eines RSA-Schlüssels. Das RSA-Verfahren, benannt nach deren Erfindern Ronald Rivest, Adi Shamir und Len Adelman, wurde 1978 vorgestellt und ist mit Abstand eines der populärsten Public-Key-Verfahren. Die Sicherheit des Algorithmus hängt eng mit der Schwierigkeit zusammen, große Zahlen zu faktorisieren. Für weitere Informationen siehe z. B. [8, 44].

Das eigentliche Verfahren besteht aus zwei Teilen, der Schlüsselerzeugung und der eigentlichen Chiffrierung. Im Folgenden betrachten wir nur die Schlüsselerzeugung.

## 22.1 Verfahren für die Schlüsselerzeugung

Das folgende Schema gibt an, wie ein privater und ein öffentlicher RSA-Schlüssel erzeugt wird[1]:

1. Wähle zufällig zwei Primzahlen $p$ und $q$ (die Länge der Zahlen sollte möglichst groß sein, z. B. 1024 Bits).
2. Berechne das Produkt $N = pq$ ($N$ hat dann eine Länge bis 2048 Bits).
3. Wähle nun eine ungerade natürliche Zahl $e$ mit

$$1 < e < \phi(N), \textbf{ wobei } \phi(N) = (p-1)(q-1) \textbf{ und } ggT(e, \phi(N)) = 1,$$

   und $ggT$ der größte gemeinsame Teiler der beiden Zahlen ist.
4. Berechne eine natürliche Zahl $d$ mit

$$1 < d < \phi(N), \textbf{ wobei } \phi(N) = (p-1)(q-1) \textbf{ und } de \equiv 1 \mod \phi(N).$$

Der öffentliche Schlüssel besteht aus dem Paar $P = (e, N)$, der private, geheime Schlüssel aus $S = (d, N)$. Die Zahl $N$ heißt RSA-Modul, $e$ heißt Ver- und $d$ Entschlüsselungsexponent.

---

[1]Für eine Schlüsselerzeugung in der Praxis müssen noch verschiedene Rahmenbedingungen eingehalten werden, damit bekannte Angriffsmöglichkeiten ausgeschlossen werden.

Da man es hier im Allgemeinen mit sehr großen Zahlen zu tun hat, dauern die Rechnungen entsprechend lange. Der aufwendigste Teil ist aber das Finden der beiden Primzahlen $p$ und $q$. Häufig geht man so vor, dass einfach eine beliebige ungerade Zahl in dem gesuchten Größenbereich ausgewählt und getestet wird, ob sie eine Primzahl ist. Obwohl es bekanntlich genügend Primzahlen gibt, braucht man oft mehrere Hundert Schritte, bis eine gefunden wird. Für den eigentlichen Primzahltest wird in der Praxis auf einen probabilistischen Algorithmus zurückgegriffen, der sehr effizient ist. Für den in dem Verfahren vorkommenden $ggT$-Algorithmus und den Algorithmus zur Bestimmung einer modularen Inversen (für die Zahl $e$) existieren ebenfalls effiziente Implementierungen. Sie werden von der Klasse `BigInteger` bereitgestellt:

- `probablePrime(int bitLength, Random rnd)`: Diese Klassenmethode liefert eine Zahl der Länge `bitLength` zurück, die mit einer Mindestwahrscheinlichkeit $(1 - \frac{1}{2^{100}})$ eine Primzahl ist.
- `gcd(BigInteger val)`: Bestimmt den größten gemeinsamen Teiler von `this` und `val`.
- `modInverse(BigInteger m)`: Diese Methode berechnet die modulare Inverse $e$ von `this` bezüglich des Moduls `m` ($\text{this} \cdot e \equiv 1 \mod m$).

Codebeispiel 22.1 zeigt eine Implementierung der Schlüsselerzeugung auf Basis von zwei Primzahlen mit der Bitlänge `len`. Die Zahl $e$ wird so gewählt, dass z. B. »Wiener-Angriffe« schwer möglich sind.

```
public static KeyValue getKeySequential(int len)
{
  // Bestimme zwei Primzahlen mit Bitlänge len
  Random rnd = new Random();
  BigInteger primP = BigInteger.probablePrime(len, rnd);
  BigInteger primQ = BigInteger.probablePrime(len, rnd);

  // Berechne phi und N
  BigInteger N = primP.multiply(primQ);
  BigInteger phi = primP.subtract(BigInteger.ONE)
                  .multiply(primQ.subtract(BigInteger.ONE));
  // Wähle e
  BigInteger e = new BigInteger(phi.bitLength()/3, rnd );
  while( e.gcd(phi).equals(BigInteger.ONE) == false )
    e = new BigInteger(phi.bitLength()/3, rnd );

  // Berechne d
  BigInteger d = e.modInverse(phi);
  return new KeyValue(N, e, d);
}
```

**Codebeispiel 22.1:** Sequenzielle RSA-Schlüsselerzeugung

## 22.2    Parallelisierung (CompletableFuture)

Schaut man sich den Ablauf der Schlüsselerzeugung an, so findet man zwei Stellen, die nebenläufig ausgeführt werden können, zum einen die Suche nach den beiden Primzahlen und zum anderen die Berechnung von $N = pq$ und $\phi(N) = (p-1)(q-1)$ (vgl. Abb. 22-1).

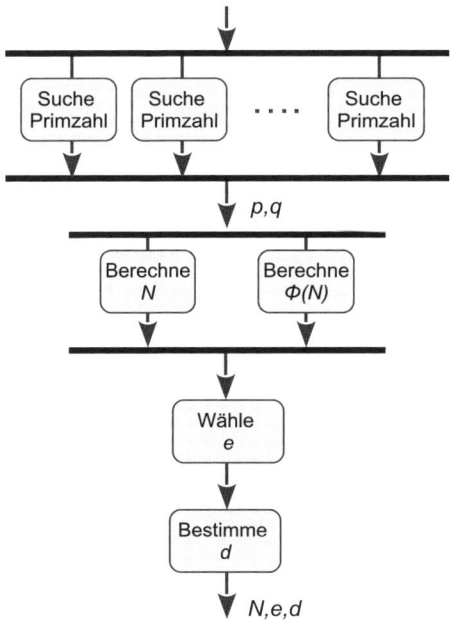

**Abbildung 22-1:** Ablauf einer RSA-Schlüsselerzeugung

Das folgende Codebeispiel zeigt eine asynchrone Methode unter der Verwendung von `CompletableFuture`. Sie startet parallel intern vier Primzahlberechnungen (langlaufende Aktivitäten). Sobald einer der vier gestarteten Tasks (❶) ein Ergebnis hat, steht dieses dem Aufrufer zur Verfügung.

```
public static CompletableFuture<BigInteger> getAsyncPrim(final int len)
{
   Supplier<BigInteger> primSupplier = () -> {
     CompletableFuture<Object> cfPrim = CompletableFuture.anyOf(  ❶
       CompletableFuture.supplyAsync(
         () -> BigInteger.probablePrime(len,
                                 ThreadLocalRandom.current())),
       CompletableFuture.supplyAsync(
         () -> BigInteger.probablePrime(len,
                                 ThreadLocalRandom.current())),
       CompletableFuture.supplyAsync(
         () -> BigInteger.probablePrime(len,
                                 ThreadLocalRandom.current())),
```

```
        CompletableFuture.supplyAsync(
            () -> BigInteger.probablePrime(len,
                                    ThreadLocalRandom.current())));
      return (BigInteger) cfPrim.join();
    };


    return CompletableFuture.supplyAsync( primSupplier );
}
```

Mithilfe der verschiedenen Kombinationsmöglichkeiten von `CompletableFuture` kann nun die Schlüsselberechnung erfolgen.

```
public static KeyValue getKeyParallel(final int len)
{
  // Suche zwei Primzahlen
  CompletableFuture<BigInteger> primPFuture = getAsyncPrim(len); ❶
  CompletableFuture<BigInteger> primQFuture = getAsyncPrim(len);
  // Berechne N und phi
  CompletableFuture<BigInteger> NFuture
      = primPFuture.thenCombineAsync( primQFuture,          ❷
                                    BigInteger::multiply );

  CompletableFuture<BigInteger> phiFuture
      = primPFuture.thenApplyAsync(                         ❸
                      (b) -> b.subtract(BigInteger.ONE))
                  .thenCombineAsync(
                      primQFuture.thenApplyAsync(
                        (b) -> b.subtract(BigInteger.ONE)),
                      BigInteger::multiply );

  BigInteger N = NFuture.join();
  BigInteger phi = phiFuture.join();
  // Wähle e
  Random rd = new Random();                                ❹
  BigInteger e = new BigInteger(phi.bitLength()/3, rd );
  while( e.gcd(phi).equals(BigInteger.ONE) == false )
  {
    e = new BigInteger(phi.bitLength()/3, rd );
  }

  // Berechne d
  BigInteger d = e.modInverse(phi);

  return new KeyValue(N, e, d);
}
```

**Codebeispiel 22.2:** Parallele RSA-Schlüsselerzeugung

Zu Beginn werden zwei Primzahlberechnungen angestoßen (❶). Wenn die Ergebnisse vorliegen, werden parallel das Produkt $N = pq$ (❷) und die Eulersche Funktion $\phi = (p-1)(q-1)$ bestimmt (❸). Danach werden $e$ und $d$ berechnet (❹, vgl. Abb. 22-1).

## Hinweis

Die Suche nach den beiden Primzahlen könnte man auch mithilfe eines
`CompletionService` durchführen. Das folgende Codebeispiel zeigt eine
Methode, die parallel mit einer Anzahl von `parallel` Threads zwei Primzahlen mit der Bitlänge `bitLen` erzeugt. Sobald die ersten beiden gefunden
sind, werden sie zurückgeliefert.

```
public static List<BigInteger> getTwoPrimes(int bitLen, int parallel)
{
  List<Callable<BigInteger>> tasks = new ArrayList<>();
  for (int i = 0; i < parallel; i++)
  {
    tasks.add(() -> BigInteger.probablePrime(bitLen,
                                    ThreadLocalRandom.current()));
  }

  CompletionService<BigInteger> completionService =
          new ExecutorCompletionService<>(ForkJoinPool.commonPool());
  tasks.forEach(completionService::submit);

  List<BigInteger> primes = new ArrayList<>();
  try
  {
    for (int i = 0; i < 2; i++)
    {
      primes.add(completionService.take().get());
    }
  }
  catch (InterruptedException | ExecutionException exce)
  {
    exce.printStackTrace();
  }

  return primes;
}
```

# 23 Threads bei JavaFX

Grafische Benutzerschnittstellen (GUI) sind heute unverzichtbar zur inter-
aktiven Bedienung eines Softwaresystems. Während der Bedienvorgänge
sollte die GUI möglichst reaktiv bleiben. Dieser Anforderung steht diame-
tral die Implementierung von GUI-Frameworks gegenüber, die in vielen
Fällen singlethreaded konzipiert sind. Hier darf nur ein dedizierter Thread
mit den GUI-Elementen interagieren.

JavaFX, wie auch Swing, gehört zu dieser Kategorie. Bei JavaFX ist es
der *JavaFX Application Thread*, der ausschließlich mit der Oberfläche interagieren darf. Er führt die an Kontrollelementen (z. B. Buttons) registrierten Handler aus und übernimmt die Aktualisierungen von GUI-Elementen
(z. B. ListViews). Aktualisierungsaufträge, die von anderen Threads kommen, müssen ihm dabei ggf. über `Platform.runLater` in seine Workqueue eingestellt werden. Für den Umgang mit langlaufenden Aktionen
stellt JavaFX ein eigenes API zur Verfügung, das wir in diesem Kapitel
kurz vorstellen. Für weitere Informationen zu JavaFX siehe z. B. [12, 47].

## 23.1 Ein einfaches Beispiel

Zur Einführung betrachten wir eine Anwendung, die eine konfigurierbare
Anzahl von langlaufenden Tasks startet und deren Ergebnisse in einer Liste
angezeigt werden (vgl. Abb. 23-1). Damit die GUI reaktiv bleibt, werden die
Aktivitäten in separaten Threads gestartet.

Codebeispiel 23.1 zeigt die `DemoApp`-Klasse. Um den Kontrollfluss besser zu verdeutlichen, haben wir bewusst darauf verzichtet, die GUI über
`fxml` zu deklarieren und über Controller-Klassen zu steuern. Die Methoden `handleStart` und `handleStop` werden im Kontext des GUI-Threads
ausgeführt, wenn der entsprechende Button gedrückt wird (❶,❷). Die Methode `handleStart` startet eine eingegebene Anzahl von Tasks, die ihre
Arbeit ausführen und die Ergebnisse in die Liste schreiben. Man beachte,
dass hier das Schreiben in die Liste über `Platform.runLater` mit einem
`Runnable`-Objekt (Lambda-Ausdruck) erfolgen muss (❸). Das `Runnable`
wird hierdurch in die Workqueue des *JavaFX Application Thread* eingestellt, um eine problemlose Verarbeitung zu garantieren.

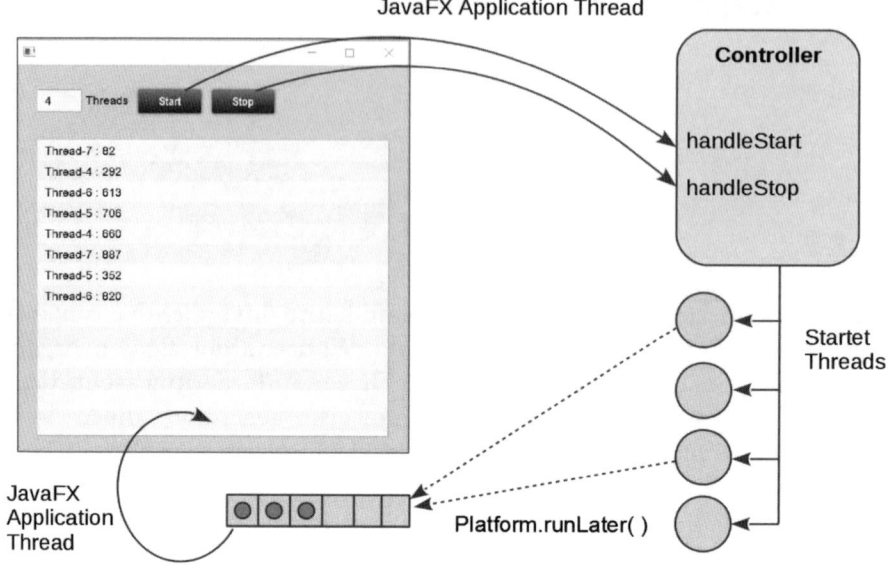

**Abbildung 23-1:** Ablauf der Demo-Anwendung

```
public class DemoApp extends Application
{
  private TextField eingabe;
  private ListView<String> ausgabe;
  private Button startButton;
  private Button stopButton;
  private volatile boolean isRunning = false;
  ...
  @Override
  public void start(Stage primaryStage) throws Exception
  {
    startButton.setOnAction( this::handleStart );
    stopButton.setOnAction( this::handleStop );
    ...
  }

  private void handleStart(ActionEvent event)                    ❶
  {
    int tasks = 1;
    String str = eingabe.getText();
    if (str != null)
    {
      try
      {
        tasks = Integer.parseInt(str);
      } catch (NumberFormatException exce) {  }
    }
```

```
    isRunning = true;
    for (int i = 0; i < tasks; i++)
    {
      Thread th = new Thread( () -> searchTask() );
      th.start();
    }
  }

  private void handleStop(ActionEvent event)          ❷
  {
    isRunning = false;
  }

  // Wird nebenläufig von den Threads ausgeführt
  private void searchTask()
  {
    try
    {
      while (isRunning)
      {
        int rd = ThreadLocalRandom.current().nextInt(1000);
        String str = Thread.currentThread().getName() + " : " + rd;
        TimeUnit.MILLISECONDS.sleep(1000 + rd );

        Platform.runLater( () -> ausgabe.getItems().add(str) );  ❸
      }
    }
    catch (InterruptedException e)
    {
      // Task wird beendet
    }
  }
}
```

**Codebeispiel 23.1:** Anwendung mit langlaufenden Tasks

## 23.2   JavaFX-Concurrent-API

Im oben gezeigten Beispiel liefern die Tasks lediglich Ergebnisse, die
in einer Liste angezeigt werden. Weitere Interaktionen mit der Oberfläche, wie z. B. die Steuerung eines Fortschrittbalkens, gab es nicht. Ist
mehr Interaktion gefordert, kann man auf das *JavaFX-Concurrent-API* zurückgreifen. Das API basiert auf dem concurrency-Paket. In dem Paket javafx.concurrent sind das Interface Worker und die drei Klassen Task, Service und ScheduledService zu finden (vgl. Abb. 23-2).
Sie sind so konzipiert, dass sich nebenläufige Aktivitäten gut in JavaFX-
Anwendungen integrieren lassen.

Die Klasse `Task` repräsentiert eine einmalig ausführbare Aktion, `Service` eine wiederverwendbare und `ScheduledService` eine Aktion, die automatisch wiederholt abläuft.

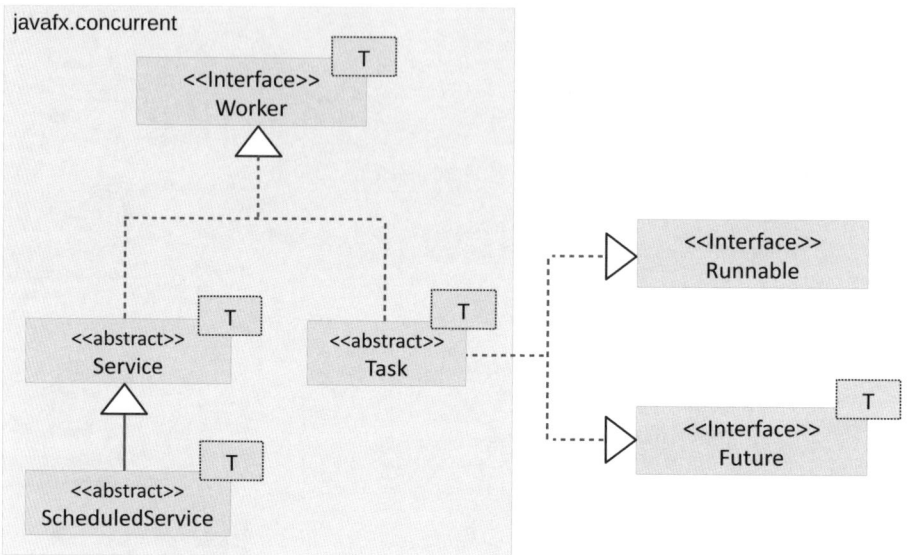

**Abbildung 23-2:** Klassendiagramm des JavaFX-Concurrency-Frameworks

Ein `Worker` besitzt verschiedene Eigenschaften, wie z. B. `message`, `exception`, `progress` oder `value`, die direkt vom GUI-Thread abgefragt werden können. Des Weiteren durchläuft ein `Worker` verschiedene Zustände (vgl. Abb. 23-3).

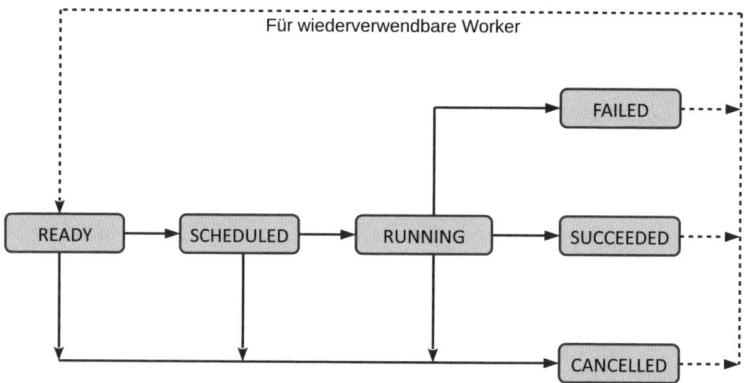

**Abbildung 23-3:** Zustände eines `Worker`

## Ein Beispiel

Das folgende Beispiel demonstriert den Einsatz eines `Task`. Die Anwendung startet beim Drücken des Start-Buttons einen Task, der über Textfelder und einen Fortschrittsbalken Rückmeldung über seinen Bearbeitungsstand gibt. Mit Cancel kann er abgebrochen werden.

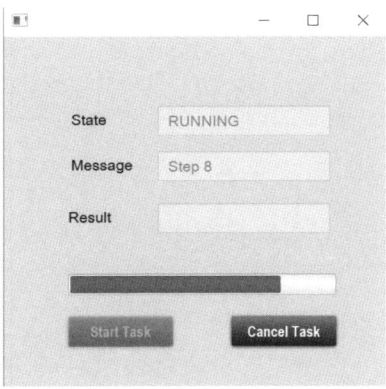

**Abbildung 23-4:** Anzeige des `Task`-Zustands

Codebeispiel 23.2 zeigt die Implementierung. Die ausgelagerte Aktivität ist von `Task` abgeleitet und implementiert die `call`-Methode (❶), in deren Schleife die `Message`- und `Progress`-Eigenschaft sukzessive verändert werden (❷). Nachdem der Start-Button *enabled* wurde, wird *Done* zurückgegeben. Die Methoden `handleStart` zum Starten und `handleCancel` zum Abbrechen des Tasks werden aufgerufen, wenn die entsprechenden Buttons gedrückt werden (❸,❹).

Nachdem der `Task` erzeugt wurde, werden seine Eigenschaften mit den Textfeldern der GUI verknüpft (❺). Ändert sich eine dieser Eigenschaften, wird das zugehörige GUI-Element aktualisiert. Man beachte, dass hier die Aktualisierung »automatisch« erfolgt, d. h. ohne explizite Verwendung von `Platform.runLater`. Außerdem ist noch die Verwendung eines Event-Handlers gezeigt. Wenn der `Task` abgebrochen wird, wird eine Meldung auf die Konsole ausgegeben.

```
public class DemoApp extends Application
{
    private TextField state;
    private TextField message;
    private TextField result;

    private ProgressBar progress;
    private Button startButton;
    private Button cancelButton;
```

```
private Task<String> task;

class MyTask extends Task<String>                              ❶
{
  @Override
  protected String call() throws Exception
  {
    int len = 10;
    for(int i=0; i <= len; i++ )                               ❷
    {
      updateMessage("Step " + i);
      updateProgress(i, len);
      ...
    }

    Platform.runLater( () -> enableStart() );

    return "Done";
  }
}

...



@Override
public void start(Stage primaryStage) throws Exception
{
  startButton.setOnAction( this::handleStart );
  cancelButton.setOnAction( this::handleCancel );
  ...
}


private void handleStart(ActionEvent event)                    ❸
{
  startButton.setDisable(true);
  cancelButton.setDisable(false);
  startTask();
}


private void enableStart()
{
  startButton.setDisable(false);
  cancelButton.setDisable(true);
}


private void handleCancel(ActionEvent event)                   ❹
{
  task.cancel();
  enableStart();
}
```

```
 private void startTask()
 {
   task = new MyTask();                                              ❺

   state.textProperty().bind( task.stateProperty().asString() );
   message.textProperty().bind( task.messageProperty() );
   result.textProperty().bind( task.valueProperty() );
   progress.progressProperty().bind( task.progressProperty() );

   task.setOnCancelled( e -> System.err.println("Task Canceled!") );

   Thread th = new Thread(task);
   th.setDaemon(true);
   th.start();
 }
}
```

**Codebeispiel 23.2:** GUI mit `Task`

# 24 Handler-Konzept bei Android

Android gehört zu den populärsten Softwareplattformen bei Smartphones und Tablet-Computern. Anwendungen laufen hier in einer speziellen virtuellen Maschine, der *Android Runtime* (ART) bzw. einer *Dalvik Virtual Machine*, die ein eigenes, von Java verschiedenes Bytecode-Format benutzt. Die zur Verfügung gestellten Klassenbibliotheken orientieren sich stark an denen von Java.

Android unterstützt, wie Java, das Thread-Konzept für die nebenläufige Programmierung, bietet aber auch ein eigenes Kommunikationskonzept an. In diesem Kapitel geben wir einen Überblick über das Handler-Konzept, das bei Android zur Kommunikation von Threads, sogar über Prozessgrenzen hinweg, eingesetzt wird. Ein Handler ist eine spezielle Implementierung des *Active Object Pattern*[1][45], wobei das Interface hier nachrichtenbasiert ist. Weiter Informationen zu Android findet man z. B. in [3].

## 24.1 UI-Thread und nebenläufige Aktivitäten

Android-Anwendungen besitzen normalerweise eine GUI. Wird unter Android die erste Komponente einer Anwendung, z. B. eine `Activity` oder ein `Service`, ausgeführt, wird ein Prozess gestartet. Der Prozess selbst startet den `main`-Thread, der bei Android dem UI-Thread entspricht. In diesem laufen meist auch alle Standardkomponenten. Sollen nun langlaufende Berechnungen oder blockierende IO-Zugriffe ausgeführt werden, kommt es hier zu Problemen, da »eingefrorene« Views nach einer bestimmten Zeit ggf. eine ANR-Meldung (*application not responding*) auslösen. Daher müssen diese Aktionen in separate Threads ausgelagert werden.

Das Android-UI ist aber wie JavaFX bzw. Swing nicht Thread-sicher. Zugriffe auf GUI-Komponenten außerhalb des UI-Threads, wie im folgenden Beispiel, lösen eine Exceptions aus.

---

[1]Ein aktives Objekt ist ein Objekt, das seine Methoden in einem eigenen Thread ausführt. In der Regel hat es ein Interface, eine eigene Queue und ein Proxy. Dadurch kann ein Methodenaufruf von der eigentlichen Ausführung, die in der Regel in einem separaten Thread stattfindet, entkoppelt werden.

```
public void onClick(View v)
{
  new Thread( new Runnable()
  {
    public void run()
    {
      Bitmap b = longLoadAction();   // eine lange Aktion
      imageView.setImageBitmap(b);                           ❶
    }
  }).start();                                                ❷
}
```

Im obigen Beispiel wird `onClick` durch ein Benutzerereignis ausgelöst und somit im Kontext des UI-Threads ausgeführt. In der Methode wird eine nebenläufige Aktivität gestartet (❷), die fälschlicherweise auf ein GUI-Element zugreift (❶). Eine Fehlermeldung wird ausgegeben, die für den normalen Benutzer in der Regel nicht sichtbar ist.

Man benötigt somit einen Kommunikationsmechanismus zwischen zusätzlich gestarteten Threads und dem UI-Thread. Android hat dafür mehrere Lösungen, die auf einem Handler-Konzept basieren. Das Konzept verwendet verschiedene bekannte Mechanismen wie Messages, Queue, Thread-lokale Daten und Objektpools, die wir im Folgenden anhand des frei erhältlichen Android-Codes vorstellen wollen. Zu beachten ist, dass Android Java 8 nicht unterstützt.

## 24.2    Messages, Message-Queue, Looper

In Android kann jeder Thread durch den Aufruf der Klassenmethode `Looper.prepare` in seinem Kontext, z. B. am Anfang der `run`-Methode, eine Message-Queue erhalten. Allerdings darf die Methode nur einmal aufgerufen werden. Das folgende Codefragment aus dem Framework zeigt, dass hier intern für den `Looper` eine `ThreadLocal`-Variable verwendet wird:

```
static final ThreadLocal<Looper> threadLocal
                   = new ThreadLocal<Looper>();
...
public static void prepare()
{
  if (threadLocal.get() != null)
  {
    throw new RuntimeException("Only one"
        +  "Looper may be created per thread");
  }
  threadLocal.set(new Looper());
}
```

Ein `Looper` realisiert eine blockierende Queue:

```
private Looper()
{
  this.queue = new MessageQueue();
  this.run = true;
  this.thread = Thread.currentThread();
}
```

Und er ist ein Dispatcher, der durch den Aufruf `Looper.loop` aktiviert wird:

```
public static void loop()
{
  ...
  while (true)
  {
    Message msg = queue.next(); // might block
    if (msg != null)
    {
      if (msg.target == null)
        return;

      ...
      msg.target.dispatchMessage(msg);
      ...
      msg.recycle();
    }
  }
}
```

Die in Android verwendeten Message-Queues sind native Datenstrukturen, die über JNI (*Java Native Interface*) angesprochen werden. Man kann auf die durch `Looper.prepare` erzeugte Queue mittels `MessageQueue.myQueue` zugreifen. Eine typische Anwendung hat den folgen Aufbau:

```
class LooperThread extends Thread
{
  private Handler handler;
  public void run()
  {
    Looper.prepare();
    handler = ... // Der Handler muss unbedingt im entsprechenden
                  // Thread-Kontext erzeugt und veröffentlicht werden
    ...
    Looper.loop();  // Dispatching
  }
}
```

## 24.3    Handler

Der erzeugte Handler muss veröffentlicht werden, damit andere Threads ihn benutzen können. Über ihn lassen sich dann Nachrichten bzw. `Runnable`-Objekte versenden. Typischerweise werden folgende Schritte durchgeführt (vgl. Abb. 24-1):

1. Falls Daten übertragen werden, fordert man ein Message-Objekt vom Handler an und befüllt es.
2. Der Handler wird anschließend beauftragt, das Message- bzw. ein `Runnable`-Objekt in die betreffende Queue abzulegen.
3. Der Handler wird in der `loop`-Methode angesprochen. Er ruft daraufhin für alle von ihm in die Queue geschriebenen Nachrichten, wenn sie nicht einen gesonderten Callback haben, seine `handleMessage`-Methode auf.

Ein einfacher Handler ist z. B.:

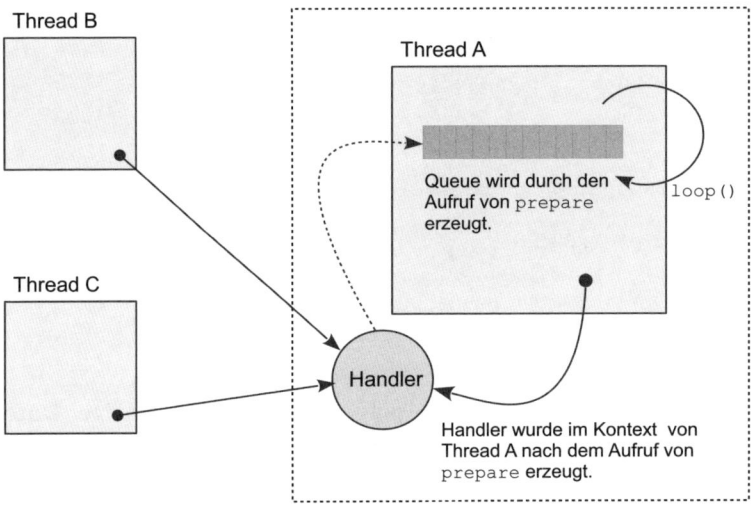

**Abbildung 24-1:** Thread-Kommunikation über einen Handler

```
// Wird im UI-Thread erzeugt
handler = new Handler()
{
  public void handleMessage(Message msg)
  {
    // Änderung im UI
    textView.setText("" + counter);
  }
}
```

Werfen wir einen Blick auf die Implementierung, dann sehen wir, dass über `ThreadLocal` (realisiert in der Klasse `Looper`) der Handler den Zugriff auf die Queue des Threads hat, in dem er erzeugt wurde.

```
public Handler()
{
  // einige Codeteile werden weggelassen!
  ...

  looper = Looper.myLooper();
  if (looper == null)
  {
    throw new RuntimeException("Can't create handler inside thread"
                  + " that has not called Looper.prepare()");
  }
  queue = mLooper.mQueue;
  callback = null;
}
```

Wichtige Methoden von `Handler` sind z. B.:

- `post(Runnable r)`: Eine Message mit `r` als Callback wird in die Queue geschrieben (der Handler wird das `Runnable` ausführen).
- `postDelayed(Runnable r, long delayMillis)`: Verzögerte Ausführung des Runnables `r`.
- `sendMessage(Message msg)`

Für einfache Nachrichten mit einem `int`-Wert wird nur das `what`-Attribut gesetzt, z. B.: `sendEmptyMessage(int what)`. Gesendete, noch nicht ausgeführte Nachrichten können jederzeit durch die entsprechenden Methoden `removeCallBacks` bzw. `removeMessage` gelöscht werden.

Um `Message`-Objekte zu erhalten, sollte eine Methode des Handlers verwendet werden (Objekte werden von einem Pool geholt und später wiederverwendet):

- `Message obtainMessage()`
- `Message obtainMessage(int what)`

Ein Blick hinter die Kulisse verrät die Rolle eines Objektpools, realisiert durch eine verkettete Liste:

```
// In der Klasse Handler
public final Message obtainMessage()
{
  return Message.obtain(this);
}
```

```
// In der Klasse Message:
public static Message obtain(Handler h)
{
  Message m = obtain(); m.target = h; return m;
}

public static Message obtain()
{
  synchronized (sPoolSync)
  {
    if (sPool != null)
    {
      Message m = sPool; sPool = m.next;
      m.next = null; sPoolSize--;
      return m;
    }
  }
  return new Message();
}
```

Zu beachten ist, dass ein `Message`-Objekt in der `loop`-Methode automatisch in den Pool zurückgestellt wird (`msg.recycle`).

Um Aufgaben eines UI-Threads auszulagern, werden typischerweise folgende Schritte durchgeführt:

1. Ein Handler wird im `main`-Thread erzeugt.
2. Ein separater Thread, der eine Referenz auf den Handler erhält, wird gestartet.
3. Dieser Thread kann lang andauernde Operation ausführen. Er verwendet den Handler, um mit dem `main`-Thread zu kommunizieren.
4. Die über den Handler gesendeten Meldungen werden im `main`-Thread ausgeführt.

# 25 Aktoren

Viele verbreitete Nebenläufigkeitsansätze basieren auf einem gemeinsamen Speicher, auf den Threads konkurrierend zugreifen dürfen. Um hierbei die Konsistenz der Daten zu garantieren, müssen Mutexe, Semaphore usw. verwendet werden. Deadlocks oder Race Conditions lassen sich nur schwer vermeiden. In der Praxis, vor allem in großen Projekten, ist es häufig sinnvoller, die notwendige Synchronisation durch Verwendung eines Frameworks zu kapseln. Ein Programmiermodell ohne Seiteneffekte für nebenläufige Abläufe ist das bekannte Aktorenmodell (*actor model*), das von Carl Hewitt, Peter Bishop und Richard Steiger im Jahr 1973 erstmals beschrieben wurde [22]. Danach wurde das Modell immer mehr verfeinert und um weitere Konzepte ergänzt. So führte z. B. Gul Agha 1986 eine semantische Beschreibung des Nachrichtenaustauschs ein [1].

In diesem Kapitel stellen wir das Aktorenmodell vor und zeigen unter der Verwendung von Akka eine alternative Lösung zum Codebeispiel 6.5. Akka ist ein weitverbreitetes Aktoren-Framework, das auf der Programmiersprache Scala basiert und auch ein Java-API anbietet. Das API ist allerdings nicht so elegant, da Java einige Konzepte wie z. B. *pattern matching* nicht unterstützt. Die hier dargestellte Einführung in das Akka-Framework ist ohne jeglichen Anspruch auf Vollständigkeit und dient lediglich zur Demonstration der Grundkonzepte. Detaillierte Informationen zur Anwendungsentwicklung mit Akka findet man z. B. in [52, 54].

## 25.1 Aktorenmodell

Die Grundidee des Modells ist, dass die zu erledigende Aufgabe an ein Netzwerk von nebenläufigen, eigenständig agierenden Objekten, sogenannten Aktoren, delegiert wird. Durch die Kommunikation der einzelnen Aktoren untereinander wird dann ein Gesamtproblem gelöst. Wie ein gewöhnliches Objekt hat ein Aktor eine Identität, Daten und Verhalten[1]. Seine Daten

---

[1]Alan Kay, ein Begründer der objektorientierten Programmierung (OOP), hat gesagt: *Many of Carl Hewitt's Actor ideas ... were more in the spirit of OOP than the subsequent Smalltalks.*

gehören ihm exklusiv, d. h., nur er kann darauf zugreifen und verändern, sodass von vornherein Race Conditions ausgeschlossen sind. Angesprochen werden Aktoren im Standardfall über ein asynchrones Protokoll, damit das System reaktiv bleibt.

Jeder Aktor besitzt ein Postfach (eine Art von Queue), das so gekapselt wird, dass sich weder der Empfänger noch der Sender Gedanken über Synchronisation machen muss. Die Aktoren haben keinen (echten) gemeinsamen Speicher und kommunizieren unter der Verwendung der Identität ausschließlich über Nachrichtenaustausch (*message passing*, vgl. Abb. 25-1). Ein Aktorensystem, bestehend aus mehreren Aktoren, kennt daher keine Queues, keine Threads und keine expliziten Synchronisationsprimitiven. In einer konkreten Realisierung ist es aber durchaus möglich, dass mehrere Aktoren von demselben Thread ausgeführt werden. Dies geschieht aber für den Aktor völlig transparent.

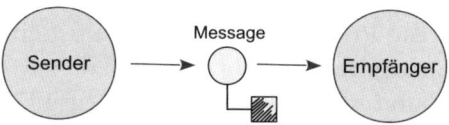

**Abbildung 25-1:** Ein Aktor benachrichtigt einen anderen.

Das Aktorenmodell hat neben einer einfachen Abstraktion auf einem höheren Level für nebenläufige Objekte ein asynchrones, nicht blockierendes und ereignisgesteuertes Programmiermodell. Ein Aktor kann

- einen Zustand besitzen und abhängig von ihm reagieren,
- Nachrichten empfangen,
- Nachrichten versenden, entweder an sich selbst oder an andere,
- neue Aktoren erzeugen, um entstehende Teilaufgaben zu delegieren.

Die versendeten Nachrichten sind unveränderliche Daten oder Futures, die asynchron von einem Aktor nach seinem definierten Verhalten bearbeitet werden. Das Modell garantiert, dass jede Nachricht ankommt. Wie lange es dauert, ist nicht festgelegt. Es gibt auch keine Aussage darüber, in welcher Reihenfolge die Nachrichten empfangen werden. Für die Praxis wird oft ein FIFO-Verfahren verwendet.

## 25.2   Beispielimplementierung mit Akka

Das folgende Akka-Beispiel ist aus didaktischen Gründen unoptimiert und ausführlicher als notwendig implementiert, da wir hier nur die Grundprinzipien erläutern wollen. Die Anwendung besteht aus Listener-, Master- und Worker-Aktoren und hat grob den folgenden Ablauf (vgl. Abb. 25-2):

- Ein Master-Aktor wird mit einem Listener gestartet. Er erzeugt daraufhin eine Menge von Worker-Aktoren und delegiert die Teilaufgaben an sie.
- Der Master wartet auf die Fertigstellung der Mitarbeiter, sammelt die Ergebnisse und sendet sie an den Listener.
- Es erfolgt eine Ausgabe auf die Konsole. Danach wird das System heruntergefahren.

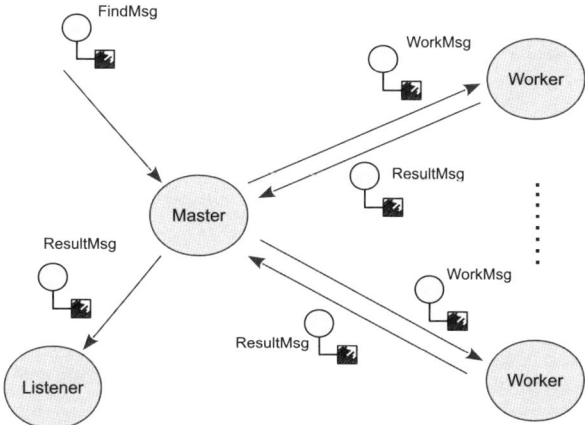

**Abbildung 25-2:** Ein Aktorensystem

## 25.2.1   Nachrichten

Zur Kommunikation werden die Nachrichten in *immutable*-Klassen verpackt. Diese sind:

- `FindMsg`: Wird an den Master-Aktor zum Starten der Suche gesendet.
- `WorkMsg`: Enthalten die Beschreibungen der einzelnen Aufträge.
- `ResultMsg`: Werden für die Rückgabe der Suchergebnisse an den Master bzw. an den Listener benutzt.

Codebeispiel 25.1 zeigt die Message-Klassen.

```
public class Messages
{
   static class FindMsg
   {
      private final List<String> fileNames;
      private final String searchword;

      public FindMsg(String[] filenames, String searchword)
      {
```

```
      this.fileNames = Collections.unmodifiableList(Arrays.asList(
          filenames));
      this.searchword = searchword;
    }

    public List<String> getFilenames()
    {
      return fileNames;
    }

    public String getSearchword()
    {
      return searchword;
    }
  }

  static class WorkMsg
  {
    private final String filename;
    private final String searchword;

    public WorkMsg(String filename, String seachword)
    {
      this.filename = filename;
      this.searchword = seachword;
    }

    public String getFilename()
    {
      return filename;
    }

    public String getSearchword()
    {
      return searchword;
    }
  }

  static class ResultMsg
  {
    private final List<String> result;

    public ResultMsg(List<String> result)
    {
      this.result = Collections.unmodifiableList(result);
    }

    public List<String> getResult()
    {
      return result;
    }
  }
}
```

**Codebeispiel 25.1:** Definition der Messages

## 25.2.2   Beteiligte Aktoren

Alle beteiligten Aktoren-Klassen sind von `UntypedActor` abgeleitet. In der zu überschreibenden `onReceive`-Methode werden die empfangenen Nachrichten verarbeitet.

### Worker-Aktoren

Ein `WorkerActor` liest die notwendigen Daten aus der Nachricht aus und führt eine entsprechende Suche durch (siehe Codebeispiel 25.2). Das Ergebnis wird in eine `ResultMsg` verpackt und dem Sender (mit der `tell`-Methode ❶) mitgeteilt. In Akka kann eine Sender-Referenz zusammen mit der Nachricht versendet werden, sodass der Empfänger sie ggf. für weitere Verwendungen abspeichern bzw. für eine Antwort benutzen kann (siehe unten). Bei der einfachen Form `tell(obj)` wird kein Absender mitgeliefert.

```java
public class WorkerActor extends UntypedActor
{
  private Path path; // Dateipfad
  private Pattern searchPattern;

  @Override
  public void onReceive(Object obj) throws Exception
  {
    if (obj instanceof Messages.WorkMsg)
    {
      Messages.WorkMsg msg = (Messages.WorkMsg) obj;

      path = Paths.get(msg.getFilename());
      searchPattern = Pattern.compile(
              ".*\\b" + msg.getSearchword() + "\\b.*");
      List<String> result = search();

      getSender().tell(new Messages.ResultMsg(result));        ❶
    }
    else
    {
      unhandled(obj);
    }
  }

  public List<String> search() throws IOException
  {
    // wie im Codebeispiel 6.5
  }
}
```

**Codebeispiel 25.2:** `WorkerActor`-Klasse

## Master-Aktor

Im Gegensatz zum `WorkerActor` gibt es für den `MasterActor` einen expliziten Konstruktor (❶). Dadurch muss er auf andere Art und Weise erzeugt werden (siehe unten).

Die Implementierung ist im Codebeispiel 25.3 gezeigt. Beim Empfang einer `FindMsg` startet er mehrere Aktoren (❷). Durch ein `Props`-Objekt mit der Angabe `WorkerActor.class` wird ein Aktor mittels des Defaultkonstruktors erzeugt. Die zurückgegebene Referenz kann anschließend zum Senden einer Nachricht verwendet werden. Man beachte, dass hier im zweiten Parameter von `tell` der Sender steht (❸).

Die Rückmeldungen der erzeugten Aktoren (`ResultMsg`-Nachrichten) werden gesammelt (❹). Sind alle eingetroffen, wird eine entsprechende Nachricht an den Listener-Aktor gesendet (❺). Im Anschluss werden der Master- und alle von ihm gestarteten Worker-Aktoren beendet (❻).

```
public class MasterActor extends UntypedActor
{
  private int numOfChild;
  private List<String> result = new ArrayList<>();
  private ActorRef listener;

  public MasterActor(ActorRef listener)
  {
    this.listener = listener;                                    ❶
  }

  @Override
  public void onReceive(Object obj) throws Exception
  {
    if (obj instanceof FindMsg)
    {
      FindMsg msg = (FindMsg) obj;
      List<String> filenames = msg.getFilenames();
      String searchword = msg.getSearchword();
      numOfChild = msg.getFilenames().size();

      for (String filename : filenames)
      {
        WorkMsg job = new WorkMsg(filename, searchword);
        final ActorRef findActor = getContext().system()         ❷
          .actorOf(new Props(WorkerActor.class));
        findActor.tell(job, getSelf());                          ❸
      }
    }
    else if (obj instanceof ResultMsg)
    {
      numOfChild--;
      ResultMsg msg = (ResultMsg) obj;
      result.addAll(((ResultMsg) obj).getResult());              ❹
```

```
        if (numOfChild == 0)
        {
          msg = new ResultMsg(result);
          listener.tell(msg);                                  ❺
          // stoppt sich selbst und alle verwalteten Aktoren
          getContext().stop(getSelf());                        ❻
        }
      } else
      {
        unhandled(obj);
      }
    }
  }
}
```

**Codebeispiel 25.3:** `MasterActor`-Klasse

## Listener-Aktor

Beim Erhalten einer Rückmeldung gibt der Listener das Ergebnis auf die Konsole aus und fährt das System herunter (❶):

```
public class ListenerActor extends UntypedActor
{
  @Override
  public void onReceive(Object obj) throws Exception
  {
    if (obj instanceof ResultMsg)
    {
      ResultMsg msg = (ResultMsg) obj;
      msg.getResult().forEach(System.out::println);

      // Das entsprechende Aktorensystem runterfahren
      getContext().system().shutdown();                        ❶
    }
  }
}
```

**Codebeispiel 25.4:** `ListenerActor`-Klasse

## 25.2.3   Starten der Anwendung

Das Starten der Anwendung erfolgt dadurch, dass zunächst ein `ActorSystem` erzeugt wird (❶) und die ersten Aktoren angelegt werden. Da der `MasterActor` nicht über den Standardkonstruktor generiert werden kann, muss die Erzeugungsvariante mit einem `Supplier` verwendet werden (❷). Mit dem Versenden der ersten Nachricht beginnt die Verarbeitung (❸).

```
public static void main(String[] args)
{
    final ActorSystem system = ActorSystem.create();              ❶

    ActorRef listener
        = system.actorOf(new Props(ListenerActor.class));
        ActorRef master = system.actorOf
                (new Props(() -> new MasterActor(listener)));      ❷
    String[] files = {"datei1.txt", "datei2.txt"};
    FindMsg msg = new FindMsg(files, "haus");
    master.tell(msg);                                             ❸
}
```

Das Beispiel zeigt auch einige Nachteile des Aktorenmodells: Da Aktoren nicht über einen gemeinsamen Speicherbereich verfügen, müssen eventuell viele Daten umkopiert werden, was einen erhöhten Speicherbedarf verursacht. Hinzu kommen die Aufwände für Verpacken, Versenden und Entpacken. Je nach Anwendung müssen auch sehr viele (kurzlebige) Aktoren erzeugt werden, da die Anwendungslogik über die Aktoren »verstreut« ist. Der Vorteil, dass man auf explizites Synchronisieren verzichten kann, wiegt in vielen Fällen aber die Nachteile auf. Aber Vorsicht! Ein falscher Gebrauch von Aktoren kann genauso zu Deadlocks führen, wie das bei herkömmlichen nebenläufigen Programmen der Fall sein kann.

# Teil VI

## Anhang

# A   Ausblick auf Java 9

Java 9 wird keine weitreichenden *Concurrency*-Konzepte einführen[1]. Neben der üblichen Pflege der bestehenden Implementierung wird vor allem das `CompletableFuture`-API überarbeitet und Ungenauigkeiten in der Spezifikation beseitigt. So werden z. B. einige Methoden mit *Timeout*-Angaben (z. B. `completeOnTimeout`) mit aufgenommen.

## A.1   Die Flow-Interfaces

Die wesentlichste API-Erweiterung ist die Einführung der `Flow`-Klasse im Paket `java.util.concurrent`. Die Klasse enthält die Interfaces `Publisher`, `Subscriber`, `Processor` und `Subscription` (vgl. Abb. A-1).

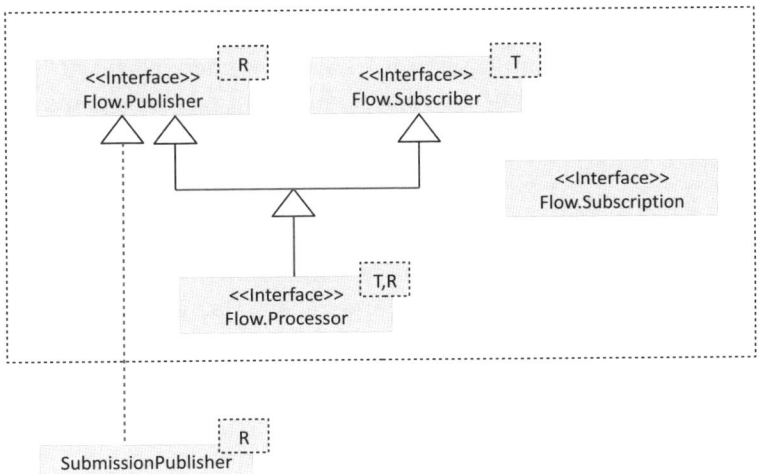

**Abbildung A-1:** Flow-Interfaces und -Klassen

---

[1]Die Ausführungen in diesem Kapitel beziehen sich auf den JSR-166-Stand im Frühjahr 2016. Die ursprüngliche Planung sah vor, dass Java 9 zu diesem Zeitpunkt freigegeben wird. Durch Verzögerungen beim Teilprojekt Jigsaw ist die Veröffentlichung aber verschoben worden. Die *Concurrency Updates* können also somit als »abgeschlossen« betrachtet werden.

Die neuen Interfaces dienen zur Anbindung von *Reactive-Stream-*Implementierungen[2]. So wie `CompletableFuture` das `Future`-Konzept um die *Push*-Methoden erweitert (vgl. Kapitel 15), so ergänzen *Reactive Streams* die Stream-Verarbeitung um ein *Push*-Konzept. Bei der Realisierung wird hier auf das *Observer*-Pattern zurückgegriffen [14].

Eine bekannte Java-Bibliothek für die reaktive Programmierung ist *RxJava*, deren Version 2 das *Reactive Stream*-API implementieren wird. Es ist angekündigt, dass zukünftig auch das Java 9 `Flow`-API unterstützt wird. Hierbei ist zu beachten, dass das `Flow`-API noch rudimentär ist und in nachfolgenden Java-Versionen für eine bessere Integration erweitert werden sollte. So hat z. B. das `Publisher`-Interface keine *higher-order-*Funktionen wie `flatMap`.

## Ein einfaches Beispiel

Mithilfe der Klasse `SubmissionPublisher` können einfache »reaktive« Anwendungen umgesetzt werden. Als Anwendungsfall betrachten wir wieder die Suche nach einem Wort in vorgegebenen Dateien.

Codebeispiel A.1 zeigt die Implementierung des `Publisher`, der nach Wörtern in Dateien sucht und die Fundstellen »emittiert«. Hierzu benutzt er einen `SubmissionPublisher` (❶,❷), der die erzeugten Ergebnisse zwischenspeichert und an die registrierten `Subscriber` ausliefert. Die Auslieferung erfolgt asynchron und wird hier von den Threads des Common-Pools übernommen, da kein expliziter `Executor` angegeben wurde. Die Arbeit des `Publisher` ist somit von der Auslieferung der Ergebnisse entkoppelt. Die eigentliche Suche wird durch Aufruf der `startSearch`-Methode begonnen. Der Einfachheit halber werden hier gewöhnliche Threads gestartet, die jeweils eine Datei nach dem Suchwort durchstöbern (❹). Das Ende der Suche wird über eine `CyclicBarrier` koordiniert, die durch `publisher.close` das »Emittieren« abschließt (❸). Der Abschluss (*completed*) wird an die `Subscriber` weitergegeben. Das eigentliche Einstellen der Suchergebnisse erfolgt über `publisher.submit` (❺). Hier werden die Strings in den internen Puffer des `SubmissionPublisher` abgelegt.

```
public class WordFinder implements Publisher<String>
{
    private final SubmissionPublisher<String> publisher;
    private final List<Path> paths;
    private final String word;

    public WordFinder(String word, List<Path> paths)
    {
        this.publisher = new SubmissionPublisher<>();          ❶
```

---

[2]Siehe `http://www.reactive-streams.org/`.

```java
    this.word = word;
    this.paths = new ArrayList<>(paths);
}


@Override
public void subscribe(Subscriber<? super String> subscriber)    ❷
{
    publisher.subscribe(subscriber);
}

public void startSearch()
{
    CyclicBarrier barrier = new CyclicBarrier(paths.size(),
                                 () -> publisher.close());    ❸
    for (Path path : paths)
    {
        new Thread(() -> {                                   ❹
            try
            {
                findword(word, path);
                barrier.await();
            }
            catch (Exception exce)
            {
                exce.printStackTrace();
            }
        }).start();
    }
}

private void findword(String word, Path path) throws IOException
{
    Pattern searchPattern = Pattern.compile(".*\\b" + word + "\\b.*");

    List<String> lines = Files.readAllLines(path,
                                 StandardCharsets.UTF_8);
    int count = 0;
    for (String line : lines)
    {
        count++;
        if (searchPattern.matcher(line).matches())
        {
            publisher.submit(path + " " + count + " : " + line );    ❺
        }
    }
}
}
```

**Codebeispiel A.1:** `Publisher` für die Suchergebnisse

Codebeispiel A.2 zeigt die Anwendung. Nachdem eine `WordFinder`-Instanz erzeugt wurde, wird ein `Subscriber` registriert, der vier Methoden implementieren muss (❶). Die Methode `onSubscribe` wird vor der ersten Nachrichtenauslieferung aufgerufen. Über das übergebene `Subscription`-

Objekt kann dem `Publisher` mitgeteilt werden, wie viele Nachrichten man erwartet bzw. erhalten möchte (❷). Der Wert `Long.MAX_VALUE` signalisiert, dass die Nachrichtenanzahl nicht beschränkt werden soll. Über `onNext` wird die eigentliche Nachricht ausgeliefert (❸). In unserem Beispiel wird das Element auf die Konsole ausgegeben. Diese Methode wird, wie auch alle anderen onXXX-Methoden, hier von einem Thread des CommonPools ausgeführt. Die Methode `onError` dient zur Übermittlung von Fehlern (❹). Durch den Aufruf von `onComplete` wird mitgeteilt, dass keine Nachrichten mehr folgen (❺). In dem Beispiel wird `onComplete` durch das Schließen des `SubmissionPublisher` ausgelöst. Die eigentliche Suche wird durch Aufruf von `startSearch` gestartet (❻).

```java
public class WordFinderDriver
{
  public static void main(String[] args) throws Exception
  {
    String[] files = {"src/sample/WordFinder.java",
                      "src/sample/WordFinderDriver.java" };

    List<Path> pathList = new ArrayList<>();
    for(String str : files )
    {
      pathList.add( Paths.get( str ) );
    }


    WordFinder wordFinder = new WordFinder("public", pathList);

    wordFinder.subscribe( new Subscriber<String>()          ❶
    {
      private Subscription subscription;

      @Override
      public void onSubscribe(Subscription subscription)    ❷
      {
        this.subscription = subscription;
        this.subscription.request( Long.MAX_VALUE );
      }

      @Override
      public void onNext(String item)                       ❸
      {
        System.out.println("-> " + item);
      }

      @Override
      public void onError(Throwable throwable)              ❹
      {
        throwable.printStackTrace();
      }
```

```
    @Override
    public void onComplete()                                      ❺
    {
      System.out.println("Completed");
    }
  });

  wordFinder.startSearch();                                       ❻

  // Weitere Aktionen
  ...
  }
}
```

**Codebeispiel A.2:** Suchprogramm

Die Abläufe bzw. Nachrichtenauslieferungen werden im Kontext der reaktiven Programmierung mithilfe von Murmeldiagrammen (*marbles diagrams*) veranschaulicht. Die Zeit läuft hierbei von links nach rechts. Abbildung A-2 zeigt den Ablauf des hier besprochenen Programms, wobei noch die Aufrufe am SubmissionPublisher gezeigt sind. Die Nachrichten sind als Kreise (Murmeln) dargestellt, der Abschluss der Auslieferung durch den vertikalen Strich am rechten Ende.

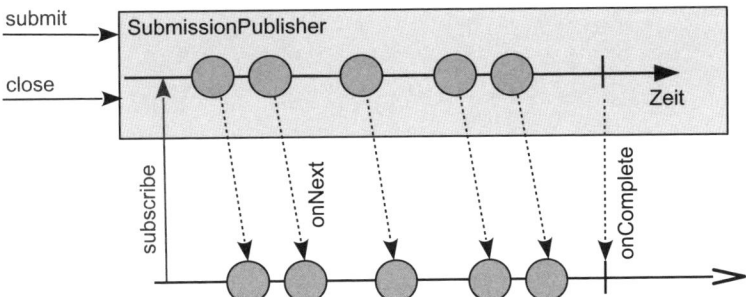

**Abbildung A-2:** Murmeldiagramm

# Literaturverzeichnis

[1] Gul Agha. *Actors: A Model of Concurrent Computation in Distributed Systems*. MIT Press, 1986.

[2] Gene Amdahl. *Validity of the Single Processor Approach to Achieving Large-Scale Computing Capabilities*. In: *Proceedings of the April 18-20, 1967, spring joint computer conference*, AFIPS '67 (Spring), Seiten 483–485. ACM, 1967.

[3] Arno Becker und Marcus Pant. *Android 5: Programmieren für Smartphones und Tablets*. dpunkt.verlag, 2015.

[4] Mordechai Ben-Ari. *Principles of Concurrent and Distributed Programming*. Addison-Wesley, 2. Auflage, 2006.

[5] Joshua Bloch. *Effective Java (The Java Series)*. Prentice Hall, 2. Auflage, 2008.

[6] Robert D. Blumofe und Charles E. Leiserson. *Scheduling Multithreaded Computations by Work Stealing*. J. ACM, 46(5):720–748, September 1999.

[7] Clay Breshears. *The Art of Concurrency*. O'Reilly, 2009.

[8] Johannes Buchmann. *Einführung in die Kryptographie*. Springer, 2008.

[9] Jürgen Cleve und Uwe Lämmel. *Data Mining*. De Gruyter Oldenburg, 2014.

[10] Thomas H. Cormen, Charles E. Leiserson, Ronald L. Rivest und Clifford Stein. *Introduction to Algorithms*. MIT Press, 3. Auflage, 2009.

[11] Edsger W. Dijkstra. *Cooperating sequential processes*. In: F. Genuys, Hrsg., *Programming Languages: NATO Advanced Study Institute*, Seiten 43–112. Academic Press, 1968.

[12] Anton Epple. *JavaFX 8: Grundlagen und fortgeschrittene Techniken*. dpunkt.verlag, 2015.

[13] Peter Flach. *Maschine Learning. The Art and Science of Algorithms that Make Sense of Data*. Cambridge University Press, 2012.

[14] Erich Gamma, Richard Helm, Ralph Johnson und John Vlissides. *Design Patterns: Elements of Reusable Object-oriented Software*. Addison-Wesley, 1995.

[15]   Urs Gleim und Tobias Schüle. *Multicore-Software*. dpunkt.verlag, 2012.

[16]   Brain Goetz, Tim Peierls, Joshua Bloch, Joseph Bowbeer, David Holmes und Doug Lea. *Java Concurrency in Practice*. Addison-Wesley, 2006.

[17]   James Gosling, Bill Joy, Guy Steele, Gilad Brache und Alex Buckley. *The Java Language Specification - Java SE 8 Edition*. Oracle, 2015.

[18]   John L. Gustafson. *Reevaluating Amdahl's law. Communication of the ACM*, 31(5):532–533, 1988.

[19]   Per Brinch Hansen. *Operating system principles*. Prentice-Hall, 1973.

[20]   Per Brinch Hansen. *Java's insecure parallelism. SIGPLAN Not.*, 34(4):38–45, April 1999.

[21]   Maurice Herlihy und Nir Shavit. *The Art of Multiprocessor Programming*. Morgan Kaufmann, 2008.

[22]   Carl Hewitt, Peter Bishop und Richard Steiger. *A Universal Modular ACTOR Formalism for Artificial Intelligence*. In: *Proceedings of the 3rd International Joint Conference on Artificial Intelligence*, IJCAI'73, Seiten 235–245. Morgan Kaufmann, 1973.

[23]   C. A. R. Hoare. *Monitors: an operating system structuring concept. Commun. ACM*, 17(10):549–557, October 1974.

[24]   Gregor Hohpe und Bobby Woolf. *Enterprise Integration Patterns: Designing, Building, and Deploying Messaging Solutions*. Addison-Wesley, 2003.

[25]   Michael Inden. *Der Weg zum Java-Profi*. dpunkt.verlag, 3. Auflage, 2015.

[26]   Sverre Jarp, Alfio Lazzaro, Julien Leduc und Andrzej Nowak. *How to harness the performance potential of current multi-core processors. J. Phys.: Conf. Ser. 331*, 2011.

[27]   Heinz Kabutz. *The Java Specialists' Newletter*. http://www.javaspecialists.eu, 2016.

[28]   Klaus Kreft und Angelika Langer. *Java Memory Model - Regel für die Verwendung von volatile. Java Magazin*, December 2008.

[29]   Klaus Kreft und Angelika Langer. *Java Memory Model - Atomic References. Java Magazin*, October 2009.

[30]   Klaus Kreft und Angelika Langer. *Effective Java*. http://www.angelikalanger.com, 2016.

[31]   Sven Oliver Krumke und Hartmut Noltemeier. *Graphentheoretische Konzepte und Algorithmen*. Leitfäden der Informatik. Vieweg und Teubner, 2009.

[32]   Vipin Kumar, Ananth Grama, Anshul Gupta und George Karypis. *Introduction to Parallel Computing*. Addison-Wesley, 2. Auflage, 2002.

[33]  Leslie Lamport. *How to Make a Correct Multiprocess Program Execute Correctly on a Multiprocessor. IEEE Trans. Computers*, 46(7):779–782, 1997.

[34]  Doug Lea. *Concurrent Programming in Java.* Addison-Wesley, 2. Auflage, 1999.

[35]  Doug Lea. *The JSR-133 Cookbook for Compiler Writers.* http://g.oswego.edu/dl/jmm/cookbook.html, 2011.

[36]  Edward A. Lee. *The Problem with Threads. Computer*, 39(5):33–42, May 2006.

[37]  Timothy G. Mattson, Beverly A. Sanders und Berna L. Massingill. *Patterns for Parallel Programming.* Addison-Wesley, 2005.

[38]  Michael McCool, Arch D. Robinson und James Reinders. *Structured Parallel Programming. Patterns for Efficient Computation.* Morgan Kaufmann, 2012.

[39]  Maurice Naftalin. *Mastering Lambdas: Java Programming in a Multicore World.* Oracle Press, 2015.

[40]  Maurice Naftalin und Philip Wadler. *Java Generics and Collections.* O'Reilly, 2006.

[41]  Johannes Nowak. *Fortgeschrittene Programmierung mit Java 5.* dpunkt.verlag, 2005.

[42]  Jorge Luis Ortega-Arjona. *Patterns for Parallel Software Design.* Addison-Wesley, 2010.

[43]  David A. Patterson und John L. Hennessy. *Computer Organization and Design: The Hardware / Software Interface.* Morgan Kaufmann, 5. Auflage, 2014.

[44]  Klaus Schmeh. *Kryptografie: Verfahren, Protokolle, Infrastrukturen.* iX Edition. dpunkt.verlag, 2013.

[45]  Douglas Schmidt, Michael Stal, Hans Rohnert und Frank Buschmann. *Pattern-orientierte Software Architektur. Muster für nebenläufige und vernetzte Objekte.* dpunkt.verlag, 2002.

[46]  Robert Sedgewick. *Algorithms.* Addison-Wesley, 4. Auflage, 2011.

[47]  Kishori Sharan. *Learn JavaFX 8: Building User Experience and Interfaces with Java 8.* Apress, 2015.

[48]  Andrew S. Tanenbaum. *Moderne Betriebssysteme.* Hanser Verlag, 1994.

[49]  Gadi Taubenfeld. *Synchronization Algorithms and Concurrent Programming.* Prentice-Hall, 2006.

[50]  Volker Turau. *Algorithmische Graphentheorie.* Oldenbourg, 2009.

[51]  Raoul-Gabriel Urma, Mario Fusco und Alan Mycroft. *Java 8 in Action.* Manning, 2015.

[52]  Vaughn Vernon. *Reactive Messaging Patterns with the Actor Model: Applications and Integration in Scala and Akka.* Addison-Wesley, 2015.

[53]   Uzi Vishkin. *Thinking in Parallel: Some Basic Data-Parallel Algorithms and Techniques.* http://www.umiacs.umd.edu/users/vishkin, 2010.

[54]   Derek Wyatt. *Akka Concurrency.* Artima, 2013.

[55]   Mohammed J. Zaki und Wagner Meira. *Maschine Learning. The Art and Science of Algorithms that Make Sense of Data.* Cambridge University Press, 2012.

# Index

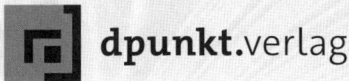